BestMasters

Mit „BestMasters" zeichnet Springer die besten Masterarbeiten aus, die an renommierten Hochschulen in Deutschland, Österreich und der Schweiz entstanden sind. Die mit Höchstnote ausgezeichneten Arbeiten wurden durch Gutachter zur Veröffentlichung empfohlen und behandeln aktuelle Themen aus unterschiedlichen Fachgebieten der Naturwissenschaften, Psychologie, Technik und Wirtschaftswissenschaften.

Die Reihe wendet sich an Praktiker und Wissenschaftler gleichermaßen und soll insbesondere auch Nachwuchswissenschaftlern Orientierung geben.

Anne Plischke

Die akademische Psychologie unter der Lupe

Dissonanz zwischen studentischen Vorstellungen und wahrgenommener Studienrealität

 Springer

Anne Plischke
Berlin, Deutschland

OnlinePLUS Material zu diesem Buch finden Sie auf
http://www.springer.de/978-3-658-11177-9

BestMasters
ISBN 978-3-658-11177-9   ISBN 978-3-658-11178-6 (eBook)
DOI 10.1007/978-3-658-11178-6

Die Deutsche Nationalbibliothek verzeichnet diese Publikation in der Deutschen Nationalbi-
bliografie; detaillierte bibliografische Daten sind im Internet über http://dnb.d-nb.de abrufbar.

Springer
© Springer Fachmedien Wiesbaden 2016

Gedruckt auf säurefreiem und chlorfrei gebleichtem Papier

Springer Fachmedien Wiesbaden ist Teil der Fachverlagsgruppe Springer Science+Business Media
(www.springer.com)

Danksagung

An dieser Stelle möchte ich verschiedenen Leuten für ihre direkte und indirekte Unterstützung bei meiner Diplomarbeit danken:

Johannes unter vielem anderen für einen der maßgeblichen Impulse, über den Rand der akademischen Psychologie hinauszuschauen.

Meinen Eltern und Oma Inge, die mir dies nicht zuletzt durch ihre finanzielle Unterstützung und dadurch auch zeitlichen Rahmen ermöglicht haben.

Meinem Erstgutachter Klaus Schonauer für die Freiheit, die er mir bei der Wahl und Bearbeitung des Themas gelassen hat, die anregenden Gespräche und das Fallseminar, das mich mit verschiedensten therapeutischen Denkansätzen in Kontakt gebracht hat.

Christiane Eichenberg für die engagierte, hilfreiche und stets zeitnahe Zweitbetreuung.

Und den vielen weiteren Einzelpersonen, die mich im Zuge der Diplomarbeit unterstützt haben:
- dem privaten „Forschungskolloquium" in der unsicheren Anfangssphase
- allen, die den Fragebogen vor der Erhebung geprüft haben und die meine Studienanfrage unter teils großem Einsatz an ihrer Uni verbreitet haben
- David, Anna, Miri, Mareike und Johannes für Korrekturlesen, kritische Einwände und aufmunternde Worte
- und nicht zuletzt den knapp 900 Teilnehmer/innen, welche die Studie beendet haben, insbesondere für die vielzähligen und interessanten Zusatzbemerkungen.

Inhaltsverzeichnis

Danksagung

Inhaltsverzeichnis..VII

Tabellenverzeichnis...IX

Abbildungsverzeichnis...XI

Zusammenfassung..1

1. Einleitung.. 3

   1.1 Zum Thema der Arbeit.. 3

   1.2 Theoretischer Hintergrund 6

      1.2.1 Studienzufriedenheit 6

      1.2.2 Wissenschaftsverständnis 16

      1.2.3 Repräsentation der Therapieverfahren 23

      1.2.4 Neugestaltung der psychologischen Ausbildungssituation.................. 31

      1.2.5 Hochschulsozialisationsprozesse und fachspezifischer Habitus........... 39

   1.3 Untersuchungsfragen und Hypothesen 41

2. Methodik..47

   2.1 Datenerhebung und Stichprobenbeschreibung 47

      2.1.1 Untersuchungsmethode und technische Umsetzung.......................... 47

      2.1.2 Rekrutierung und Erhebung 48

      2.1.3 Aufbereitung der Daten.. 49

      2.1.4 Stichprobenbeschreibung 50

   2.2 Statistische Verfahren zur Datenanalyse.. 52

      2.2.1 Vorbemerkung zur Angemessenheit der statistischen Verfahren.................. 52

      2.2.2 Testtheoretische Überprüfung des Fragebogens................................ 53

      2.2.3 Mittelwert-, Verteilungs- und Häufigkeitsvergleiche.......................... 56

      2.2.4 Modell der Studienzufriedenheit... 59

   2.3 Messinstrumente inklusive testtheoretischer Kennzahlen 62

      2.3.1 Entwicklung des Fragebogens.. 62

      2.3.2 Aufbau des Fragebogens 63

      2.3.3 Inhaltliche Evaluation des Studiums 63

      2.3.4 Untersuchung der Repräsentation der Therapieverfahren.................. 76

      2.3.5 Neugestaltung der psychologischen Ausbildungssituation.................. 78

3. Ergebnisse..81

   3.1 Inhaltliche Evaluation des Studiums... 81

      3.1.1 Studienzufriedenheit, Autonomie, Lehrkompetenz und Fachinteresse.......... 81

      3.1.2 Inhalte des Studiums bzw. des Fachs Klinische Psychologie............... 82

      3.1.3 Wissenschaftsverständnis.. 86

3.1.4 Zusammenfassung der Variablen zur inhaltlichen Evaluation 88

3.1.5 Modell der Studienzufriedenheit 90

3.2 Untersuchung der Repräsentation der Therapieverfahren 99

3.2.1 Berufsvorstellungen und Wahl einer Therapieausbildung 99

3.2.2 Darstellung der Therapieverfahren und Veränderungswünsche 103

3.2.3 Bewertung der Therapieverfahren 108

3.2.4 Wissen über die Therapieverfahren 114

3.3 Neugestaltung der psychologischen Ausbildungssituation 122

3.3.1 Wahl eines Studiengangs Psychotherapiewissenschaft 122

3.3.2 Gründe für die Wahl eines Studiengangs Psychotherapiewissenschaft 122

3.3.3 Sinnhaftigkeit eines Studiengangs Psychotherapiewissenschaft 123

3.3.4 Direktausbildung Österreich 123

3.3.5 Mögliche Inhalte eines Studiengangs Psychotherapiewissenschaft 124

3.4.6 Offene Anmerkungen zum Studiengang Psychotherapiewissenschaft 126

3.4.7 Zusammenfassung der Neugestaltung der Ausbildungssituation 128

4. Diskussion 129

4.1 Zusammenfassung und Implikationen der wichtigsten Ergebnisse 129

4.1.1 Zur Studienzufriedenheit 129

4.1.2 Zum Wissenschaftsverständnis 142

4.1.3 Zur Repräsentation der Therapieverfahren 151

4.1.4 Zur Neugestaltung der psychologischen Ausbildungssituation 164

4.2 Zu Limitationen und Weiterentwicklungen der Studie 168

4.2.1 Zur Wahl des Erhebungsformats 168

4.2.2 Zur Repräsentativität der Stichprobe 170

4.2.3 Zur Objektivität der Studie 171

4.2.4 Zu sonstigen Limitationen 175

4.3 Fazit und Ausblick 176

Literaturverzeichnis 179

Der Anhang ist unter www.springer.com auf der Produktseite dieses Buches verfügbar

Tabellenverzeichnis

Tabelle 1:   Die 6 wissenschaftstheoretischen Dimensionen nach Coan (1968) 21

Tabelle 2:   Faktoren 2. Ordnung der wissenschaftstheoretischen Dimensionen nach Coan (1968) 21

Tabelle 3:   Die sechs wissenschaftstheoretische Dimensionen nach Kimble (1984) 22

Tabelle 4:   Überblick über die verschiedenen Ausbildungsmodelle nach Strauß et al. (2009), S. 362 38

Tabelle 5:   Teilnehmerinnen der Studie unterteilt nach Studienländern und Hochschulart 50

Tabelle 6:   Wortlaut und statistische Kennwerte der Skalen Studienzufriedenheit, Autonomie, Lehrkompetenz und Fachinteresse 66

Tabelle 7:   Wortlaut der Items zu den Inhalten des Studiums 68

Tabelle 8:   Statistische Kennzahlen der Skalen Offenheit und Praxisrelevanz ohne das Fach Klinische
Psychologie 69

Tabelle 9:   Wortlaut der Items zu den Inhalten des Fachs Klinische Psychologie, die sich von den
Inhalten des Studiums unterscheiden 71

Tabelle 10:   Statistische Kennzahlen der Skalen Offenheit und Praxisrelevanz in der Subgruppe der
Studierenden mit dem Fach Klinische Psychologie 72

Tabelle 11:   Adaptiertes Epistemisches Differential (nach Kimble, 1984) zur Erfassung des Wissenschaftsverständnisses 73

Tabelle 12:   Statistische Kennzahlen der Skalen zum Wissenschaftsverständnis 75

Tabelle 13:   Mittelwerte und Standardabweichungen (Std.) der Ist-, Soll- und Diskrepanz-Werte des
Studiums (n=195) 83

Tabelle 14:   Mittelwerte und Standardabweichungen (Std.) der Ist-, Soll- und Diskrepanz-Werte des
Fachs Klinische Psychologie (n=666) 85

Tabelle 15:   Ergebnisse der multiplen Regression zur Vorhersage der Studienzufriedenheit mit dem
Fach Klinische Psychologie (n=612) mittels Einschlussmethode 92

Tabelle 16:   Ergebnisse der multiplen Regression zur Vorhersage der Studienzufriedenheit ohne das
Fach Klinische Psychologie (n=193) mittels Einschlussmethode 94

Tabelle 17:   Finales Modell der multiplen Regression zur Vorhersage der Studienzufriedenheit ohne
das Fach Klinische Psychologie (n=193) mittels schrittweiser Methode 95

Tabelle 18:   Wissen der psychodynamischen Verfahren differenziert nach Ländern 114

Tabelle 19:   Wissen der verhaltenstherapeutischen Verfahren differenziert nach Ländern 116

Tabelle 20:   Wissen der systemischen Verfahren differenziert nach Ländern 120

Tabelle 21:   Einige Bemerkungen der Teilnehmerinnen hinsichtlich der Anregung zur Reflexion 169

Abbildungsverzeichnis

Abbildung 1:   Flussdiagramm des Studienablaufs in Abhängigkeit von verschiedenen Filtervariablen....   64

Abbildung 2:   Beispielhaftes Item der Skala Wissenschaftsverständnis   74

Abbildung 3:   Beispielitem zur vornehmlichen Vertretung einer Verfahrensrichtung mit detaillierten Antwortankern   77

Abbildung 4:   Beispielitem zu den Gründen des geringen Wissens über humanistische Verfahren   78

Abbildung 5:   Beispielitem zu den Quellen des Wissens über kognitiv-verhaltenstherapeutische Verfahren   79

Abbildung 6:   Beispielitem zu den Gründen der Wahl eines Direktstudiengangs Psychotherapiewissenschaft   79

Abbildung 7:   Prozentuale Verteilung der Studienzufriedenheit (1–7) über Länder und Hochschularten   82

Abbildung 8:   Mittelwerte der Ist-, Soll- und Diskrepanz-Werte des Wissenschaftsverständnisses in Abhängigkeit von Studienland und Hochschulart...   87

Abbildung 9:   Sunflowerplots und einfache lineare Regressionen der Studienzufriedenheit auf das Fachinteresse für 3 verschiedene Subgruppen   98

Abbildung 10:   Therapieausbildungswahl in Deutschland und Österreich...   101

Abbildung 11:   Verteilung der Vornehmlichen Vertretung eines Therapieverfahrens in Abhängigkeit der Studienländer   103

Abbildung 12:   Durchschnittliche Informationsmenge pro Therapieverfahren in Abhängigkeit der Studienländer...   104

Abbildung 13:   Prozentuale Darstellung der Zufriedenheit mit der Darstellung der Therapieverfahren   105

Abbildung 14:   Durchschnittliche Bewertung der Therapieverfahren und Bewertungsdiskrepanz   109

Abbildung 15:   Prozentwerte der Probandinnen bzgl. der Höhe ihres Wissens über die Therapieverfahren über Studienländer und Hochschularten   115

Abbildung 16:   Prozentuale Verteilung der Antworten auf die Frage nach der Sinnhaftigkeit der Einrichtung eines Direktstudiengangs Psychotherapiewissenschaft über Studienländer und Hochschulart...   123

Zusammenfassung

Ausgehend von der studentischen (Un-) Zufriedenheit mit dem Fach Psychologie in seiner derzeitigen Form untersucht die vorliegende Arbeit die wahrgenommene wissenschafts-theoretische Ausrichtung der akademischen Psychologie im Vergleich zur studentischen, die universitäre Repräsentation der psychotherapeutischen Verfahrensrichtungen in der Lehre sowie diesbezügliche studentische Vorstellungen und Veränderungswünsche. Darauf auf-bauend werden Ansätze zur Neugestaltung der psychologischen Ausbildungssituation the-matisiert, namentlich die Abspaltung eines (Direkt-) Studiengangs Psychotherapiewissen-schaft vom klassischen Psychologiestudium. Diesen Themenkomplexen wurde in einer quan-titativen Onlinestudie an deutschsprachigen Hochschulen in Deutschland, Österreich und der Schweiz mit insgesamt 861 Probandinnen[1] nachgegangen, wobei sowohl private als auch öffentliche Hochschulen einbezogen wurden.

Anhand einer adaptierten Version des „Epistemischen Differentials" von Kimble (1984) wurde sowohl das studentische Wissenschaftsverständnis erhoben als auch das von den Studierenden wahrgenommene Wissenschaftsverständnis ihrer Hochschule. Während die Studierenden die Psychologie *zwischen* den Polen der Natur- und Geisteswissenschaft mit einer Tendenz zur geisteswissenschaftlichen Seite positionierten, wurde die akademi-sche Psychologie als überwiegend naturwissenschaftlich ausgerichtet wahrgenommen. Diese Befunde beschränken sich jedoch auf die deutschen und schweizerischen Stichproben an öffentlichen Hochschulen. An privaten Hochschulen und in der österreichischen Stichprobe hingegen (die vornehmlich aus Studierenden der Alpen-Adria-Universität Klagenfurt und der privaten Siegmund-Freud-Universität Wien bestand) wurde das akademische Selbst-verständnis deutlich geisteswissenschaftlicher verortet.

Die Lehre an öffentlichen Hochschulen in Deutschland – und tendenziell auch der Schweiz – weist in der vorliegenden Studie eine Prädominanz der kognitiv-verhaltenstherapeutischen Verfahren auf. Diese Richtung wird als vornehmlich durch die Lehrkräfte vertreten und am besten von diesen bewertet wahrgenommen. Auch werden die meisten Informationen über sie vermittelt und die Studierenden weisen hier das größte Wissen im Vergleich zu den an-deren Verfahren auf. Das vergleichsweise geringe Wissen, das die Studierenden von anderen Therapierichtungen besitzen, wird im Vergleich zur verhaltenstherapeutischen Richtung eher außerhalb der Hochschulen erlangt. Folgerecht wird die Vermittlung der Therapieverfahren insbesondere an öffentlichen Hochschulen in Deutschland mehrheitlich als unausgewogen

---

[1] Aus Gründen der besseren Lesbarkeit und der mehrheitlich weiblichen Repräsentanz in der Psychologie wird in der vorliegenden Arbeit durchgehend die weibliche Form verwendet. Das bezieht jedoch selbstver-ständlich männliche Teilnehmer/ Dozenten/ Psychologen / ... ein und wird hiermit gebeten zu entschuldi-gen.

wahrgenommen. Dabei fällt die studentische Bewertung der psychodynamischen, humanistischen und systemischen Verfahren deutlich positiver aus als die wahrgenommene Bewertung dieser Ansätze durch die Lehrenden. Dementsprechend wünscht sich die Mehrheit der Studierenden eine verstärkte Behandlung dieser drei Verfahrensrichtungen. Anders stellt es sich erneut für die österreichischen und privaten Hochschulen dar, an denen eine spiegelbildliche Dominanz der psychodynamischen Verfahren besteht, insgesamt jedoch eine ausgewogenere Situation und größere Zufriedenheit mit der Verfahrensrepräsentation.

In multiplen Regressionsanalysen zur Vorhersage der Studienzufriedenheit zeigte sich, dass neben den traditionell erhobenen Prädiktoren *Fachinteresse, Lehrkompetenz, Praxisrelevanz* und *Autonomie* die Diskrepanz zwischen dem studentischen und dem wahrgenommenen universitären *Wissenschaftsverständnis* am stärksten zur Erklärung der Studienzufriedenheit beitrug. Innerhalb der Studierenden mit dem Fach Klinische Psychologie leistete zusätzlich die Diskrepanz der studentischen und universitären *Verfahrensbewertungen* einen bedeutsamen Erklärungsbeitrag. Darüber hinaus bestand tendenziell ein *Moderatoreffekt* von der Diskrepanz des Wissenschaftsverständnisses auf den Zusammenhang von Fachinteresse und Studienzufriedenheit. So hing die prädiktive Validität des Fachinteresses für die Studienzufriedenheit deutlich von der Größe der Diskrepanz des Wissenschaftsverständnisses ab. Dabei bestand innerhalb der Studierenden, deren Wissenschaftsverständnis drastisch vom universitären Selbstverständnis abwich, ein signifikant niedrigerer Zusammenhang zwischen dem Fachinteresse und der Studienzufriedenheit als bei den übrigen Studierenden.

Diese Befunde legen zum einen eine Revision der bisherigen Konzepte und Befunde der Studienzufriedenheitsforschung nahe. So scheint es insbesondere im Fachbereich Psychologie notwendig, eine übergeordnete Reflexion der *Ausrichtung* des Fachs einzubeziehen, sowohl in methodologischer als auch inhaltlicher Hinsicht. Zum anderen stellt sich die praktische Frage, wie die akademische Psychologie dem nicht geringen Anteil der Psychologiestudierenden begegnen möchte, der ein grundsätzlich anderes Selbstverständnis der Disziplin vertritt, nicht zuletzt auf Grund dessen eine hohe Unzufriedenheit mit dem Studium aufweist und sich möglicherweise auch deswegen von der akademischen Forschung zurückzieht.

Eine Anknüpfungsmöglichkeit für eine derartige Diskussion könnten die derzeitigen berufs- und hochschulpolitischen Debatten zur Neugestaltung des psychotherapeutischen Ausbildungsmodells darstellen (s. Strauß et al., 2009). In dem Kontext zeigt die vorliegende Arbeit als erste Exploration der studentischen Haltung auf, dass gut 40% der Studierenden mit Interesse an der Klinischen Psychologie bei entsprechender Möglichkeit einen nicht näher spezifizierten (Direkt-) Studiengang Psychotherapiewissenschaft gewählt hätten. Dreiviertel der Probandinnen befanden einen solchen Studiengang für sinnvoll. Den zahlreichen qualitativen Anmerkungen der Teilnehmerinnen können darüber hinaus wertvolle Anregungen sowie als notwendig erachtete Bedingungen (insbesondere den Praxisbezug betreffend) hinsichtlich der Ausgestaltung eines derartigen Studiengangs entnommen werden.

1. Einleitung

1.1 Zum Thema der Arbeit

Ausgangspunkt der vorliegenden Arbeit stellt die vielfach festgestellte geringe Studienzufriedenheit der Psychologiestudierenden im Vergleich zu Studierenden anderer Fachbereiche dar (Krüger, 1986; Augenstein, Beller & Vogel, 1987; Apenburg, 1980; Schiefele & Jacob-Ebbinghaus, 2006). So konstatiert beispielsweise Krüger (1986) im Rahmen einer fächerübergreifenden Analyse:

„Am größten ist die Dissonanz zwischen Hochschulerwartung und Hochschulerleben bei Psychologen (S. 108). [Sie] zeigen insgesamt die stärkste Kritik; sie vermissen am stärksten die Möglichkeit, zugrunde liegende Prinzipien zu verstehen, beklagen am deutlichsten die bloße Anhäufung von Fakten, finden signifikant am deutlichsten, dass in ihrem Fachbereich zu wenig Wert darauf gelegt wird, eigene Interessenschwerpunkte zu entwickeln und theoretisches Wissen auf praktische Probleme anzuwenden." (S. 111)

Dabei stellt er fest, dass die Unzufriedenheit der Psychologiestudierenden „weniger auf die Art der *Vermittlung* der Inhalte zurückzuführen [ist], sondern [...] Ausdruck einer starken Enttäuschung im Hinblick auf die dargebotenen *Inhalte selbst*" darstellt (S. 113, Hervorh. d. Verf.). Bezüglich dieser „dargebotenen Inhalte" scheinen mindestens drei Aspekte relevant, welche die Themenkomplexe der vorliegenden Untersuchung konstituieren und im Folgenden dargelegt werden.

Zum einen zeigt sowohl die Studie von Augenstein et al. (1987) als auch die Untersuchung jüngeren Datums von Handerer (2011) auf, dass sich hinsichtlich des Wissenschaftsverständnisses – und damit auch bezüglich der grundsätzlichen Ausrichtung der Psychologie – eine Diskrepanz zwischen Studierenden und Lehrenden auftut (letztere als Repräsentantinnen der akademischen Psychologie). In Handerers Worten (2011): „Während an den Universitäten offenbar eine nahezu ausschließlich naturwissenschaftlich orientierte ‚Monokultur' vorherrscht – scheint unter den Studierenden eine zwischen Natur- und Geisteswissenschaften angesiedelte ‚Mischkultur' zu dominieren" (S. 113 f). Und diese Divergenzen stehen in beiden Untersuchungen in deutlichem Zusammenhang mit der Höhe der Studienzufriedenheit. Das Selbstverständnis der Psychologie hinsichtlich ihrer Positionierung zwischen den Geistes- und den Naturwissenschaften scheint demnach ein wichtiger Faktor in der Frage der Gestaltung und Bewertung des Psychologiestudiums zu sein (s. auch Frank, 1990 oder Ottersbach, Grabska und Schwarzer, 1990).

Nun ist das Wissenschaftsverständnis einer Disziplin aufs engste mit dem dahinterliegenden Menschenbild verwoben (Stangl, 1989; Montada, 1983). Dieses „Menschenmodell" (Stangl, 1989, S. 30) wird dabei von gesellschaftlichen und historischen Verhältnissen beeinflusst und stellt „die zentrale Grundlage für die Forschung" dar (ebd.). Es scheint daher möglich, dass sich die erwähnten Divergenzen zwischen dem Wissenschaftsverständnis von Studierenden und Hochschule auf eine noch tiefere Ebene erstrecken und im zugrundeliegenden divergierenden Menschenbild ihren Ursprung finden.[2]

Somit besteht – zumindest im Bereich der Klinischen Psychologie – neben dem Wissenschaftsverständnis noch ein zweiter zentraler Aspekt psychologischer Lehre, den es zu untersuchen gilt: das zugrundeliegende Menschenbild, wie es in den verschiedenen psychotherapeutischen Verfahrensrichtungen zu Tage tritt. Denn diese Verfahrensrichtungen hängen durch den expliziten Fokus ihrer Begriffs- und Theoriebildung auf den Menschen naturgemäß sehr eng mit einem bestimmten Menschenbild zusammen (Hoffmann & Schüßler, 1999) und weisen hierbei zum Teil stark divergierende Erklärungs- und „Menschenmodelle" auf (Stangl, 1989, S. 30; Kriz, 2007a; s. auch das Sammelwerk von Petzold, 2012 für einen umfassenden Überblick). Daher scheint es plausibel, dass sich diese Modelle zum einen maßgeblich auf die Vorstellungen hinsichtlich der Inhalte des Fachs Psychologie auswirken. Zum andern sollte man erwarten, dass darüber hinaus etwaige Diskrepanzen bezüglich dieses Menschenbildes einen Einfluss auf die Studienzufriedenheit zeigen. Nicht zuletzt, da für einen Großteil der Psychologiestudierenden die Klinische Psychologie das zentrale Interessengebiet und die Hauptmotivation zur Aufnahme des Studiums darstellt (Hertwig & Stoltzke, 2001; Fischer, Eichenberg, & van Gisteren, 2009; Mutz & Daniel, 2008).

Inwiefern hinsichtlich der klinischen Inhalte und dort vermittelter Menschenbilder Diskrepanzen zwischen Studierenden und Hochschule bestehen, wurde selten explizit untersucht. Einige empirische Arbeiten bieten jedoch dahingehende Anhaltspunkte. So untersuchten verschiedene Studien die psychologische Fachlektüre von Studienanfängerinnen vor dem Studium (Fisch, Orlik & Saterdag, 1970; Witte & Brasch, 1991; Hofmann & Stiksrud, 1993; Handerer, 2011) und gelangten durch den seit Jahrzehnten bestehenden Fokus auf psychoanalytische Autorinnen zu dem Schluss, „dass dieses Bild vom Fach Psychologie zwangsläufig mit einem Studienangebot im Grundstudium in Konflikt geraten muss, das relativ wenige oder gar keine Lehrveranstaltungen psychoanalytischen Inhalts anbietet" (Hertwig & Stoltzke, 2001, S. 7). Dementsprechend ergaben auch neuere Untersuchungen, dass die derzeitige Lehre an psychologischen Instituten maßgeblich von der kognitiv-verhaltenstherapeutischen Grundrichtung geprägt ist (Strauß et al., 2009; Eichenberg, Müller & Fischer, 2007; Barthel et al., 2010; Fischer & Möller, 2006).

Daher soll in der vorliegenden Untersuchung auch der Frage nachgegangen werden, inwiefern diese vermutlich verhaltenstherapeutisch orientierte inhaltliche Ausrichtung der Klinischen Psychologie an den Hochschulen im Kontrast oder in Übereinstimmung zu den

---

[2] s. hierzu auch die Abhandlungen und Forschungsarbeiten zu den Menschenbildern der Psychologie von Fahrenberg, 2006, 2007, 2012, deren ausführliche Thematisierung den Rahmen dieser Einleitung überschreiten würde.

studentischen Präferenzen steht. Darüber hinaus soll eruiert werden, inwiefern hier möglicherweise bestehende Divergenzen einen Einfluss auf die Studienzufriedenheit zeigen.

Einen dritten kritischen Aspekt der „dargebotenen Inhalte" der Psychologie (s. Krüger, 1986, S. 113) stellt die Praxisorientierung des Studiums dar, welche seit Generationen von Studierenden kritisiert, bemängelt und eingefordert wird (s. Grubitzsch, 1993, S. 16). So weist die Praxisrelevanz der Studieninhalte einen durchweg hohen Einfluss auf die Studienzufriedenheit auf (Augenstein et al., 1987; Schiefele & Jacob-Ebbinghaus, 2006; Grubitzsch, 1993; Heise et al., 1999; Apenburg, 1980), nicht zuletzt, da über die Hälfte der Psychologiestudierenden einen klinisch-beratenden Beruf anstrebt (Hertwig & Stoltzke, 2001; Fischer et al., 2009; Mutz & Daniel, 2008; Handerer, 2011). Laut Frank (1990) bestehe nun „das Dilemma der Psychologie [...] darin, dass sie sich von solchen Studienmotiven nicht vollends distanzieren kann, weil sie eben nicht nur Wissenschaft, sondern [...] auch eine Profession ist, wozu auch ein mehr oder weniger spezifizierbares Berufsfeld gehört" (S. 156 f). Dennoch stellen gleichermaßen seit Jahrzehnten Vertreterinnen der akademischen Psychologie fest, dass das Diplom nicht beides leisten könne „wissenschaftliche Grundausbildung und Einübung in praktische Tätigkeiten unter Aufsicht" (Kornadt, 1985, S. 8; s. auch Heckhausen, 1983; Deutsche Gesellschaft für Psychologie e. V., 2005).

Einen möglichen Ausweg aus diesem Dilemma – zumindest im Bereich der Klinischen Psychologie – stellt nun die im Rahmen der Überarbeitung des psychotherapeutischen Ausbildungsmodells neu entflammte Diskussion um die Verlagerung von praktischen Ausbildungsteilen ins Psychologiestudium dar. Diese Überlegungen reichen hin bis zur Neukonzeption eines Direktstudiengangs Psychotherapie (s. Strauß et al., 2009). Während sich einige der Befürworterinnen primär auf den Überholungsbedarf des Ausbildungsmodells an sich fokussieren (s. bspw. Greve & Greve, 2009; Schulte in Rief, Schulte, Vogel, & Kuhr, 2012; Groeger, 2008), sehen andere diese Umgestaltung als Chance, auch die oben skizzierten Gesichtspunkte der potentiell einseitigen methodologischen und inhaltlichen Ausrichtung der derzeitigen Lehre und Forschung anzugehen und zu verändern (s. Fischer et al., 2009).

Insofern können die derzeitigen berufs- und hochschulpolitischen Diskussionen auch als Spielfeld und Revisionschance der genannten studentischen Kritikpunkte verstanden werden. Umso überraschender scheint, dass die Studierenden – als direkte Rezipientinnen etwaiger Veränderungen und auf Grund der Nähe zur fraglichen Ausbildungssituation kompetente Diskussionspartnerinnen – bislang noch keinen Eingang in diese Diskussion gefunden haben. Daher soll die Interessengruppe der Studierenden in der vorliegenden Untersuchung erstmalig und explorativ in die Debatte einbezogen werden.

Die Abschnitte des nun anschließenden theoretischen Hintergrunds sind analog zur obigen Herleitung folgendermaßen gegliedert: In einem ersten Abschnitt 1.2.1 werden theoretische Konzepte und empirische Befunde zur *Studienzufriedenheit* erörtert, mit einem Fokus auf die Situation Psychologiestudierender. Dabei stellt die Studienzufriedenheit sowohl Ausgangspunkt als auch vereinigendes Moment bezüglich der verschiedenen Themenfelder der Arbeit dar. In Abschnitt 1.2.2 folgt eine Erörterung des *Wissenschaftsverständnisses* der Psychologie, ebenfalls unter Rekurs auf theoretische und empirische Gesichtspunkte und Befunde. Abschnitt 1.2.3 geht der *Repräsentation der Psychotherapieverfahren* in der universitären Lehre nach sowie den diesbezüglichen studentischen Einstellungen, während Abschnitt 1.2.4 eine mögliche *Umgestaltung der psychologischen Ausbildungssituation* thematisiert. Letzteres geschieht unter Einbezug verschiedener Gesichts- und Kritikpunkte am derzeitigen Psychologiestudium und Ausbildungsmodell. Der Theorieteil der Arbeit wird abgeschlossen durch Abschnitt 1.2.5. Hier wird das für alle Aspekte der Arbeit relevante Konzept der *Hochschulsozialisation* und fachspezifischen Habitusentwicklung erörtert. Abschnitt 1.2.3 fasst die im Theorieteil entwickelten Hypothesen und Untersuchungsfragen zusammen.

1.2 Theoretischer Hintergrund

1.2.1 Studienzufriedenheit

Konzepte der Studienzufriedenheit

Wenngleich in Deutschland seit Jahrzehnten eine relativ rege Studienzufriedenheitsforschung besteht (vgl. Apenburg, 1980), liegt bis heute kein einheitliches Rahmenmodell der Studienzufriedenheit vor (Damrath, 2006). Vielmehr besteht eine Vielzahl von Einzelergebnissen ohne zufriedenstellende Integration (ebd.). Zur theoretischen Fundierung und Operationalisierung wird daher häufig auf die breite Basis der Arbeits- und/oder Kundenzufriedenheitsforschung zurückgegriffen (Gruber & Voss, 2006; Westermann, 2001; Schwaiger & Schloderer, 2006; Apenburg, 1980). Dies scheint insofern gerechtfertigt, dass die Situation von Studierenden laut Westermann (2001) diesen Kontexten ähnelt und sich die Studierenden selbst sowohl als Kundinnen (im Sinne der Kundenzufriedenheit) wie auch als Angehörige (analog zur Arbeitszufriedenheit) der Hochschule verstehen (Malleck, 2009).

Grundsätzlich lässt sich die Zufriedenheit mit einzelnen Lehrveranstaltungen von der allgemeinen Studienzufriedenheit unterscheiden. Während erstere mittlerweile an den Hochschulen im Rahmen der sogenannten „Evaluation der Lehre" weitgehend institutionalisiert ist (Spies, Westermann, Heise, & Schiffler, 1996), findet die Zufriedenheit mit dem Studium insgesamt im deutschen Sprachraum weniger Beachtung (Damrath, 2006). Dabei ist diese Gesamtzufriedenheit aus zweierlei Hinsicht von zentraler Bedeutung: Auf individueller Ebene stellt sie einen Teilaspekt der allgemeinen Lebenszufriedenheit dar und ist somit eng mit dem subjektiven Wohlbefinden, dem Selbstwertgefühl und der körperlichen wie seelischen Gesundheit verknüpft (Westermann, 2001; Apenburg, 1980). Doch auch die Hochschulen selbst profitieren von der Senkung der Studienabbrüche, dem vermehrten Hochschulausbildungserfolg und der Weiterempfehlung der Hochschule, die mit einer hohen Zufriedenheit verbunden sind (Blüthmann, 2012; Westermann, 2001; Apenburg, 1980). Folglich empfiehlt sich die gezielte Untersuchung der Gesamtzufriedenheit mit dem Studium als Agenda empirischer Forschung.

Im Folgenden werden die der Arbeit zugrundeliegenden Definitionsansätze näher beleuchtet. Diese umfassen die allgemeine Studienzufriedenheit in Anlehnung an die Arbeits- und Kundenzufriedenheitsforschung sowie die Begriffsbestimmung aus dem Bereich der Lebenszufriedenheitsforschung.

Ansätze in Analogie zur Arbeitszufriedenheitsforschung

Die Zufriedenheit von Personen im Arbeitskontext ist ein intensiv untersuchter Forschungsbereich der Arbeits-, Betriebs- und Organisationspsychologie (s. z.B. Fischer, 1991), deren Theorien schon früh auf Grund gewisser Ähnlichkeiten zur Studiensituation auf die Studienzufriedenheit übertragen wurden (Apenburg, 1980; Westermann, Heise, Spies, & Trautwein, 1996). Als Gemeinsamkeit von Studierenden und Arbeitnehmerinnen nennt Apenburg (1980) bspw. den instrumentellen Charakter der Tätigkeit, welche in der Regel als Hauptbeschäftigung dient und über die Sicherung der Existenzgrundlage bzw. das Erreichen des Ausbildungsziels hinaus weitere Bedürfnisse befriedigen kann (für bestehende Unterschiede zwischen Studien- und Arbeitssituation s. ebenfalls Apenburg, 1980).

Laut Westermann et al. (1996) habe es sich am fruchtbarsten erwiesen, die Arbeitszufriedenheit als *Einstellung* des Individuums zu seiner Arbeit zu betrachten. Dementsprechend lässt sich die Studienzufriedenheit als „Einstellung zum Studium insgesamt" definieren (ebd.). Dabei versteht Westermann (2001) diese Einstellung im Sinne einer eindimensionalen Konzeption als affektive, global bewertende Reaktion auf ein bestimmtes Objekt. Diese Reaktion ergibt sich nach Fishbein und Ajzen (1975) konkret aus der Stärke der individuellen Überzeugungen darüber, welche wesentlichen Attribute dem jeweiligen Objekt zugeschrieben und wie diese bewertet werden (s. auch Westermann, 2001). Nach Fishbein und Ajzen (1975) kann die Erfassung der Einstellung anhand zweier Arten von Aussagen erfolgen: Aussagen mit allgemeinen Bewertungen (Affekte), wie beispielsweise: „Das Studium macht mir genauso viel Spaß wie mein Hobby" und Aussagen über wichtige mögliche Attribute des Objekts (Überzeugungen), wie zum Beispiel „Das Studium ist übersichtlich gegliedert" (s. Westermann, 2001). Dementsprechend formulierten Westermann et al. (1996) in einer groß angelegten empirischen Untersuchung 50 solcher global bewertenden Aussagen zu Studium und speziellen Lehrveranstaltungen sowie Überzeugungen zu spezifischen Hauptmerkmalen des Studiums. Aus diesen extrahierten sie mittels Faktorenanalyse vier zugrundeliegende Dimensionen.

Diese vier Komponenten weisen verhältnismäßig geringe Interkorrelationen auf und werden von jeweils unterschiedlichen Determinanten beeinflusst (s. bspw. Spies et al., 1996; Heise, Westermann, Spies, & Rickert, 1999; Schiefele & Jacob-Ebbinghaus, 2006). Zur Erfassung der Faktoren wurden eindimensionale Skalen mit jeweils drei Items erstellt, die in einer Vielzahl von Studien Anwendung fanden und dabei Reliabilitäten von $\alpha = 0{,}71 - 0{,}87$ aufwiesen (bspw. Westermann et al., 1996; Spies, Westermann, Heise, & Hagen, 1998; Heise et al., 1999).

Die vier Dimensionen werden nach Westermann et al. (1996) folgendermaßen beschrieben:

1. Die Zufriedenheit mit dem Studium allgemein und insbesondere mit den Studieninhalten (SZ-IH) – *Beispielitem: „Ich habe richtig Freude an dem, was ich studiere"*
2. Die Zufriedenheit mit den Studienbedingungen (SZ-BD) – *Beispielitem: „Es wird an der Uni zu wenig auf die Belange der Studierenden geachtet"*
3. Die Zufriedenheit mit der Bewältigung der Studienbelastungen (SZ-BW) – *Beispielitem: „Das Studium frisst mich auf"*
4. Die allgemeine Zufriedenheit mit einer bestimmten Lehrveranstaltung (LZ) – *Beispielitem: „Ich werde diese Lehrveranstaltung in guter Erinnerung behalten."*

Die vorliegende Studie beschränkt sich auf den erstgenannten Faktor: die „Zufriedenheit mit dem Studium allgemein und insbesondere mit den Studieninhalten" (SZ-IH). Diese wird am ehesten als Gesamtzufriedenheit mit dem Studium verstanden (Westermann et al., 1996; Apenburg, 1980), was im Kontext dieser Untersuchung von primärem Interesse ist. Der Einbezug aller relevanten Prädiktoren für die verschiedenen Zufriedenheitsformen hätte zudem den Rahmen der Arbeit gesprengt.

Ansätze in Analogie zur Kundenzufriedenheitsforschung

Kritisiert wird an dem arbeitszufriedenheitsbasierten Konzept der Studienzufriedenheit als Einstellung, dass diese anders als die tatsächliche Zufriedenheit keine konkrete Erfahrung voraussetzt (Gruber & Voss, 2006): „Whereas attitude [...] is a predecision construct, satisfaction is a postdecision experience construct" (Appleton-Knapp & Krentler, 2006, S. 255). Daher betonen Vertreterinnen des kundenzufriedenheitsorientierten Ansatzes die Notwendigkeit konkreter Erfahrungen mit den „Dienstleistungen" der betreffenden Institution (Gruber & Voss, 2006; Schwaiger & Schloderer, 2006), welche beispielsweise die Bereitstellung von qualifizierten Professorinnen oder einer guten Ausstattung beinhalten. Dementsprechend definieren beispielsweise Gruber und Voss (2006) die Studienzufriedenheit als „Ergebnis eines individuellen Abgleichungsprozesses zwischen den Erwartungen bzw. Ansprüchen (Soll-Komponente) und den tatsächlich subjektiv wahrgenommenen Erfahrungen (Ist-Komponente)" (S. 77). Während die (positive) Konfirmation zu Zufriedenheit führt, resultiert negative Diskonfirmation in Unzufriedenheit (ebd., S. 78).

Wenngleich dieses sogenannte „Confirmation/Disconfirmation-Paradigma" im angelsächsischen Raum auf eine lange Forschungstradition zurückgreifen kann (bspw. Aldridge & Rowley, 1998; s. auch Gruber & Voss, 2006), hat es sich im deutschsprachigen Raum erst in den letzten Jahren etabliert, u.a. durch den Bologna-Prozess und die Einführung der Studiengebühren sowie der damit verbundenen erhöhten Wettbewerbsorientierung der Hochschulen (Schwaiger & Schloderer, 2006; Gruber & Voss, 2006; Reckenfelderbäumer & Kim, 2006).

Kritisiert wird dieser kundenzufriedenheitsbasierte Ansatz allerdings ebenfalls von verschiedenen Seiten. So hätten beispielsweise viele Studierende vor dem Studium keine Vorstellungen davon, was sie erwarte (Blüthmann, 2012; s. auch Hertwig & Stoltzke, 2001). Auch berücksichtige diese Begriffsbestimmung nicht die affektive Komponente der Zufriedenheit (Blüthmann, 2012). Unklar sei außerdem, was im Falle von negativen Erwartungen geschehe, deren Erfüllung wohl keine Zufriedenheit zur Folge habe (Blüthmann, 2012; Hasenberg & Schmidt-Atzert, 2013). Darüber hinaus können unerfüllte Erwartungen in einem Rückkopplungsprozess an die realen Bedingungen adaptiert werden (Bruggemann, Groskurth, & Ulich, 1975; Blüthmann, 2012; Hofmann, Schmatz, & Stiksrud, 1992) und auch die Zufriedenheit selbst wirkt sich auf den retrospektiven Bericht der Erwartungen aus (Appleton-Knapp & Krentler, 2006). Zudem scheint eine gewisse Zeitspanne nötig, um die Realisierbarkeit der Erwartungen abschätzen zu können (Hiemisch, Westermann, & Michael, 2005), Zufriedenheitsurteile bestehen hingegen bereits zu Beginn des Studiums.

Ansätze in Analogie zur Lebenszufriedenheitsforschung

Auf Grund dieser Kritikpunkte greifen neuere Ansätze zur Definition der Studienzufriedenheit auf die Lebenszufriedenheitsforschung zurück (Blüthmann, 2012; Sieverding, Schmidt, Obergfell, & Scheiter, 2013). Demnach wird diese Zufriedenheit als „evaluative Einschätzung verstanden, die sich aus affektiven Erfahrungen einerseits und kognitiven Vergleichen andererseits speist" (Blüthmann, 2012, S. 280). Da dies sowohl die affektive Einstellungskomponente beinhaltet (die auch durch nicht verbalisierbare, unbewusste Faktoren beeinflusst sein kann) als auch den kognitiven Vergleich von Anspruch und Erreichtem, verknüpft dieses Konzept die Ansätze der Arbeits- und Kundenzufriedenheitsforschung. Diese Begriffsbestimmung von Blüthmann (2012) wird daher der vorliegenden Arbeit zugrunde gelegt.

Empirische Befunde zur Höhe der Studienzufriedenheit

Wie bereits Apenburg (1980) bemerkte, fallen Zufriedenheitsurteile überwiegend positiv aus. So zeigen sich im Arbeitskontext vielfach 70 – 80% Zufriedene (Semmer & Udris, 2004). Auch bei Studienzufriedenheitsurteilen ist der Prozentsatz der Zufriedenen erstaunlich hoch. Dementsprechend gaben in einer fächerübergreifenden Untersuchung in Nordrhein-Westfalen 71% an, „im Großen und Ganzen mit [ihrem, Anm. d. Verf.] Studium zufrieden" zu sein (Rieck & Märker, 2012). Nur 22% stellten klar, dass dies nicht oder eher nicht der Fall sei. Auch in der fächerübergreifenden Studie von Damrath (2006) äußerten sich 76,4% als eher bis sehr zufrieden und nur 10,5% als eher bis stark unzufrieden. In einer Stichprobe von angehenden Religionslehrerinnen waren es ebenfalls nur 11,4%, die sich als unzufrieden bezeichneten (Lück, 2012) und unter BWL-Studierenden sank diese Zahl sogar auf 6,8%, (Schwaiger, 2003). Andere Studien bestätigten unter Einbezug verschiedener Fachgruppen diese Ergebnisse (Blüthmann, 2012; Hasenberg & Schmidt-Atzert, 2013; Hiemisch et al., 2005; Heise et al., 1999).

Eine Ausnahme scheinen jedoch wie oben angerissen die Psychologiestudierenden darzustellen (Krüger, 1986; Augenstein et al., 1987; Apenburg, 1980; Schiefele & Jacob-Ebbinghaus, 2006). So berichtet Malleck (2009) von 36,4% der Psychologiestudierenden an der Universität Wien, die sich als eher bis sehr unzufrieden einstufen. Auch bei Handerer (2011) zeigten sich zwar nur knapp 18% der Psychologiestudierenden unzufrieden mit dem gesamten Studium, bezüglich der Inhalte des Studiums war jedoch mehr als jede dritte Studierende unzufrieden. Bei Augenstein et al. (1987) gaben sogar 68,5% der Psychologiestudierenden an, unzufrieden mit dem Aufbau ihres Fachstudiums zu sein, unter den Diplomierenden stieg diese Zahl weiter auf 88,1%. Demnach sind laut Fisch et al. (1970) 33% der Psychologiestudierenden unsicher, ob sie das richtige Fach gewählt haben und für nicht wenige sei das Fachstudium „steter Anlass für kognitive Diskrepanzerlebnisse, von denen man vermuten kann, dass sie verhaltensauslösend wirken" (S. 254). Dementsprechend berichten Augenstein et al. (1987), dass 25,7% der untersuchten Konstanzer Psychologiestudierenden ernsthaft einen Hauptfachwechsel in Betracht gezogen haben, 30,3% sogar einen Hochschulabgang. Auch die qualitative Studie von Ottersbach et al. (1990) belegt, dass jeder der untersuchten Psychologiestudierenden mindestens einmal während des Grundstudiums einen Studienabbruch erwogen hat und laut UniSpiegel bricht im Grundstudium fast jeder Dritte (30%) das Psychologiestudium tatsächlich ab (Lakotta, 2002). In dem Sinne ergab auch die Studie von Krüger (1986), dass Psychologinnen verglichen mit anderen Fachbereichen häufiger Krisen während ihres Studiums erleiden, stärker eine negative emotionale Grundstimmung verspüren und ihnen ihr Studium weniger Spaß bereitet. Diese Aspekte äußerten sich in Desinteresse, Unlust, Angst, den Anforderungen nicht gewachsen zu sein, der Neigung, nur noch das Nötigste tun, um das Studium so bald wie möglich zu beenden und darin, dass sich die Studierenden oft überwinden müssen, Veranstaltungen überhaupt zu besuchen. Dementsprechend nennen Psychologiestudierende öfter als jene anderer Fachbereiche Symptome leichter Erschöpfbarkeit, wie etwa Müdigkeit, Mattigkeit oder Schwächegefühle (ebd.).

Als Ursache für diese drastische Unzufriedenheit und deren Folgen werden vielfach die Erwartungen, Ansprüche und Vorstellungen der Studierenden genannt, die sich wenig mit der vorgefundenen Studienrealität zu decken scheinen (Fisch et al., 1970; Hofmann et al., 1992; Schart, 2011; Hertwig & Stoltzke, 2001; Kintzel, 1992). In den Worten von Grubitzsch (1993): „Nur wenige Studierende erwarten mit Beginn ihres Studiums ,Maß und Zahl' als wesentliche Bestimmungsstücke einer Wissenschaft, die angetreten ist, psychisches Wohlbefinden oder ,einfach Lebensqualität' zu sichern." (S. 19). Dementsprechend schlussfolgert auch Krüger (1986), dass Psychologiestudierende die größte Diskrepanz zwischen ihrer ursprünglichen Studienerwartung und ihren persönlichen Bedürfnissen einerseits und der universitären bzw. Fachbereichsrealität auf der anderen Seite erleben (vgl. S. 110). Die

Folgen sind hohe Abbrecherquoten, Resignation, Enttäuschung und andauernde Kritik (vgl. Grubitzsch, 1993, S. 21).[3]

Eine Ausnahme dieser ausgeprägten Unzufriedenheit stellt die Untersuchung von Mutz und Daniel (2008) dar, wonach sich nur 14,4% der Psychologiestudierenden als nicht bis überhaupt nicht zufrieden einschätzten. Hier muss allerdings berücksichtigt werden, dass die Stichprobe ausschließlich Studienanfängerinnen beinhaltete. Für diese Subgruppe belegen verschiedene Untersuchungen in der Regel eine sehr hohe Zufriedenheit, die im Laufe des Studiums sukzessive abnimmt (bspw. Apenburg, 1980; Schwaiger, 2003). Die anfänglich hohe Zufriedenheit scheint laut Hiemisch et al. (2005) insbesondere bei Studierenden vorzuliegen, die erleichtert sind, überhaupt einen Studienplatz in einem Numerus-Clausus-Fach erhalten zu haben, wovon im Fall der Psychologie ausgegangen werden kann. Daher scheinen sich die Ergebnisse dieser Untersuchung nicht auf die durchschnittlichen Psychologiestudierenden übertragen zu lassen, von denen über verschiedene Studien hinweg mindestens ein Drittel von einer leichten bis starken Unzufriedenheit berichtet (s.o.).

Diese vergleichsweise hohe Unzufriedenheit der Psychologiestudierenden scheint besonders vor dem Hintergrund alarmierend, dass Befunde aus der Arbeitszufriedenheitsforschung nahelegen, dass die berichteten Zufriedenheitsurteile systematisch überschätzt sein könnten (Semmer & Udris, 2004). So konstatieren Semmer und Udris (2004), dass die hohe Zufriedenheit auch bei Arbeitsbedingungen berichtet würde, die „alles andere als optimal" sind (S. 144). Und nicht wenige dieser „Zufriedenen" geben auf entsprechende Zusatzfragen an, dass sie ihre Tätigkeit nicht nochmal ergreifen oder ihren Kindern nicht empfehlen würden (ebd.). Als Erklärungen wurden u.a. kognitive Dissonanzreduktion, Mängel in den Untersuchungsbedingungen oder soziale Erwünschtheit diskutiert (Semmer & Udris, 2004; Apenburg, 1980).

Weitere Forschungsarbeiten bezogen daher das jeweilige Bezugssystem der Befragten mit ein und postulierten verschiedene Formen der Arbeitszufriedenheit als Ergebnis einer Motivationsdynamik (Bruggemann et al., 1975). So ergaben sich je nach Anpassung des Anspruchsniveaus als Reaktion auf einen Ist-Soll-Vergleich verschiedene Zufriedenheitsarten (für einen Überblick s. bspw. Westermann, 2001). Die sogenannte resignative Zufriedenheit entsteht zum Beispiel, wenn als Folge eines negativen Ist-Soll-Vergleichs das Anspruchsniveau gesenkt wird. Unter der Bedingung, dass das Anspruchsniveau nach einem solchen negativen Ist-Soll-Vergleich nicht gesenkt werden kann, kann eine Verzerrung der Wahrnehmung und somit eine sogenannte Pseudo-Zufriedenheit entstehen (Bruggemann et al., 1975). Diese beiden Formen der „Zufriedenheit" könnten zu den genannten widersprüchlichen Ergebnissen führen.

Nach diesen Überlegungen liegt die Vermutung nahe, dass die Zahl derer, die eine Änderung ihrer Arbeits- bzw. Studiensituation trotz postulierter Zufriedenheit begrüßen würden, wesentlich höher sein könnte als angenommen. Die Untersuchung Handerers (2011) stellt nach Wissen der Autorin die einzige Studie dar, welche den unterschiedlichen

---

[3] Eine genauere Untersuchung des Inhalts der studentischen Erwartungshaltungen wird in den folgenden Abschnitten vorgenommen.

Zufriedenheitsformen von Bruggemann et al. (1975) im Zusammenhang mit der Studiensituation Rechnung trägt. Seine Ergebnisse zeigen auf, dass unter der Berücksichtung dieser Dimensionen der Anteil der mit den Inhalten des Studiums unzufriedenen Psychologiestudierenden auf 45,2% steigt. Vor diesem Hintergrund – dass möglicherweise fast die Hälfte der Psychologiestudierenden eher unzufrieden mit ihren Studieninhalten ist – scheint die weitere Untersuchung der Studiensituation Psychologiestudierender unter Einbezug ihrer Erwartungshaltungen noch dringlicher.

Empirische Befunde zu den Einflussfaktoren der Studienzufriedenheit

Laut Apenburg (1980) bestehen drei verschiedene Herangehensweisen zur Vorhersage und Erklärung der Studienzufriedenheit: Der personologistische Ansatz, der individuelle Variablen wie Persönlichkeitsmerkmale thematisiert, die situationistische Herangehensweise, welche sich auf die Einflüsse der Umwelt konzentriert und zuletzt und am besten untersucht der interaktionistische Ansatz, der beide Aspekte kombiniert (Damrath, 2006).

Befunde mittels personologistischer Ansätze

Innerhalb der personologistischen Ansätze wurden Merkmale wie Geschlecht, Intelligenz, soziale Schichtzugehörigkeit, Angst, Leistung, Studienmotive, beruflich-wissenschaftliche Orientierung und beruflich/inhaltliche Gründe für das Studium mit eher heterogenen Ergebnissen untersucht (Apenburg, 1980; Damrath, 2006; Schiefele & Jacob-Ebbinghaus, 2006; Heise et al., 1999; Hiemisch et al., 2005; Handerer, 2011; Blüthmann, 2012). Als empirisch eher stabile Varianzquellen haben sich lediglich die Studiendauer mit einem in der Regel (geringen) negativen Einfluss (Handerer, 2011; Apenburg, 1980; Schwaiger, 2003) sowie das individuelle Fachinteresse erwiesen, welches in verschiedenen Untersuchungen einen konsistenten und deutlich positiven Einfluss auf die Studienzufriedenheit zeigte (Heise et al., 1999, Schiefele & Jacob-Ebbinghaus, 2006; Blüthmann, 2012). Kritisch anzumerken ist bei diesen Untersuchungen allerdings, dass sich bei der Messung des Fachinteresses und der SZ-IH schon auf Itemebene deutliche Überschneidungen ergeben und somit eine Konfundierung besteht. Die vorliegende Studie versucht, diese Konfundierung weiter zu reduzieren. Außerdem wurde – wie bereits Handerer (2011) bemerkte – das Fachinteresse losgelöst vom Fach*verständnis* der Studierenden betrachtet. Somit bleibt die Frage unbeantwortet, worauf sich das Fachinteresse der Studierenden letztlich bezieht. Diese fehlende Spezifizierung scheint besonders im Fachbereich der Psychologie auf Grund der häufig bestehenden „Dissonanz zwischen Hochschulerwartung und Hochschulerleben" (Krüger, 1986; S. 108) kritisch. Daher soll die Frage nach der übergeordneten Ausrichtung der Psychologie explizit in die vorliegende Untersuchung einbezogen werden.

Befunde mittels situationistischer Ansätze

Die situationistischen Ansätze untersuchen die Bedeutsamkeit unterschiedlicher (struktureller) Rahmenmerkmale (wie die Transparenz des Studienaufbaus, die Arbeitsmöglichkeiten an der Hochschule oder die Studiengangskonstruktion) sowie verschiedener Charakteristika der Lehrveranstaltungen (Blüthmann, 2012; Heise et al., 1999). Hier zeigten insbesondere die Eigenschaften bzw. das Verhalten der Lehrenden einen erheblichen Einfluss auf die Studienzufriedenheit (Damrath, 2006; Blüthmann, 2012; Handerer, 2011; Schwaiger, 2003; Apenburg, 1980). Laut Handerer (2011) trugen die (wahrgenommene) Diskussionsoffenheit und der intellektuelle Anspruch des Studiums ebenfalls zur Vorhersage der Studienzufriedenheit bei. Zudem wies der Grad der Praxisorientierung der Veranstaltungen eine durchweg hohe Erklärungskraft für die Studienzufriedenheit auf (Heise et al., 1999; Apenburg, 1980). Dies gilt insbesondere für den Fachbereich der Psychologie (Augenstein et al., 1987; Schiefele & Jacob-Ebbinghaus, 2006; Grubitzsch, 1993; s. hierzu auch Abschnitt 1.2.4).

Befunde mittels interaktionistischer Ansätze

Die interaktionistischen Ansätze analysieren die Kongruenz zwischen individuellen Eigenschaften und Verhaltensweisen auf der einen Seite und umweltbezogenen Orientierungen bzw. Gegebenheiten auf der anderen Seite (Damrath, 2006). Hierbei ist nicht die tatsächliche, sondern die empfundene bzw. vermutete Kongruenz maßgeblich (Apenburg, 1980; Damrath, 2006; Spies et al., 1996). Während sich die anfängliche Forschung hierbei primär auf Hollands Interessentheorie der Berufswahl (1997) mit eher heterogenen Befunden konzentrierte (vgl. Apenburg, 1980), erwies sich die *Person-Environment-Fit-Theorie* mit ihren Wurzeln in der Erforschung von Arbeitsstress (Kaplan, 1983; Edwards, Caplan, & Harrison, 1998) als fruchtbarer (Spies et al., 1996; Heise et al.; 1997; Spies et al., 1998). Demnach wirkt sich sowohl die Passung von Fähigkeiten der Studierenden und Anforderungen der Hochschule als auch die Kongruenz der studentischen Bedürfnisse und universitären Angebote positiv auf die Studienzufriedenheit aus (Spies et al., 1996; Damrath, 2006). So zeigte eine Studie von Spies et al. (1998), dass bezüglich der Passung von Fähigkeiten und Anforderungen für die SZ-IH primär die psychische Stabilität, die soziale Kompetenz und die studentischen Arbeitstechniken (wie bspw. kognitive Lernstrategien) eine Rolle spielen. Gesonderte Analysen für den Bereich der Geistes-/Sozial- und Erziehungswissenschaften ergaben jedoch, dass diese Faktoren nicht für diese Untergruppe galten (bzw. nur für die Zufriedenheit mit den Studienbedingungen, nicht aber mit den Inhalten). Bezüglich der Passung von Bedürfnissen und Angeboten fanden Spies et al. (1996) unter Zugrundelegung der Maslow'schen Bedürfnishierarchie (Maslow, 1943) sowie des Job Characteristic Model von Hackman und Lawler (1971), dass die SZ-IH am stärksten durch das Selbstverwirklichungsbedürfnis in Abgleich mit dessen Erfüllung beeinflusst wurde sowie durch das Sicherheitsbedürfnis in Bezug auf die Erwartungen der späteren Berufstätigkeit. Weitere Einflussfaktoren waren die Aufgabenvariation, themenbezogene Aufgabenwichtigkeit und Autonomie. Ergänzende Analysen ergaben allerdings erneut abweichende Befunde für die Untergruppe der Geistes-/ Sozial- und Erziehungswissenschaften, für die im Gegensatz zu den Rechts-, Wirtschafts- und Naturwissenschaften primär das Selbstverwirklichungsbedürfnis und die Autonomie eine hohe Erklärungskraft aufwiesen.

Ein weiterer interaktionistischer Forschungsstrang konzentriert sich unter Zugrundelegung einer handlungstheoretischen Perspektive auf die *Ziele und Werte* der Studierenden. Hierbei werden auf Basis werttheoretischer Modelle die individuellen Ziel- und Wertorientierungen untersucht sowie in einigen Studien auch der Grad ihrer Verwirklichung (Hiemisch et al., 2005, Heise et al., 1999).

Es erwiesen sich vor allem beruflich-inhaltliche Ziele als positiv bedeutsam (Heise et al., 1999), während bei orientierenden Zielen ein negativer Zusammenhang bestand (ebd.). Erst bei fortgeschrittenen Semestern hat laut einer Untersuchung von Hiemisch et al. (2005) die Realisierbarkeit der Ziele einen Einfluss auf die Studienzufriedenheit. Eine gewisse Erfahrungsgrundlage scheint demnach für den Abgleich notwendig. Insgesamt erwiesen sich laut Hiemisch et al. (2005) die Ziele als erklärungsstarke Prädiktoren für die Zufriedenheit mit den Studienbedingungen und der Belastungsbewältigung, weniger jedoch für die SZ-IH.

Darüber hinaus zeigte sich, dass die Studierenden umso zufriedener mit ihrem Studium sind, je geringer die Diskrepanz der eigenen Wertorientierungen zu denen der Lehrenden eingeschätzt wird (Heise et al., 1999; Matteson & Hamann, 1975). Untersucht wurden hier beispielsweise die Pflicht- und Akzeptanzwerte sowie Selbstentfaltungswerte nach Klages (1984, Heise et al., 1999). Auch Damrath (2006) belegte den deutlichen Einfluss von studienrelevanten Wertorientierungen auf die Studienzufriedenheit, wobei sie zwischen den Kategorien „Wissenschaft als Wert", „Institution der Hochschule als Wert", „Studienabschluss als Wert" und „Gewinnung von Wissensressourcen als Wert" unterschied. Bei Psychologiestudierenden wirkt sich zudem – wie Augenstein et al. (1987) und Handerer (2011) zeigen konnten – eine hohe Diskrepanz zwischen dem studentischen und dem an der Hochschule etablierten Wissenschaftsverständnis negativ auf die Zufriedenheit der Studierenden mit ihrem Studium aus.

Weitere Forschungsarbeiten untersuchen unter Rückgriff auf eine *erwartungstheoretische Perspektive* die Erwartungen an das Studium (Hasenberg & Schmidt-Atzert, 2013; Voss, 2012) – teilweise auch in Abgleich mit der Erfahrung (Schart, 2011). So wiesen beispielsweise Hasenberg und Schmitz-Atzert (2013) die Notwendigkeit realistischer Erwartungen bezüglich bestimmter Inhalte für die Studienzufriedenheit nach (in diesem Fall bezüglich der naturwissenschaftlichen Inhalte der Biologie). Auch Schart (2011) verdeutlichte den Einfluss der Diskrepanz von Ist- und Soll-Werten bezüglich verschiedenster Aspekte der Psychologie auf die Studienzufriedenheit. Allerdings ist in diesem Kontext wichtig, zwischen dem „wahrscheinlichen Leistungsniveau", auch „predictions" genannt und der gewünschten „Idealleistung" im Sinne einer Wunscherwartung zu unterscheiden (Gruber & Voss, 2006; Schwaiger & Schloderer, 2006). Laut Gruber und Voss (2006) sollte die letztgenannte „Wunscherwartung" als Referenzpunkt für Zufriedenheitsurteile herangezogen werden, u.a. da sie stabiler und weniger situationsabhängig als die übrigen Erwartungsauffassungen sei. Zudem zeigten Witte und Brasch (1991) auf, dass zum Teil große Abweichungen zwischen dem

14

„wahrscheinlichen Leistungsniveau" – also den realistischen Erwartungen – und den „Wunscherwartungen" bestehen. Wie sich zeigen wird, ist diese Unterscheidung in vorliegenden Kontext von großer Relevanz (vgl. auch den Abschnitt zur Höhe der Studienzufriedenheit).

Schlussfolgerungen für die vorliegende Untersuchung

In den zitierten Untersuchungen zu den Einflussfaktoren der Studienzufriedenheit stellte die Zielgruppe – abgesehen von wenigen Ausnahmen – nicht speziell die Gruppe der Psychologiestudierenden dar. Verschiedene Studien zeigen jedoch eine differenzielle Einflusskraft der Variablen in Abhängigkeit von der Fächergruppe auf (Blüthmann, 2012; Spies et al., 1996; Heise et al., 1997; Hiemisch et al., 2005; Damrath, 2006). Kombiniert mit dem Befund, dass gerade Psychologiestudierende – wie im obigen Abschnitt zur Höhe der Studienzufriedenheit dargelegt – eine besonders ausgeprägte Unzufriedenheit aufweisen und diese vermutlich auf die Inhalte selbst zurückzuführen ist (s. Krüger, 1986), liegt eine gesonderte Untersuchung dieser Subgruppe nahe.

Viele der zitierten Studien - insbesondere die Arbeiten der Forschergruppe um Westermann et al. – weisen zudem die substantielle Schwäche auf, dass sie den Einfluss der Variablen in jeweils separaten Regressionsanalysen untersuchten. Dies kann durch das Problem der Unterspezifikation zu einer groben Verzerrung der Schätzer führen und erlaubt zudem keine Aussage über die *relative* Wichtigkeit der einzelnen Prädiktoren (s. Eid, Gollwitzer, & Schmitt, 2013; Schiefele & Jacob-Ebbinghaus, 2006). In der vorliegenden Untersuchung wurde daher versucht, weitestgehend alle für den Fachbereich Psychologie relevanten Prädiktoren für die Zufriedenheit mit den Studieninhalten (SZ-IH) einzubeziehen. Die Reduktion der großen Anzahl an potentiell wichtigen Prädiktoren erfolgte auf Grund theoretischer Überlegungen und der Analyse bestehender empirischer Arbeiten.

Im Fachbereich der Psychologie scheinen nach diesen Analysen vor allem folgende Faktoren einen Einfluss auf die Zufriedenheit mit den Studieninhalten aufzuweisen: das Fachinteresse (Schiefele & Jacob-Ebbinghaus, 2006), Erwartungen hinsichtlich der Praxisorientierung der Lehre (Schiefele & Jacob-Ebbinghaus, 2006, Handerer, 2011; Schart, 2011) und der Diskussionsoffenheit (Handerer, 2011; Schart, 2011), die wahrgenommene Autonomie im Studium (Sieverding et al., 2013) und Qualität der Lehre (Schiefele & Jacob-Ebbinghaus, 2006, Handerer, 2011), die Studiendauer (Augenstein et al., 1987; Schiefele & Jacob-Ebbinghaus, 2006; Handerer, 2011) und nicht zuletzt die Diskrepanz zwischen universitärem und studentischem Wissenschaftsverständnis (Augenstein et al., 1987; Handerer, 2011). Laut Handerer (2011) hat auch der intellektuelle Anspruch des Studiums einen positiven Einfluss auf die Studienzufriedenheit. Andere Studien ergaben allerdings, dass sich Psychologiestudierende eher über- nicht unterfordert fühlen (Sieverding et al., 2013; Malleck, 2009) und laut Schiefele und Jacob-Ebbinghaus (2006) scheint auch die „intellektuell-forschende Orientierung" selbst keinen begünstigenden Einfluss auf die Studienzufriedenheit zu haben. Möglicherweise hängen diese kontroversen Ergebnisse von der Operationalisierung der Studienanforderungen ab. Untersuchungen bezüglich der prädiktiven Validität der Motive für die Studienfachwahl Psychologie ergaben in verschiedenen Studien sehr heterogene Ergebnisse und wiesen im besten Fall marginale Effekte im Hinblick auf die Studienzufriedenheit auf (Handerer, 2011; Schiefele & Jacob-Ebbinghaus, 2006; Fisch et al., 1970). Die Motive für die Studienfachwahl wurden daher nicht in die vorliegende Untersuchung einbezogen. Die aus den obigen Betrachtungen abgeleiteten Untersuchungsfragen und Hypothesen werden in Abschnitt 1.3 zusammenfassend dargestellt.

1.2.2 Wissenschaftsverständnis

Universitäres und studentisches Wissenschaftsverständnis

Wie in Abschnitt 1.2.1 dargelegt, scheinen sich die Erwartungshaltungen beziehungsweise Vorstellungen der Studierenden bezüglich des Fachs Psychologie deutlich von der vorgefundenen Studienrealität zu unterscheiden. Die Untersuchung von Handerer (2011) gibt einen Hinweis auf die Art der Diskrepanz: Der Unterschied zwischen dem eigenen und dem wahrgenommenen universitären Wissenschaftsverständnis hinsichtlich der Positionierung der Psychologie zwischen den Polen der Natur- und Geisteswissenschaft erwies sich als wichtigste erklärende Variable für die Studienzufriedenheit. Konkret fiel das studentische Wissenschaftsverständnis deutlich geisteswissenschaftlicher aus als das wahrgenommene Selbstverständnis der eigenen Hochschule.

Andere Studien stützen diesen Befund sowohl direkt als auch indirekt. So konstatieren Ottersbach et al. (1990): „Konflikt ist vorprogrammiert: Die Psychologiestudenten suchen ein Studium, das an ihre Erfahrungen anknüpft, das ihnen hilft, sich persönlich weiterzuentwickeln und damit die Möglichkeit bietet, anderen in ihrer Entwicklung zu helfen. [...] Die akademische Psychologie bietet nichts dergleichen. Sie ist empirisch-analytisch orientiert, im Grundstudium dominieren experimentell-naturwissenschaftliche Konzepte. Sie ist spezialisiert und segmentiert. Gegenstand und Methode sind immer noch umstritten" (S. 68). So stoßen die Studierenden – von denen 50% – 62% angeben, dass für sie der fachliche Reiz der Psychologie u.a. darin liege, dass sie Geistes-, Sozial- und Naturwissenschaften in sich *vereine* (Handerer, 2011; Mutz & Daniel, 2008) – auf eine „auf Faktenanhäufung spezialisierte[...] naturwissenschaftliche[...] Disziplin" (Krüger, 1986, S. 119). Dementsprechend zeigen auch Augenstein et al. (1987) auf, dass die Einschätzungen der Ist- und Soll-Werte hinsichtlich der wissenschaftlichen Schwerpunktsetzung stark divergieren, wobei die Hochschulen nicht die Schwerpunkte setzen, welche die Studierenden für wesentlich erachten. Auch Frank (1987) kommt in ihrer Untersuchung der „Dissonanzen" (S. 51) der Wissenschaftsbilder von Studierenden und Lehrenden zu dem Schluss: „[Auf] der einen Seite ein Verhaltensstil, der in jeder Phase des wissenschaftlichen Prozesses Distanziertheit, Objektivierung und Auseinanderhalten der interagierenden Faktoren fordert; auf der anderen Seite eine Haltung, die sich Engagement für das Ganze, Einbringen subjektiver Betroffenheit und Zusammenschau möglichst aller in ein Problem verwickelten Faktoren zutraut." (S. 51 f).

16

Verschiedene Studien belegen demgemäß, dass die schulischen Leistungskursprofile der Psychologiestudierenden eindeutig im geisteswissenschaftlichen Bereich liegen (Mutz & Daniel, 2008; Hofmann & Stiksrud, 1993). Gleiches gilt für die akademischen Interessen, wo die Studierenden Fächer wie Philosophie, Sprachen oder Gesellschaftswissenschaften als alternative Studienfächer angeben (Hofmann & Stiksrud, 1993). Dem entspricht, dass die Studierenden eine hohe Ähnlichkeit der Psychologie mit Fächern wie Pädagogik, Philosophie, Medizin und Biologie wahrnehmen, am wenigsten Ähnlichkeit jedoch u.a. mit der „klassischen" Naturwissenschaft Physik (Witte & Brasch, 1991). Auch das Tätigkeitsprofil der Psychologin wird von Studienanfängerinnen in die Nähe der Medizinerin gerückt, während psychologische Wissenschaftlerinnen ihren Tätigkeitsstil enger angelehnt an die Physik wahrnehmen (Saterdag, Apenburg, Fisch, & Orlik, 1971). Das studentische Interesse am „naturwissenschaftlichen Anspruch der sog. akademischen Psychologie" (Hofmann & Stiksrud, 1993, S. 255) scheint demnach eher gering, die Statistik und Methodenlehre das „Stiefkind" im Interesse und Verständnis der Studierenden (ebd).

Inwiefern deckt sich nun diese studentische Fachbereichswahrnehmung der Psychologie als Naturwissenschaft (Krüger, 1986, S. 110) mit wissenschaftstheoretischen Reflexionen und empirischen Befunden zum Selbstverständnis der gegenwärtigen akademischen Psychologie?

Empirische Befunde zum Selbstverständnis der akademischen Psychologie

Zahlreiche Autoren gelangen unter Rückgriff auf empirische Untersuchungsmethoden (Witte & Strohmeier, 2013), Alltagserfahrungen in der Wissenschaftspraxis (Groeben, 2006; Bergold, 2008), Untersuchungen des universitären (Pflicht-) Curriculums (Bergold, 2008; Groeben, 2006) und wissenschaftssoziologische Analysen (Mattes, 2008; Jaeggi, 1987; Jüttemann, 1994, 2004; Westermann, 2004) zu dem Schluss, dass sich der derzeitige akademische „Mainstream" (Bergold, 2008; Mey, 2007) – bzw. in Kuhn'scher Terminologie das normalwissenschaftliche Paradigma der Psychologie[4] – durch einen quantitativ-hypothesentestenden Forschungsansatz auszeichnet, der als nomothetisch (Münch, 2002; Groeben, 2006; Revenstorf, 2003), positivistisch (Gergen, in Mattes & Schraube, 2004; Revenstorf, 2003) oder „cartesianisch" (Legewie, 1990; Seidel, 2004) bezeichnet wird.

Diese Ausrichtung scheint von Vertreterinnen dieses Paradigmas explizit gefordert und propagiert zu werden. So plädiert beispielsweise Baumann (1995) dafür, dass sich das naturwissenschaftliche Selbstverständnis der Psychologie „stärker als bisher auf die Struktur der Ausbildungsinstitutionen und Studiengänge auswirken sollte" (S. 3). Verschiedene ande-

---

[4] Das 1962 erschienene Buch „Die Struktur wissenschaftlicher Revolutionen" von Thomas Kuhn thematisiert die historische Entwicklung von Theorien sowie die Charakteristika des wissenschaftlichen Wandels. In der von ihm bezeichneten ‚Normalwissenschaft' hat ein wissenschaftliches Paradigma eine Monopolerstellung erlangt und stellt damit einen einhellig akzeptierten Rahmen theoretischer und empirischer Arbeit dar. Das führt zum einen zu einer fortschreitenden Professionalisierung und Spezialisierung, zum anderen aber auch zu einer gewissen Immunität gegenüber Anomalien (vgl. auch Carrier, 2006)

re Autorinnen empfehlen, dass auf das divergierende studentische Bild „sogleich zu Beginn des Studiums mit einer Lehrveranstaltung ‚Einführung in die Psychologie' reagiert werden [sollte], um es in Richtung auf die ‚akademische' Psychologie zu korrigieren" (Witte & Brasch, 1991, S. 207; s. auch Fisch et al., 1970; Hofmann & Stiksrud, 1993). Noch deutlicher wirken die Empfehlungen der „Deutschen Gesellschaft für Psychologie" (die einen Zusammenschluss von in Forschung und Lehre tätigen Psychologinnen darstellt, im Folgenden DGPs) zur Einrichtung von Bachelor- und Masterstudiengängen im Fach Psychologie. In diesen „Empfehlungen" wird zum Erhalt der „Einheit des Fachs Psychologie" (DGPs, 2005, S. 1) eine Orientierung an ihren Richtlinien des Studiengangs mit einer naturwissenschaftlichen Ausrichtung nahegelegt. Wie Bergold (2008) unterstreicht, findet sich eine Vielzahl an Veranstaltungen mit dem Ziel quantitativer Methodenvermittlung im vorgeschlagenen Curriculum, jedoch kein Einbezug auch qualitativer Methodenkenntnisse. Dementsprechend empfiehlt die DGPs die Abschlussbezeichnungen „B. Sc." und „M. Sc", um die „Zugehörigkeit [der Psychologie, Anm. d. Verf.] zu den Naturwissenschaften" zu unterstreichen (DGPs, 2005, S. 2).

Wie die Untersuchung der Projektübersichten der „Deutschen Forschungsgemeinschaft" (DFG) von Witte und Strohmeier (2013) belegt, scheint die Hegemonie dieses naturwissenschaftlichen Paradigmas zumindest in der Grundlagenforschung realisiert: Sie zeigen auf, dass der quantitativ-hypothesentestende Forschungsansatz in der Psychologie stärker ausgeprägt ist als in allen anderen untersuchten Disziplinen wie der Physik, Biologie oder den Sozialwissenschaften. Dementsprechend findet in der Psychologie im Gegensatz zu den Sozialwissenschaften so gut wie keine qualitative Einzelfallforschung statt. Zudem sticht in dieser Untersuchung hervor, dass sich die disziplinäre Matrix (oder auch das normalwissenschaftliche Paradigma) der Psychologie durch eine große Homogenität auszeichnet, ebenfalls größer als in den anderen untersuchten Fachbereichen.

In Bezug auf die skizzierte Unzufriedenheit der Psychologiestudierenden scheinen hinsichtlich dieses von Groeben (2006) bezeichneten „homogene[n] und hegemonial[n] Mainstream[s]" (S. 1) besonders zwei Aspekte relevant. Zum einen mag es an der eventuell damit einhergehenden Reduktion der „beträchtlichen gegenständlichen Breite der Psychologie" (Laucken, 2003, S. 172) auf ihre im Sinne einer Naturwissenschaft operationalisierbaren Aspekte liegen (Gergen, in Mattes & Schraube, 2004; Revenstorf, 2003), dass 43% der Psychologiestudierenden angeben, dass die Fragen, die sie wirklich interessieren, in ihrem Studium zu wenig behandelt würden und 54% das Gefühl haben, nur eine bestimmte Richtung der Psychologie gelehrt zu bekommen (Handerer, 2011).

Zum anderen gesellt sich nach verschiedenen Analysen ein Mangel an Reflexivität und Diskussion über dieses im Kuhn'schen Sinne vorherrschende Paradigma hinzu (Gergen, in Mattes & Schraube, 2004; Schorr, 1994; Bergold, 2008; Witte & Strohmeier, 2013; Mack, 2002; Groeben, 2006). Sollte das der Fall sein – und auch die neueste empirische Analyse Handeres (2011) legt dies nahe – präsentiert sich die akademische Psychologie dadurch nicht in ihrer „historischen Gewordenheit" (Ottersbach et al., 1990, S. 93), sondern „setzt sich absolut" (ebd., S. 72), ohne ihre Erkenntnisweise in einen sozialen, gesellschaftlichen und historischen Rahmen zu betten (Fliegener, 2003). Diese „wissenschaftstheoretische Negierung" (Groeben, 2006, S. 2) der Wissenschaft als sozialen Prozess (Fliegener, 2003; Huber, 1991) könnte zu der beschriebenen Verunsicherung der Studierenden führen, die dadurch die derzeitige Art, psychologische Forschung zu betreiben, als die einzige mögliche und „richtige" wahrnehmen (vgl. Ottersbach et al. 1990). Dies könnte in Kombination mit der wahrgenommenen Diskrepanz zu den eigenen Wissenschaftsvorstellungen ein Grund dafür sein, dass sich die Studierenden selbst für die Enttäuschung verantwortlich machen und zu Selbstvorwürfen und Zweifeln neigen nach dem Motto: „Was stimmt nicht: Ich als Person oder das Studium?" (ebd., S. 126).

Ein Blick in die wissenschaftshistorische Geschichte der (akademischen) Psychologie (s. bspw. Schönpflug, 2004; Rammsayer & Troche, 2005; Lüer, 1991; Seidel, 2004) zeigt hingegen auf, dass die Psychologie in ihrer relativ kurzen Geschichte mehrfach einen drastischen Wandel ihres Selbstverständnisses und der vorherrschenden Forschungstradition erfuhr. Graumann (1991) bezeichnet diese Aufeinanderfolge von Forschungsprogrammen als „erratische Bewegung von ‚Einseitigkeit' zu ‚Einseitigkeit' " (S. 11) und gelangt zu der These, „dass die Psychologie sich durch [diesen, Anm. d. Verf.] unglücklichen Hang zu einseitigen theoretischen Imperialismen um die Klarheit ihrer Identität gebracht hat" (S. 5). Die „richtige" Art Psychologie zu betreiben scheint demnach in Abhängigkeit des jeweiligen Selbstverständnisses einem wiederholten Wandel unterworfen (s. Graumann, 1991; Klix, 1991; Herrmann, 1991). Nun stellt sich die Frage, wie sich diese teilweise widersprüchlichen Traditionen konkretisieren und gegebenenfalls zur empirischen Untersuchung operationalisieren lassen.

Die zwei „Kulturen" der Psychologie

Als Ausgangspunkt kann eine viel beachtete und kontroverse Rede des Wissenschaftlers und Schriftstellers C. P. Snow herangezogen werden, in der er die Existenz zweier entgegengesetzter Kulturen beschrieb: „Literarisch Gebildete auf der einen Seite – auf der anderen Naturwissenschaftler, als deren repräsentativste Gruppe die Physiker gelten. Zwischen beiden eine Kluft gegenseitigen Nichtverstehens, manchmal – und zwar vor allem bei der jungen Generation – Feindseligkeit und Antipathie, in erster Linie aber mangelndes Verständnis." (Snow, 1965, S. 12).

Zahlreichen Analysen zufolge scheint das beschriebene Schisma nicht nur zwischen *verschiedenen* wissenschaftlichen Disziplinen zu bestehen, sondern im Falle der Psychologie innerhalb *ein und derselben* Disziplin zwischen einem naturwissenschaftlich-erklärenden und einem geisteswissenschaftlich-verstehenden Lager zu klaffen (s. z. B. Prinz, 1994; Bergold, 1994; Klix, 1991). Alternative Bezeichnungen für diese gegensätzlichen Pole lauten „Empiriker vs. Hermeneutiker", „harte vs. weiche Wissenschaftlicher", „methodenstrenger Rationalismus vs. philanthropischer Subjektivismus" (s. Schönpflug, 2004, S. 444) oder „abstrakte vs. konkrete Psychologie" (Jüttemann, 2004).

Die Grundlagen dieser gegensätzlichen intellektuellen Mentalitäten sind laut Prinz (1994) so alt wie die Psychologie selbst und zeigen sich in neuerer Zeit nicht zuletzt darin, dass es seit Anfang der 90er Jahre zwei wissenschaftliche Fachgesellschaften gibt: die „Deutsche Gesellschaft für Psychologie" und die „Neue Gesellschaft für Psychologie" (Jüttemann, 1994). Letztere wurde gegründet, da die „akademische, einseitig naturwissenschaftlich orientierte Psychologie [...] den gesellschaftlichen Erfordernissen und damit der Berufspraxis von Psychologen [...] weder in ihren wissenschaftlichen Zielsetzungen, noch in ihrer Forschung und auch nicht in ihren Ausbildungsgängen Rechnung [trägt]" (Volmerg, 1992, S. 37). Diesem „Beschränktheitsvorbehalt" (Prinz, 1994, S. 4) wird von der anderen Seite mit dem Vorwurf fehlender Wissenschaftlichkeit begegnet (ebd.), welche die geisteswissenschaftliche Kultur in den Worten Roths (1981) als „spekulative, philosophisch orientierte, ja metaphysische ‚Seelenkunde' " beschreibt (S. 2), „als ganzheitliche Schau, mit, wenn überhaupt, nur geringen empirischen Bezügen, mit ‚Evidenz' (im phänomenologischen Sinne) oder dem ‚Konsens der Kundigen' als Gültigkeitskriterien" (ebd.).

Diese Zitate verdeutlichen die divergierenden metatheoretischen Orientierungen innerhalb der Psychologie, die erstmals 1954 von Thorndike empirisch untersucht wurden. Hierzu ließ er Psychologinnen verschiedenster Divisionen der „American Psychological Association" (APA) den Beitrag historischer Persönlichkeiten zum Aufbau der wissenschaftlichen Psychologie einschätzen. Mittels Faktorenanalyse extrahierte er drei zugrundeliegende Dimensionen: „Labor vs. Klinik", „Psychometrischer vs. verbaler Ansatz" und „Methodologische Analyse vs. ‚professional service' " (S. 789). Anschließend konnte er zeigen, dass sich die befragten Personen und Divisionen danach unterscheiden ließen, ob sie geisteswissenschaftlich-verbale oder naturwissenschaftlich-quantitative Leistungen vergleichsweise höher einschätzten. So bevorzugten beispielsweise lehrende und experimentelle Psychologinnen eher die Laborforschung, während diejenigen, die im Bereich Beratung, Pädagogik oder Therapie tätig waren, eher Beiträge im Bereich klinischer Studien des Individuums wertschätzten.

Coan (1968) entwickelte diesen Ansatz weiter, indem er Expertinnen 54 bekannte Psychologievertreterinnen verschiedenster Schulen anhand einer Fülle von wissenschaftstheoretischen Variablen bewerten ließ, die er im Anschluss faktorenanalytisch auf 6 zugrundeliegende Dimensionen reduzierte. Diese 6 Komponenten sind inklusive beispielhafter Vertreterinnen in Tabelle 1 dargestellt. Zudem ließen sich Faktoren zweiter Ordnung extrahieren, deren Pole Coan (1968) wie in Tabelle 2 dargestellt beschrieb. Die darüber liegende und nochmals generellere – wenn auch schwache Dimension – kontrastiert die grundlegende Prädisposition, Menschen und Leben in all ihrer Komplexität in einer eher „relaxten" Art zu erfassen und zu erleben (=fluide) mit der entgegengesetzten Tendenz, mit der Realität in einer kontrollierenden und separierenden Art umzugehen – und zwar durch die Einschränkung von Aufmerksamkeit und Isolation von Entitäten und Ereignissen (=restriktiv).

Wenngleich diese bipolare Unterteilung in einem einzigen Faktor sicherlich Information zugunsten von Einfachheit aufgibt, zeigt sie doch auf empirischem Wege die Existenz zweier divergierender Kulturen innerhalb der (geschichtlichen) Psychologie auf.

Tabelle 1: Die 6 wissenschaftstheoretischen Dimensionen nach Coan (1968) inkl. beispielhafter Vertreterinnen

subjektivistisch *(Jung, Adler, Piaget)*	vs.	objektivistisch *(Watson, Pavlov, Skinner)*
holistisch *(Allport, Lewin, Rogers)*	vs.	elementaristisch *(Ebbinghaus, Wundt, Skinner)*
Personal *(Rorschach, Adler, Charcot)*	vs.	transpersonal/nomothetisch *(Skinner, Hull, Wertheimer)*
qualitativ *(Freud, Janet, Sullivan)*	vs.	quantitativ *(Thurstone, Spearman, Ebbinghaus)*
dynamisch / prozessbezogen *(Jung, Adler, Freud)*	vs.	statisch *(Titchener, Wundt, Fechner)*
endogen / biologisch *(Freud, Jung, Galton)*	vs.	exogen/soziale (Lern-) Prozesse *(Skinner, Rogers, Watson)*

Tabelle 2: Faktoren zweiter Ordnung der wissenschaftstheoretischen Dimensionen nach Coan (1968)

synthetisch (subjektivistisch, holistisch, qualitativ)	vs.	analytisch (objektivistisch, elementaristisch, quantitativ)
strukturell (statisch, transpersonal,exogen)	vs.	funktional (personal, dynamisch, internal)

Eine Untersuchung von Simonton (2000) unterstützt diese Ergebnisse. Er griff die 54 Vertreterinnen der Studie Coans (1968) auf und untersuchte ihren Langzeiteinfluss (anhand des „Social Sciences Citation Index") in Abhängigkeit von ihrer metatheoretischen Position. Anstelle der klassischen Normalverteilung mit einer Häufung in mittleren Positionen wiesen Vertreterinnen der jeweils extremen Pole die meisten Zitationen auf, wobei Autorinnen mit einer geisteswissenschaftlichen Orientierung (wie Adler, Jung oder Rogers) am häufigsten und Autorinnen mit klar naturwissenschaftlicher Orientierung (wie Skinner, Thurstone oder Harlow) am zweithäufigsten zitiert wurden. Dies könnte laut Simonton (2000) darauf zurückzuführen sein, dass diese Extrempositionen außergewöhnliche Vorbilder einer der zwei „rivalisierenden disziplinären Kulturen" darstellen (S. 20) und damit exemplarisch auch die Spaltung in verschiedene psychologische Professionen innerhalb der Disziplin.

Lipsey (1974) ist einer der wenigen, der in seine Untersuchung der psychologischen Wissenschaftskultur sowohl Studierende als auch Lehrende einbezog. Mittels Faktorenanalyse extrahierte er aus 13 Items zur Funktion und Methodik psychologischer Forschung ebenfalls zwei zugrundeliegende Faktoren, die er „social concern" und „experimentalism" nannte. Die erstgenannte Dimension charakterisiert das Anliegen, menschliches Wohlbefinden zu verbessern und die gefühlte Verpflichtung, dass die Psychologie einen Wert zur Verbesserung sozialer und gesellschaftlicher Probleme beizutragen habe. Die Dimension „experimentalism" zeichnet sich u.a. durch den Glauben an das problemlösende Potential der experimentellen Psychologie und Labormethodik aus sowie durch die Unterstützung des Operationalismus. Anhand dieser beiden Pole unterteilte Lipsey (1974) die Probandinnen in vier Subgruppen, die sich in ihrer Zusammensetzung hinsichtlich der Anzahl Studierender

und Fakultätsmitglieder, der als am beeindruckendsten eingeschätzten Psychologievertreterinnen, dem psychologischen Hauptinteresse (bspw. klinische vs. physiologische Psychologie) sowie dem akademischen Karriereinteresse charakteristisch unterschieden. Die dras-
tischsten Unterschiede in den Häufigkeiten zwischen Studierenden und Fakultätsmitgliedern
zeigten sich bei der Orientierung, die Lipsey als „basic researcher" mit pro-experimentellen
und anti-sozialen Schwerpunkten bezeichnete, wobei mit 28% deutlich mehr Fakultätsmitglieder diesem Quadranten zugeordnet werden konnten als Studierende (9%). Die zweit-
größte Diskrepanz hinsichtlich der Häufigkeiten zeigte sich spiegelbildlich bei der anti-
experimentellen, pro-sozialen Ausrichtung, die Lipsey „human activists" nannte, wobei deutlich mehr Studierende (35%) als Fakultätsmitglieder (18%) als solche bezeichnet werden
konnten. Auch diese Ergebnisse sprechen für zwei gegensätzlich orientierte „Kulturen" innerhalb der Psychologie, wobei sich hier die Fakultätsmitglieder der akademischen Psychologie erheblich von dem Großteil der Studierenden zu unterscheiden scheinen.

Zur numerischen Erfassung dieser Kulturen konstruierte Kimble (1984) eine Skala, die
er „Epistemisches Differential" nannte[5]. Mittels bipolaren Items mit jeweils gegensätzlichen
Standpunkten an den Endpolen untersuchte er das Wissenschaftsverständnis von sowohl
Studienanfängerinnen als auch Mitgliedern verschiedener APA-Divisionen. Dabei ergaben
sich 6 Itempaare, die am besten zwischen einer natur- und einer geisteswissenschaftlichen
Herangehensweise trennen und obigen Dimensionen erster Ordnung von Coan (1968) ähneln (s. Tabelle 3). Kimble zeigte auf, dass sich Psychologinnen, die in naturwissenschaftlich
ausgerichteten Institutionen involviert waren, mit den jeweils erstgenannten Extrempunkten
der Skalen identifizierten (z.B. „wissenschaftliche Werte"). Die anderen Psychologinnen hingegen (in psychotherapeutischen oder humanistischen APA-Divisionen) neigten mit Ausnahme des Items „Determinismus-Indeterminismus" eher den letztgenannten Extrempunkten zu (z.B. „menschliche Werte").

Tabelle 3: Die sechs wissenschaftstheoretische Dimensionen nach Kimble (1984)

Wichtigste Werte:	wissenschaftliche vs. "menschliche" Werte
Gesetzmäßigkeit des Verhaltens:	Determinismus vs. Indeterminismus
Hauptquelle des Wissens:	Objektivismus vs. Intuitionismus
Kontext der Untersuchung/Erkenntnis:	Labor- vs. Feldstudien
Allgemeingültigkeit von Gesetzen:	nomothetisch vs. idiographisch
Level der Analyse:	elementaristisch vs. holistisch

Da sich Studienanfängerinnen weder dem einen noch dem anderen Pol zuordnen ließen,
schlussfolgert Kimble (1984), dass der duale Sozialisationsprozess von Selektion und anschließender Verstärkung bestehender Tendenzen als Grundlage der zwei Kulturen angenommen werden kann (s. auch Abschnitt 1.2.5 zum Hochschulsozialisationsprozess).
Conways Analyse der „großen Dimension metaphysischer Werte: ‚Science vs. Humanism' "

---

[5] In Anlehnung und „with apologies" an Osgoods „Semantisches Differential" (Kimble, 1984, S. 834).

(Conway, 1992, S. 1) legt hingegen nahe, dass zumindest die von Anfang an bestehenden Tendenzen auf individuelle Unterschiede in Persönlichkeitsfaktoren und kognitiven Denkstilen zurückzuführen sind. Demnach scheint das Wissenschaftsverständnis von Psychologinnen nicht nur von ihrer fachlichen Sozialisation, sondern ebenfalls von bestimmten Charakterzügen abzuhängen (von denen angenommen werden kann, dass sie sich wiederum auf die (Selbst-) Selektion auswirken).

Zusammenfassend lässt sich in Anlehnung an Conway (1992, S. 2) nun Folgendes festhalten: Naturwissenschaftliche Werte bezüglich der Psychologie beinhalten einen Fokus auf objektiv messbare Phänomene, einen Schwerpunkt auf die Reduktion komplexer Phänomene auf ihre kleinsten elementaren Teile, die Betonung reduktionistischer Erklärungen eines Phänomens und das Streben nach universell abdeckenden Gesetzen über das menschliche Verhalten unter Zuhilfenahme von hypothetisch-deduktiven und quantitativen Methoden. Demgegenüber lässt sich der geisteswissenschaftliche Ansatz durch einen Fokus auf subjektiv erfahrbare menschliche Phänomene wie Gedanken und Gefühle charakterisieren sowie durch einen Schwerpunkt auf komplexe, ganzheitliche Phänomene und die Beziehungen zwischen interagierenden Teilen von gesamten Systemen. Darüber hinaus steht das Interesse am Verständnis der Bedeutung von menschlichen Handlungen in ihrem sozialen Kontext im Vordergrund anstelle von kausalen, gesetzesgleichen Erklärungen der menschlichen Phänomene. Zu diesem Zwecke werden Methoden der Geisteswissenschaften wie phänomenologische, hermeneutische oder linguistische Analysen angewendet.

Wenngleich diese Gegenüberstellung der komplexen wissenschaftlichen Wirklichkeit sicher nicht gerecht werden kann (s. Diskussionsteil 4.1.2), scheint sich, wie obige Herleitungen nahelegen, die derzeitige akademische Psychologie tendenziell eher ersterem Pol zuordnen zu lassen. Dies kann durch die Diskrepanz zur studentischen Haltung zu Enttäuschung, Unzufriedenheit und Frustration der Studierenden führen (s. o. und Abschnitt 1.2.1). Dennoch wurden diese metatheoretische Divergenz und deren Auswirkung auf die Zufriedenheit der Studierenden bislang selten thematisiert und noch seltener empirisch untersucht. Eine entsprechende empirische Analyse scheint daher angebracht.

1.2.3 Repräsentation der Therapieverfahren

Wie in Teil 1.1 angedeutet, scheint nicht nur eine Diskrepanz zwischen der studentischen und universitären Einstellung hinsichtlich des Wissenschaftsverständnisses zu bestehen, sondern im klinischen Bereich möglicherweise auch bezüglich der bevorzugten psychotherapeutischen Verfahren. Psychotherapieverfahren zeichnen sich laut „Richtlinie des Gemeinsamen Bundesausschusses über die Durchführung der Psychotherapie" (2009) durch „eine *umfassende Theorie* der Entstehung und Aufrechterhaltung von Krankheiten und ihrer Behandlung" aus, sowie durch eine „darauf bezogene psychotherapeutische Behandlungsstrategie für ein *breites Spektrum von Anwendungsbereichen* [...] und [...] Konzepte zur Indikationsstellung, zur individuellen Behandlungsplanung und zur Gestaltung der therapeutischen Beziehung" (Gemeinsamer Bundesausschuss, 2009, S. 5; Hervorh. d. Verf.).

Deutlich wird anhand dieser Definition die Relevanz der zugrundeliegenden Theorie, die durch ihren Fokus auf den Menschen explizit mit dem dahinterliegenden Menschenbild verwoben ist (s. Fahrenberg, 2012). Dementsprechend kann davon ausgegangen werden, dass sich die Präferenz einer bestimmten Theorie und damit eines zugrundeliegenden Menschenbildes nicht nur deutlich auf die Konzeption und Gestaltung der therapeutischen Situation auswirkt, sondern auch auf die Vermittlung und Rezeption klinischer Konzepte in der Lehre. Insofern scheint es plausibel, dass sich auch hier eventuell bestehende Differenzen zwischen studentischer Konzeption einerseits und wahrgenommener Wirklichkeit im Studium andererseits letztlich auf die Zufriedenheit mit dem Studium auswirken.

Wenngleich empirische Studien zur studentischen *Zufriedenheit* in diesem Zusammenhang nach Wissen der Autorin noch ausstehen, wurden die *Repräsentation* der Psychotherapieverfahren innerhalb der Studierendenschaft und der Hochschulen sowie deren wechselseitigen Verbindungen in einigen Arbeiten untersucht. Diese sollen im Folgenden kurz dargelegt werden.

Repräsentation der Therapieverfahren innerhalb der Studierendenschaft

Erste Hinweise auf das studentische Bild der Psychotherapieverfahren finden sich in verschiedenen Studien der letzten 40 Jahre, die aufzeigen, dass die vor dem Studium gelesene Fachlektüre der Studierenden deutlich psychoanalytisch orientiert ist (Fisch et al., 1970; Witte & Brasch, 1991; Hofmann & Stiksrud, 1993; Hertwig & Stoltzke, 2001; Handerer, 2011; Grubitzsch, 1993).

So werden über die Jahrzehnte relativ unverändert Autoren wie Freud, Fromm, Adler und Jung gelesen, allerdings auch Autoren anderer Richtungen wie beispielsweise Watzlawick oder Schulz von Thun. Einziger Unterschied der jüngsten Erhebung im Vergleich zu den Vorjahren ist nach Handerer (2011) die Lektüre der Einführungswerke in die Psychologie von sowohl Zimbardo als auch Myers, die dem Autoren zufolge ein relativ realistisches Bild des derzeitigen psychologischen „Mainstreams" zeichnen und von einigen Hochschulen explizit als Lektüre vor dem Studium empfohlen werden (bspw. von der Universität Kiel, der Freien Universität Berlin oder dem hochschulübergreifenden Informationsportal www.psychologie-studium.info). Die Liste prominenter Fachvertreterinnen, welche die Studierenden besonders beeindrucken, führen mit Abstand Sigmund Freud und Carl Rogers an, gefolgt von einer Mischung aus Vertreterinnen unterschiedlicher Schulen und Forschungsbereiche wie Zimbardo, Fromm, Jung, Piaget, Bandura oder Frankl (Handerer, 2011). Auch bei der Frage, welches psychologische Paradigma dem Fachverständnis der Studierenden am ehesten entspricht, zeigt sich ein pluralistisches Bild mit den kognitiven (28,8%) und humanistischen Ansätzen (25,2%) ganz vorne, gefolgt von einer Mischung anderer Paradigmen (ebd.).

Interessanterweise scheint, wie Eichenberg et al. (2007) aufzeigen, im Laufe des Studiums ein Wechsel der Präferenz des Therapieverfahrens stattzufinden: Während die Mehrheit der in ihrer Studie befragten *Schülerinnen* die psychodynamischen Verfahren bevorzugten (52%), präferierten 54% der befragten *Psychologiestudierenden* die Verhaltenstherapie und nur noch 24% strebten eine psychodynamische Weiterbildung an. Dementsprechend wird die Verhaltenstherapie von 90% als gutes bis sehr gutes Verfahren eingestuft, während die Psychoanalyse nur noch von 38% diese Bewertung erhält. Die Gesprächstherapie wird neben dem jeweils bevorzugten Verfahren ebenfalls als besonders günstig eingestuft (Eichenberg et al., 2007). Auch nach dem „Forschungsgutachten zur Ausbildung zum psychologischen Psychotherapeuten und zum Kinder- und Jugendlichenpsychotherapeuten" im Auftrag des Bundesministeriums für Gesundheit (Strauß et al., 2009) und einer Studie von Lebiger-Vogel et al. (2009) streben mehr Psychologiestudierende eine verhaltenstherapeutische Ausbildung an (38,1% bzw. 42,5%) als eine tiefenpsychologische oder psychoanalytische (19,6% bzw. 18,7%). Eichenberg et al. (2007) führen diesen Wandel der Präferenz von Schule zu Studium auf eine selektive Beeinflussung der Psychologiestudierenden zurück, die sich aus der von den Autorinnen postulierten einseitig verhaltenstherapeutischen Ausrichtung der Klinischen Psychologie in Deutschland ergibt. Daher soll im Folgenden die Repräsentation der Therapieverfahren an den Hochschulen sowohl anhand objektiver Daten wie beispielsweise den Lehrstuhlbesetzungen als auch anhand der Einschätzungen von Studierenden und Ausbildungsteilnehmerinnen (retrospektiv) sowie einschlägiger anderer Quellen dargestellt werden.

Repräsentation der Therapieverfahren an den Hochschulen

Zunächst soll dieser Frage anhand der derzeitigen klinisch-psychologischen Lehrstuhlbesetzungen in Deutschland nachgegangen werden. So berichten Strauß et al. (2009) in ihrem Gutachten, dass derzeit mindestens 41 deutsche Lehrstühle der Klinischen Psychologie verhaltenstherapeutisch ausgerichtet sind (87%) und nur 4 psychodynamisch (7%). Fischer und Möller (2006) schätzen die Zahl der verhaltenstherapeutischen Lehrstühle auf 80%, wobei laut ihnen nur an zwei Universitäten der psychodynamische Schwerpunkt von leitenden Positionen vertreten wird sowie an weiteren 8 ein anderer Verfahrensschwerpunkt (der nicht weiter spezifiziert wurde). 2009 gelangt Fischer in einer weiteren Publikation sogar zu dem Schluss, dass die Lehrstühle ausschließlich mit Verhaltenstherapeutinnen besetzt sind (Fischer et al., 2009). Dementsprechend konstatieren viele Autorinnen, dass weder Inhalte der wissenschaftlichen Gesprächspsychotherapie im Fach Klinische Psychologie gelehrt werden noch psychoanalytische oder tiefenpsychologisch fundierte Behandlungsverfahren (Loetz, 2008; Jaeggi, 1987; Bataller Bautista et al., 2009; Heidelberger Arbeitsgruppe zur Erneuerung der Psychologie, 1994; Fischer & Eichenberg, 2006; Seidel, 2004) und wenn, dann lediglich durch fachfremde Lehrkräfte unter der Rubrik „historisches Wissen" (Loetz, 2008, S. 43). Ebenso stellt Ludewig (2003) eine „geringe systemische Präsenz an den Hochschulen" (S. 5) fest, wodurch die systemische Therapie drohe, zu einem außeruniversitären Ansatz zu werden (ebd.). Folgerecht bescheinigen Strauß et al. (2009) der Verhaltenstherapie (VT) „fast eine Monopolstellung an den Universitäten" (S. 335), wodurch die Verfahrensvielfalt keineswegs adäquat abgebildet werde (ebd.).

Die akademische Psychologie selbst sowie Publikationen in Hochschulzeitschriften stützen dieses Bild des „randständigen Daseins" der psychodynamischen Verfahren (Schönpflug, 2004, S. 345). So heißt es in der „Studieninfo zum Fach Psychologie" der Universität Münster[6]: "Viele Studienanfängerinnen/ Studienanfänger haben unrealistische Erwartungen an die Inhalte des Psychologiestudiums. Häufig wird Psychologie mit der Tiefenpsychologie, manchmal sogar noch enger mit der Psychoanalyse im Sinne von Sigmund Freud gleichgesetzt. Bereits in den ersten Semestern stellen diese Studienanfängerinnen/Studienanfänger dann enttäuscht fest, dass wesentliche Teile der Ausbildung in der Vermittlung von theoretischen und methodischen Grundlagen bestehen, dass Literaturstudium und auch die mathematisch-statistische Ausbildung ihren festen Platz haben." Auch der UniSpiegel resümiert: „Mit Analyse oder Traumdeutung haben Psychologiestudenten hingegen kaum etwas zu tun. Ohne weiteres können sie bis zum Diplom gelangen, ohne je von Sigmund Freud gehört zu haben" (Lakotta 2002; S. 1). Noch drastischer drückt es ein Dozent der Universität Bielefeld in einer Einführungsvorlesung der Psychologie aus. Nachdem er mit einer Aufzählung einsteigt, was Psychologie *nicht* sei – wobei er zuallererst die „Tiefenpsychologie" nennt – führt er anschließend dieses Postulat weiter aus: „Die Psychoanalyse ist nichts weiter als eine abenteuerliche Episode, sie ist nicht bedeutend – wie's manche Literaten sagen." (nach einer Mitschrift veröffentlicht von Frank, 1990, S. 171 f). Ähnliches findet sich in dem internetbasierten Assessment-Tool einer Kooperation der Universität Zürich und Fachhochschule Nordwestschweiz[7], in dem angehende Studierende ihre Erwartungen hinsichtlich des Psychologiestudiums mit der Studienrealität abgleichen können. Die Erwartung der Psychoanalyse im Curriculum wird folgendermaßen „korrigiert": „Diese Methode ist sehr umstritten und gilt heute bei vielen Psychologinnen und Psychologen als überholt. An den meisten Hochschulen wird man Freud und die Psychoanalyse daher als historisch bedeutsamen Ansatz vorgestellt bekommen."

Interessant ist in diesem Kontext auch die Jubiläumsschrift der „Deutschen Gesellschaft für Psychologie" (Rammsayer & Troche, 2005). Dort wird im historischen Rückblick auf die Geschichte der Klinischen Psychologie die „herausragende Rolle der Verhaltenstherapie im Rahmen der Entwicklung der Klinischen Psychologie" hervorgehoben (Schulte & Kröner-Herwig, 2005, S. 70), während es über die psychodynamischen Verfahren lediglich heißt: „Dagegen konnten sich psychodynamische Ansätze nicht durchsetzen" (ebd.). Dementsprechend stellen die Autorinnen fest: „Im Bereich der Psychotherapie beherrscht die Verhaltenstherapie [...] bis heute Forschung und Lehre in den psychologischen Instituten der Universitäten." (ebd.)

Auch wie die Studierenden selbst die entsprechende Ausrichtung ihrer Hochschule wahrnehmen wurde in jüngeren Jahren zunehmend untersucht. So fühlt sich laut der Studie von Eichenberg et al. (2007) fast die Hälfte aller Psychologiestudierenden (48%) in ihrem Studium zu wenig bzw. zu einseitig über die unterschiedlichen Psychotherapieverfahren informiert. Dem entspricht, dass in den Angaben zur Informationslage der verschiedenen The-

---

[6] http://zsb.uni-muenster.de/material/m618b_1.htm
[7] www.psychologie-self-assessment.ch

26

rapieverfahren deutliche Unterschiede bestehen, wobei 83 % angeben, bezüglich der Verhaltenstherapie viele bis sehr viele Informationen erhalten zu haben. Demgegenüber fühlen sich nur noch 60 % der Studierenden bezüglich der Gesprächstherapie ausreichend informiert, 55 % hinsichtlich der Psychoanalyse und nur 40 % bezüglich der Tiefenpsychologie. Hinsichtlich der Dozentinnenbewertung schätzen 91% der Studierenden, dass ihre Dozentinnen die Verhaltenstherapie am höchsten bewerten. Darauf folgen in abnehmender Häufigkeit die Gesprächspsychotherapie, die Tiefenpsychologie und zuletzt die Psychoanalyse. Auch laut Lebiger-Vogel und Kolleginnen (2009) sehen 61% der Studierenden Probleme bzw. Defizite bei der Vermittlung psychotherapeutischer Verfahren im Studium und fast ein Drittel gibt an, den Unterricht bezüglich Informationsmenge und -art als „zu einseitig VT-lastig" zu empfinden (S. 290). Ebenso gelangt das Gutachten von Strauß et al. (2009) zu dem Schluss, dass nach den Aussagen der befragten Studierenden die Besonderheiten der Verfahren jenseits der von den Universitäten präferierten Richtung nicht angemessen vermittelt werden – obwohl diese alternativen Verfahren vom „Wissenschaftlichen Beirat Psychotherapie" (WBP) als wissenschaftliche Verfahren anerkannt sind.

Diese Einschätzungen der Studierenden werden durch die retrospektiven Berichte von Ausbildungsteilnehmerinnen gestützt (Barthel et al., 2010). So wird die Frage, ob die verschiedenen psychotherapeutischen Behandlungsverfahren im Studium inhaltlich ausgewogen dargestellt wurden, von Dreivierteln der Befragten verneint (76%). Auch sehen 78% rückblickend Probleme und Defizite in ihrem Studium bezüglich der Vermittlung psychotherapeutischer Verfahren. Insbesondere Teilnehmerinnen in psychodynamischen Ausbildungsgängen empfinden die Ausgewogenheit der Darstellung sowie die Vorbereitung auf die Ausbildung als mangelhaft. In 28% der Fälle äußern sie sogar, keinerlei Informationen über andere Therapieverfahren als die VT erhalten zu haben (Barthel et al., 2011).

Relation von universitären und studentischen Präferenzen

In Ergänzung zur dargestellten ungleichmäßigen Repräsentation der Therapieverfahren besteht – wie oben bereits angedeutet – eine Übereinstimmung zwischen der studentischen Richtungspräferenz und der Bewertung des Therapieverfahrens durch die Lehrenden an der jeweiligen Hochschule (Eichenberg et al., 2007; Strauß et al., 2009) – trotz scheinbar anfänglicher Diskordanz (s. Witte & Brasch, 1991; Hofmann & Stiksrud, 1993; Hertwig & Stoltzke, 2001). Dies steht in Einklang mit den zitierten Befunden, nach denen es im Zuge des Studiums zu einem Wandel der Verfahrenspräferenz von der Bevorzugung psychodynamischer Therapien hin zu verhaltenstherapeutischen kommt (Eichenberg et al., 2007). So hypothetisieren Strauß et al. (2009), dass durch die unausgewogene Darstellung der Verfahrensrichtungen die Studierenden entsprechend beeinflusst würden, wodurch Präferenzen entstehen können, die äquivalent zu den am Lehrstuhl vertretenen sind. Indirekte Hinweise stützen die These eines hochschulsozialisationsbedingten Einflusses auf die Verfahrenspräferenz: So zeigt die Untersuchung von Lebiger-Vogel et al. (2009), dass die Mehrheit der Psychologiestudierenden zwar eine verhaltenstherapeutische Ausbildung bevorzugt, Medizinstudierende hingegen am häufigsten eine gesprächspsychotherapeutische Ausbildung anstreben und Studierende der (Sozial-) Pädagogik am ehesten eine psychoanalytische, dicht gefolgt von einer gesprächspsychotherapeutischen. Die Autorinnen deuten diese Befunde dahingehend, dass die oben dargelegte Ausrichtung der akademischen Psychologie zu der verhaltenstherapeutischen Präferenz der Psychologiestudierenden führt, während in den pädagogischen Studiengängen „weniger eine naturwissenschaftlich-pragmatische Tradition als eine humanistisch-geisteswissenschaftliche Orientierung anzutreffen ist" (S. 295) und dementsprechend andere Verfahren bevorzugt würden.

Es gilt also zum einen festzuhalten, dass die studentischen und universitären Psychotherapiebilder dahingehend divergieren, dass sich erstere – vor allem zu Beginn des Studiums – deutlich pluralistischer darstellen als die scheinbar prädominante verhaltenstherapeutische Ausrichtung der Hochschulen. Zum anderen legen obige Studien nahe, dass sich die Einschätzung der Studierenden im Laufe des Studiums wandeln könnte, indem sie an ihrer Hochschule vorherrschende Präferenzen übernehmen. Dies könnte im Rahmen des Hochschulsozialisationsprozess durch die „Enkulturation" in eine bestimmte Fachkultur zu erklären sein (Huber, 1991). Auf Grund der Zentralität dieses Konzeptes sowohl bezüglich der vorherrschenden universitären Verfahrenspräferenzen als auch hinsichtlich des Wissenschaftsverständnisses soll dieser Hochschulsozialisationsprozess in Abschnitt 1.2.5 genauer erläutert werden. Abschließend wird im Folgenden auf die Grenzen obiger Studien für ihre Anwendbarkeit auf den vorliegenden Kontext und die daraus abgeleiteten Weiterentwicklungen für diese Untersuchung eingegangen.

Schlussfolgerungen für die vorliegende Untersuchung

Zu bemerken ist, dass in den meisten der zitierten Untersuchungen (mit Ausnahme der Studie Eichenbergs et al., 2007) die Wahl einer *Ausbildungs*richtung mit der studentischen *Präferenz* eines Verfahrens gleichgesetzt wurde. Das scheint vor dem Hintergrund kritisch, dass bei der Entscheidung für eine Ausbildungsrichtung neben der Bewertung des Verfahrens weitere Faktoren wie Dauer, Kosten oder (sozialrechtliche) Anerkennung des Verfahrens eine wichtige Rolle spielen (s. Strauß et al., 2009; Eichenberg et al., 2007). Die Grenzen dieser Gleichsetzung werden auch dadurch deutlich, dass anders als bei der Ausbildungswahl bei der Wahl einer *eigenen* Therapie der Großteil der Psychologiestudierenden eine Gesprächspsychotherapie der Verhaltenstherapie vorziehen würde (Lebiger-Vogel et al., 2009). Auch die oben zitierten Befunde zu Fachlektüre, Vorbildern und bevorzugten Paradigmen sprechen für ein vielfältigeres Bild als die reine Fokussierung auf die Wahl einer Ausbildungsrichtung widerspiegeln kann. Daher wird in der vorliegenden Studie neben der Frage nach der Wahl einer Ausbildungsrichtung auch explizit die Bewertung der Verfahren erhoben.

Zudem ergibt sich aus dem Forschungskontext der Studien, die vornehmlich das Zustandekommen einer Richtungswahl für die Therapieausbildung thematisieren, dass mehrheitlich nur die sozialrechtlich anerkannten Verfahren untersucht wurden (psychoanalytische, tiefenpsychologische und verhaltenstherapeutische Verfahren). Eichenberg et al.

(2007) bezogen zwar die Gesprächspsychotherapie ein, nicht aber die systemische Therapie, die mittlerweile ebenso wie die Gesprächspsychotherapie vom „Wissenschaftlichen Beirat Psychotherapie" als wissenschaftlich anerkannt gilt (WBP, 2008). Daher wurde in der vorliegenden Untersuchung eine Vielzahl von Therapieverfahren berücksichtigt, wobei zur Systematisierung auf die von verschiedenen Autorinnen vorgenommene Unterteilung in vier übergeordnete Klassen zurückgegriffen wurde (Kriz, 2007a; Schlippe & Schweitzer, 2012; Thielen, 2003; Fiedler, 2012). Diese Systematisierung wird im Folgenden kurz erläutert.

Unter den *psychodynamischen Therapieverfahren* (im Ergebnisteil: PDT) werden im Folgenden die psychoanalytischen und tiefenpsychologischen Ansätze verstanden mit einzelnen Therapieformen wie der Psychoanalyse nach Freud, der analytischen Psychologie nach Jung, der Individualpsychologie nach Adler, der Vegetotherapie nach Reich und Bioenergetik nach Lowen oder der Transaktionsanalyse nach Berne sowie die zahlreichen neoanalytischen Weiterentwicklungen (wie durch Fromm, Horney oder Sullivan; s. Kriz, 2007a). Wenngleich innerhalb dieser Untergruppe eine erhebliche Heterogenität besteht (s. Hoffmann & Schüßler, 1999) und die Zusammenfassung von Psychoanalyse und Tiefenpsychologie umstritten ist, entspricht sie doch dem internationalen Brauch (Fischer & Möller, 2006). Auch der WBP „sieht keine wissenschaftliche Grundlage für eine Unterscheidung zwischen tiefenpsychologisch fundierter und analytischer Psychotherapie als zwei getrennte Verfahren" (WBP 2004; S. 1), deren Unterscheidung sozialrechtlich bedingt und eine Besonderheit der Bundesrepublik Deutschlands darstelle (ebd.). Für die vorliegende Untersuchung relevant und dadurch von den anderen Verfahrensgruppen grob abgrenzbar ist die sowohl der tiefenpsychologisch fundierten als auch psychoanalytischen Therapie zugrundeliegende Betonung und Bearbeitung „lebensgeschichtlich begründeter unbewusster Konflikte [...] unter besonderer Berücksichtigung von Übertragung, Gegenübertragung und Widerstand" (ebd., S. 2).

Die *kognitiv-verhaltenstherapeutischen Therapieverfahren* (im Ergebnisteil: KVT) beinhalten Therapieformen wie die lerntheoretische Verhaltenstherapie (mit Vertretern wie Skinner, Wolpe oder Eysenck), die kognitive Verhaltenstherapie (wie bspw. nach Beck, Meichenbaum oder Mahoney) oder die Rational-Emotive Therapie nach Ellis (Kriz, 2007a), sowie die zahlreichen Weiterentwicklungen und Verknüpfungen (s. WBP-Gutachten, 2003). Als wesentliches gemeinsames Moment zeichnet diese ebenfalls recht heterogene Gruppe nach Kriz (2007a) das lerntheoretische Verständnis für die Genese und Therapie von ‚Störungen' aus.

Unter die *humanistischen Verfahren* (im Ergebnisteil: HV) fallen im Folgenden bspw. die Person-/ Klientenzentrierte Psychotherapie nach Rogers (im deutschen Sprachraum als „Gesprächspsychotherapie' bekannt), die Gestalttherapie nach Perls, die Logotherapie/ Existenzanalyse nach Frankl oder das Psychodrama nach Moreno (s. Kriz, 2007a). Dieser „lockere Verbund" von Therapieansätzen (ebd., s. 154) findet in der holistischen Orientierung und der Zentralität der Sinnhaftigkeit menschlicher Lebenswelt sowie der zwischenmenschlichen Begegnung einen gemeinsamen Nenner, der sich eher durch das geteilte Menschenbild als geteilte Theorien bzw. Methoden auszeichnet (ebd.).

Unter den *systemischen Therapieverfahren* (im Ergebnisteil ST) werden hier sowohl direktive und interventive Ansätze nach dem Mailänder und später Heidelberger Modell verstanden als auch eher kooperative und mild interventive Ansätze (in Anlehnung bspw. an Andersen), sprachbetonte und sozialkonstruktivistische Konzepte (wie nach Goolishian) sowie narrative (nach White) und lösungsorientierte Ansätze (nach Shazer; vgl. Ludewig, 2003). Einen gemeinsamen Nenner stellt der Fokus auf die Veränderung interaktiver und „narrativer" Strukturen dar unter Berücksichtigung von Wechselwirkungen, Rückkopplung, Zirkularität, Komplexität und Prozessualität (s. Kriz, 2007a).

Bei einigen Fragestellungen wurden weitere Therapieansätze wie die *Musik- oder Kunsttherapie* als Auswahlmöglichkeit hinzugefügt. Deren gemeinsamer Nenner zeichnet sich durch die Hinzunahme eines künstlerischen Mediums als „Drittes" aus, das Gegenstand und damit Bezugspunkt für Patientin und Therapeutin in der materialen Welt darstellt (s. Bissegger et al., 1998, S. 3) und dadurch die therapeutische Dyade im Sinne einer Triangulation erweitert (Spreti & Martius, 2013).

Bei dieser Zuordnung sollte jedoch im Hinterkopf behalten werden, dass sie nur eine von mehreren gleichwertigen Alternativen darstellt und keinesfalls klar und eindeutig ist. So ließe sich beispielsweise die Transaktionsanalyse von Berne auch den humanistischen oder sogar systemischen Ansätzen zuordnen (vgl. Kriz, 2007a), außerdem entwickelten sich viele der humanistischen Verfahren (ebenso wie die anfängliche systemische Therapie) aus der analytischen Tradition und weisen daher Überschneidungen auf (vgl. Kriz, 2007a; Schlippe & Schweitzer, 2012; Ludewig, 2003). Trotzdem schien diese systematische Reduktion der laut Kriz (2007a) mehreren hundert Therapieformen auf vier „Obergruppen" nötig, um die Informationsverarbeitungskapazität der Teilnehmerinnen und den zeitlichen Rahmen der Umfrage nicht überzustrapazieren.

Auffällig bei der Betrachtung der Lektüre ist, dass bislang scheinbar keine empirischen Studien vorliegen, welche die oben dargelegte Diskrepanz zwischen studentischer und universitärer Verfahrensbewertung zur Studienzufriedenheit in Beziehung setzen. Folgende Überlegungen legen jedoch diese Verbindung nahe: Zum einen belegen diverse Untersuchungen, dass eine Diskrepanz zwischen sowohl Erwartungen der Studierenden und vorgefundener Studienrealität einerseits (Fisch et al., 1970; Hofmann et al., 1992; Schart, 2011; Hertwig & Stoltzke, 2001) als auch zwischen den studentischen und universitären Werthaltungen andererseits (s. Heise et al., 1999; Damrath, 2006; Handerer, 2011; Augenstein et al., 1987) zu einer Unzufriedenheit mit dem Studium führt (unter diesen Werthaltungen kann ebenfalls das den Therapieverfahren zugrundeliegende Menschenbild verstanden werden). Zum anderen spricht die außerordentliche Relevanz der Klinischen Psychologie für den Großteil der Studierenden (s. Abschnitt 1.2.4 zum Thema Praxisorientierung) dafür, dass sich eine Diskrepanz in diesem zentralen Bereich besonders essentiell auf die Studienzufriedenheit auswirkt. So folgern Hertwig und Stoltzke (2001) auf Grund der psychoanalytischen Fachlektüre der Studienanfängerinnen: „Sollte dies richtig sein, liegt natürlich die Vermutung nahe, dass dieses Bild vom Fach Psychologie zwangsläufig mit einem Studienangebot im Grundstudium in Konflikt geraten muss, das relativ wenige oder gar keine Lehrveranstaltungen psychoanalytischen Inhalts anbietet. Enttäuschung, Unzufriedenheit und Umorientierung scheinen vorprogrammiert" (S. 7). Empirisch untersucht wurde diese „Vermutung" bislang jedoch nicht, was mit der vorliegenden Studie geändert werden soll.

1.2.4 Neugestaltung der psychologischen Ausbildungssituation

(Mangelnde) Praxisorientierung des Psychologiestudiums

Neben dem Selbstverständnis der akademischen Psychologie ist ein weiterer drastischer und damit zusammenhängender, seit Jahrzehnten bestehender Kritikpunkt der Psychologiestudierenden die mangelnde Praxisorientierung ihres Studiengangs (Bergold, 2008; Grubitzsch, 1993; Hertwig & Stoltzke, 2001; Kintzel, 1992; Schart, 2011; Wentura et al., 2013). Dem entspricht, dass ein Großteil der Studierenden (der „Normalfall" laut Frank, 1990, S. 158) eine Tätigkeit im therapeutischen bzw. beratenden Kontext anstrebt. Die Zahlen liegen durchweg bei über 50% (Fischer et al., 2009; Hertwig & Stoltzke, 2001; Mutz & Daniel, 2008; Handerer, 2011; Irle, 1979). Der Prozentsatz derer, die eine Karriere in der wissenschaftlichen Forschung anstreben, bewegt sich hingegen zwischen 0% und 12% (Witte & Brasch, 1991; Handerer, 2011; Frank, 1990). Dieses Bild wird von den Studienmotiven der Psychologiestudierenden gestützt. Die meist genannten Studienmotive sind – seit Jahrzehnten relativ unverändert – das „Interesse am Menschen" (Fisch et al., 1970; Hertwig & Stoltzke, 2001; Witte & Brasch, 1991; Ottersbach et al., 1990), das „Interesse an einem helfenden Beruf" (Mutz & Daniel, 2008; Grubitzsch, 1993; Ottersbach et al., 1990) sowie das „Einwirken wollen auf Menschen und Gesellschaft" (Hertwig & Stoltzke, 2001). Auch geben etwa die Hälfte der Studierenden an, dass sie das Psychologiestudium ursprünglich vor allem deshalb gereizt habe, weil es die Grundlage für eine spätere Arbeit als Psychotherapeutin darstelle (Handerer, 2011). Das wissenschaftliche Interesse am Psychologiestudium spielt hingegen lediglich bei einem geringen Prozentsatz eine Rolle für die Aufnahme des Studiums (Fisch et al., 1970; Grubitzsch, 1993; Handerer, 2011; Mutz & Daniel, 2008). So schlussfolgern Witte und Brasch (1991): „[Man] ist rezeptiv an wissenschaftlichen Ergebnissen interessiert, aber möchte nicht aktiv in der Forschung tätig sein" (S. 207).

Diese primär klinischen Motive der Studienanfängerinnen gepaart mit ihrer eher geringen wissenschaftlichen Orientierung kollidieren mit einer auf Grundlagenforschung spezialisierten akademischen Psychologie (vgl. Witte & Brasch, 1991, S. 209; Günther, 2002; Kornadt, 1985; Ottersbach et al., 1990). Das resultiert nach Kintzel (1992) in der typischen Äußerung Psychologiestudierender: „Bei den Veranstaltungen frage ich mich, was hat das alles mit Psychologie zu tun?" (S. 70). Am häufigsten werden „Praxiserfahrung/praktische Fertigkeiten", „Psychotherapie" und „Psychopathologie" als im Studium ungenügend berücksichtige Aspekte benannt (Grubitzsch, 1993), sowie ganz allgemein „die Unangemessenheit der Studieninhalte (akademische statt berufsqualifizierend)" bemängelt (Ottersbach et al., 1990, S. 163; Grubitzsch, 1993). So scheint es nicht überraschend, dass 81% der Absolventinnen feststellen, sich nicht ausreichend für ihre Tätigkeit als Psychologinnen vorbereitet zu fühlen (Grubitzsch, 1993) und auch praktizierende Psychotherapeutinnen angeben, lediglich zwischen 10% und 20% aus ihrem Psychologiestudium für ihren späteren Beruf verwenden zu können (Fischer et al., 2009). Das Gefühl der mangelnden Qualifikation sowie die Erfordernisse der Praxis (Grubitzsch, 1993; Günther, 2002) führen nicht zuletzt zur Kompensation außerhalb des Studiums (in Praktika, einer begleitenden Therapieausbildung oder der Arbeit im sozialen Bereich, Kintzel, 1992) sowie erheblichen Weiterbildungsbemühungen der Studierenden (90% streben eine Weiterqualifikation an, Witte & Brasch, 1991; Ottersbach et al., 1990; Bergold, 2008). Dabei stellt Bergold (2008) fest, dass hier häufig Weiterbildungen genannt werden, die an sich den Kern psychologischer Ausbildung an der Universität betreffen, wie beispielsweise Gesprächsführung, Stressbewältigung, Arbeitsmethodik oder Sucht. Dementsprechend verstehen viele Studierende ihr Studium lediglich als „formale Legitimation zur Berufsausführung" (Ottersbach et al., 1990, S. 88), als „Durchgangsstation auf dem Weg zur therapeutischen Tätigkeit" (ebd., S.164) oder als ein „lästiges Hindernis" (Schiefele & Jacob-Ebbinghaus, 2006, S. 210).

Doch wie schätzt die akademische Psychologie selbst diesen Umstand ein? Zum einen wird in diesem Kontext deutlich, dass sich die in der akademischen Psychologie Forschenden und Lehrenden durchaus dieser Studienmotive und -wünsche ihrer Studierenden bewusst sind (Frank, 1990). So stellt Kornadt (1985) in seiner Abschlussrede als scheidender Präsident der DGPs zur Lage der Psychologie fest: „Alle, die in der Lehre tätig sind, wissen doch, dass ein Teil der Studenten eigentlich kein Interesse an der Wissenschaft hat, sondern an unmittelbaren praktischen Lösungen; also an der unmittelbaren Anwendung bisheriger Erkenntnisse und nicht an ihrer Gewinnung und ihrer Vorläufigkeit." (Kornadt, 1985, S. 8). Und Irle (ebenfalls in seiner Abschiedsrede als scheidender DGPs-Präsident) konstatiert: „Wir klagen seit einem Jahrzehnt darüber, dass unsere Studienanfänger das Psychologie-Studium missverstehen als bloße Berufsausbildung für einen Heilberuf." (Irle, 1979, S. 15). Dementsprechend gelangt auch die Untersuchung Franks (1990) zu dem Schluss: „Studentische Vorstellungen und Dispositionen einerseits und die Einschätzung der Hochschullehrer (über studentische Orientierungen) andererseits passen insbesondere in der Hinsicht zusammen, als beide Seiten wissen, dass die universitäre Ausbildung den studentischen Bedürfnissen nur begrenzt entgegenkommt, auch entgegenkommen will." (S. 188).

Dabei verdeutlicht der Schlusssatz „auch entgegenkommen *will*" vermutlich die Haltung der akademischen Psychologie, wie sie bspw. wiederholt von (scheidenden) Präsidentinnen der DGPs als akademischer Fachgesellschaft exemplarisch ausgedrückt wurde. So stellt Heckhausen (1983) fest, „dass Universitätsinstitute ganz ungeeignete Orte sind, um auf spezielle berufspraktische Fähigkeiten vorzubereiten, weil sie selbst keine Stätten der Praxis sind, nicht sein können — ja auch nicht sein sollten, wenn wissenschaftliche Ausbildung weiterhin ihre Aufgabe ist." (S. 16). Das Diplom könne nicht beides leisten, wissenschaftliche Grundausbildung und die Einübung in praktische Tätigkeiten unter Aufsicht (vgl. Roth, 1981, S.10). Ein Kompromiss sei im Diplomstudium nicht möglich (Kornadt, 1985).

Die Aktualität dieser Haltung wird von Bergolds (2008) Analyse der Empfehlungen der DGPs zur Einrichtung von Bachelor- und Masterstudiengängen in Psychologie an den Universitäten aufgezeigt. So wurde im Rahmen des Bologna-Prozesses in den „Ländergemeinsamen Strukturvorgaben" (gemäß §9 des Hochschulrahmengesetzes für die Akkreditierung von Ba-

32

chelor- und Masterstudiengängen vom 10.10.2003) die Möglichkeit zur Bildung von entweder „stärker anwendungsorientierten" oder „stärker forschungsorientierten" Profiltypen im Masterstudiengang vorgesehen (Bergold, 2008, S. 3). Dem begegnen die Empfehlungen der DGPs mit folgender Erklärung: „Da auch die Anwendungsfächer forschungsorientiert sind, wird im Folgenden aus Gründen der begrifflichen Klarheit der Terminus ‚forschungsorientiert' durch ‚grundlagenorientiert' ersetzt." (DGPs, 2005, S. 7f). Außerdem wird „unabhängig vom jeweiligen inhaltlichen Profil des Studiengangs [...] ein einheitliches Kerncurriculum vorgeschlagen, das in erster Linie aus methodischen Fächern (Forschungsmethoden und Psychologische Diagnostik) besteht" (ebd., S. 8). Die Schwerpunkte liegen nach Bergold (2008) hier bei Testtheorie und Testkonstruktion, multivariaten Verfahren und computergestützter Erhebung, Modellierung und Analyse von Daten. Wie Bergold (2008) feststellt, wird auf diese Weise die (quantitative) Forschungsorientierung im Sinne der Verfasserinnen ohne weitere Diskussion durchgesetzt und dabei der Eindruck vermittelt, „als ob das Wissen aus Theorie und Forschung einfach nur von der Praxis aufgenommen und ‚richtig' angewendet werden müsse" (S. 13). Auch die 13-Jahre zurückgehende Analyse Fischers und Möllers (2006) der Lehrstuhlausschreibungen der Klinischen Psychologie lassen auf ein „Primat der Forschung" (Günther, 2002, S. 3) schließen. So wird in 41% der Ausschreibungstexte von einer psychotherapeutischen Ausbildung als Grundlage der Bewerberinnen abgesehen (Fischer & Möller, 2006). Der Forderung des Hochschulrahmengesetzes nach einer fundierten Berufspraxis der Lehrenden (s. Bergold, 2008) wird demnach zumindest entsprechend der Ausschreibungspolitik nicht nachgekommen.

Die von Vertreterinnen der akademischen Psychologie genannten Gründe für deren skizzierte Forschungs- statt Praxisorientierung reichen von der Ansicht einer Unmöglichkeit der universitären Strukturen, „beides" zu leisten (Roth, 1981) hin zur Warnung, dass die „Simulation von vermeintlicher Praxis" zu einem späteren bösen Erwachen der Berufsanfängerinnen in der wirklichen Praxis führe (Heckhausen, 1983, S. 16). Auch wird eine Einengung der „beruflichen Mobilität" und der Verlust „multifunktionaler Fähigkeiten" befürchtet (ebd.). Zudem besteht die Überzeugung, dass ein forschungsbezogenes Studium zur Förderung von Problembewusstsein und Urteilsfähigkeit sinnvoller ist als die „Vielseitigkeit und Vollständigkeit der Lehrinhalte" (ebd., S. 8). Darüber hinaus nennt Günther (2002) als Grund für die „prioritäre soziale Norm der Erkenntnisgewinnung statt Gestaltung" (vgl. S. 4.), dass „die von Politik und Gesellschaft gewünschte Praxisorientierung [...] in einem Spannungsverhältnis zum universitärem Gratifikationssystem" stehe, welches insbesondere grundlagenorientierte Forschungsleistungen belohne (ebd.). Als weiteren möglichen Grund neben der höheren Prestige- und Karrieremöglichkeiten der Grundlagenforschung nennt er, dass diese eher dem naturwissenschaftlichen Ideal von verwertungsfreier Erkenntnis entspreche (s. hierzu auch den Diskussionsteil 4.2.3 zur Objektivität wissenschaftlicher Forschung).

Diese Ausführung kann (und möchte) nicht der Bewertung dieser Gründe oder einem „richtig oder falsch" nachgehen. Vielmehr sind im vorliegenden Kontext die Folgen dieser in vielen Bereichen bestehenden „Entfremdung" von psychologischer Forschung und psychologischer Berufspraxis von Relevanz (Holzkamp, 1972). So führt die „Diskrepanz zwischen Studieninhalten und -organisation einerseits und erwarteter Nähe der Ausbildung zu den subjektiven Interessen und zur extrapolierten Arbeitsmarktsituation" andererseits (Grubitzsch, 1993, S. 21) nicht zuletzt zu der in Abschnitt 1.2.1 aufgezeigte hohen Unzufriedenheit der Studierenden und Reaktionen von „Verständnislosigkeit über Langeweile und Orientierungslosigkeit bis zu Wut und Verachtung" (Ottersbach et al., 1990, S. 84). Auch Frank (1990) stellt fest, dass die gegenseitigen Erwartungen der „Durchschnittstudenten" der Psychologie und ihren Hochschullehrerinnen von beiden Seiten als „lästig" empfunden werden (S. 159). Zudem ist zu diskutieren, ob eine derart ausgerichtete Psychologie den Anforderungen der Praxis gerecht werden kann, welche die meisten Stellenangebote im Bereich der Klinischen Psychologie aufweist (Wiese, 2002) und dort auch bei Berufsanfängerinnen bereits therapeutische Kenntnisse voraussetzt (Grubitzsch, 1993).

An dieser Stelle soll jedoch hervorgehoben werden, dass „Theorie/Forschung" und „Praxis" nicht als etwas Gegensätzliches und voneinander Losgelöstes im Sinne der akademischen „wissenschaftlichen" Psychologie versus Psychotherapie als Profession bestehen muss. So hebt Schulte (in Rief et al., 2012) hervor, dass – im Sinne der Humboldt'schen Tradition der Einheit von Forschung und Lehre – das Wissen über grundlegende Prozesse und Zusammenhänge sowie die forschungsbezogenen Kompetenzen, dieses zu überprüfen und erweitern, das zentrale konstituierende Element eines akademischen Heilberufs wie der Psychotherapie darstellt in Abgrenzung zu einem nicht-akademischen Heilberuf wie beispielsweise der einer Krankenpflegerin (s. dazu auch Goergen, 2008). Dementsprechend stellt eine solide statistisch-methodische Grundausbildung eine notwendige – wenn auch nicht hinreichende – Bedingung für eine kritische und angemessene Interpretation wissenschaftlicher Studien dar, die auch in der psychologischen Anwendungspraxis unverzichtbar ist (s. bspw. Eid et al., 2013, S. 6).

Allerdings ist nach Schulte (in Rief et al., 2012) zum einen zweifelhaft, ob diese enge Verzahnung von Forschung und Ausbildung in der gegenwärtigen Ausbildungssituation gegeben ist. So besteht nicht nur – wie bereits dargelegt – an den Hochschulen ein geringer Praxisbezug. Es findet andererseits auch an den psychotherapeutischen Ausbildungsinstituten in der Regel keine Forschung im engeren Sinne statt. Darüber hinaus kritisieren sowohl Studierende als auch Vertreterinnen der Psychologie (wenngleich eher aus den Reihen der „anderen", außeruniversitären Fachkultur), dass die offenbar bestehende Einseitigkeit des wissenschaftlichen Paradigmas nur allzu leicht zu einem einseitigen oder verkürzten Spektrum innerhalb der statistisch-methodischen Grundausbildung und der darauf aufbauenden Erkenntnisse führt (s. Sprung & Sprung, 1994). Diese Kritik soll im folgenden Abschnitt näher beleuchtet werden.

Relevanz und Gegenstandsangemessenheit der akademischen Psychologie

Wie oben angerissen konstatieren zahlreiche Autorinnen die mangelnde Relevanz der vorherrschenden naturwissenschaftlich ausgerichteten (Grundlagen-) Forschung für die Lösung praktischer Probleme der Psychologie im Allgemeinen (Grubitzsch, 1993; Legewie, 1990; Holzkamp, 1972; Laucken, 2003; Seidel, 2004; Plaum, 2004; Zurhorst, 2004; Allesch, 2004) und der Klinischen Psychologie bzw. Psychotherapie im Speziellen (Fischer et al., 2009; Legewie, 1990; Revenstorf, 2003; Tschuschke, 2005). Der Vorwurf lautet häufig, dass es nicht möglich sei, die komplexen und vielfältigen Lebensprobleme mit dem vorherrschenden naturwissenschaftlichen, nomologisch ausgerichteten Wissenschaftsverständnis abzubilden, geschweige denn zu lösen (Dörner & Lantermann, 1991; Jaeggi, 1987; Fischer et al., 2009; Legewie, 1990). Dementsprechend äußert Jaeggi (1987) ihr Unbehagen über die Tatsache, dass in der offiziell unterstützten Forschung und Lehre so selten die „Fülle des Lebens" und die „Breite des Alltags" wiederzufinden sei (vgl. S. 13) und dass die jeden Menschen betreffenden „großen" Themen des menschlichen Lebens (Liebe, Tod, Trennung, Streit) in „unzerstückelter" Sichtweise meist nur von „Außenseitern der Psychologie" thematisiert würden (worunter sie auch die Psychoanalytikerinnen fasst, vgl. S. 134). Auch Laucken (2003) stellt fest, dass der gegenständliche Kosmos der Naturwissenschaften „semantisch leer" und die Theorien der Naturwissenschaften „semantisch blind" seien (S. 1), so dass die Psychologie durch ihre einseitige (neurobiologische) Orientierung wichtige Kompetenzbereiche verliere.

Insbesondere die Psychotherapieforschung (im Vordergrund das randomisierte kontrollierte Studiendesign) wird wegen ihrer Orientierung an Kriterien der Wissenschaftlichkeit, wie sie in Physik, Biologie und Pharmakologie üblich sind, scharf kritisiert (Revenstorf, 2003; s. hierzu auch den Diskussionsteil 4.1.3). So stellt Revenstorf (2003) fest, dass mit Themen wie persönliche Entwicklung, Sinnerfüllung und Würde verbundene Therapieziele „auch deshalb leicht durch das Raster eines positivistischen Wissenschaftsverständnisses [fallen], da diese Ziele nicht bündig operationalisiert werden können" (Revenstorf, S. 11). Und Fischer et al. (2009) bemerken, dass die Psychotherapie als „Heilbehandlung durch Dialog und Beziehungsgestaltung" mit ihren Wurzeln in der Philosophie das „manipulative Paradigma der Wundtschen Experimentalpsychologie" prinzipiell übersteige (S. 5).

Eng damit verbunden scheint die in Abschnitt 1.2.3 dargelegte einseitige Ausrichtung der akademischen Psychologie auf die Verhaltenstherapie. So konstatieren Fischer et al. (2009), dass „in der engen und lichtarmen Gasse der experimentellen Psychologie [...] nur noch die Verhaltenstherapie [gedeiht]" (S. 4). Demgemäß stellt Fischer in einer weiteren Publikation die Frage: „Soll die Bevölkerung auf akademisch ausgebildete Psychotherapeuten mit anderem fachlichen Schwerpunkt als der Verhaltenstherapie in Zukunft verzichten?" (Fischer & Möller, 2006, S. 5). Diese Frage scheint bei Betrachtung der derzeitigen Verteilung der Psychotherapieverfahren in der Praxis besonders relevant. So gelangen die meisten Untersuchungen zum Schluss, dass der Großteil der ambulanten psychotherapeutischen Versorgung und der psychosomatischen bzw. psychotherapeutischen Kliniken auf psychodynamischer Grundlage arbeitet (s. Rüger, 2007; Schäfer, 2010, WBP, 2003, 2004; Hoffmann & Schüßler, 1999). Lediglich die Untersuchung von Strauß et al. (2009) gelangt zu dem Schluss einer leicht zur Verhaltenstherapie neigenden Verteilung. Auf jeden Fall scheint jedoch eine drastische Diskrepanz zur Verteilung der Verfahren im Studium zu bestehen (s. Abschnitt 1.2.3 zur Repräsentation der Therapieverfahren), insbesondere, wenn man einbezieht, dass auch über die sozialrechtlich anerkannten Verfahren hinaus eine Vielzahl an weiteren Therapieverfahren praktiziert wird (s. Kriz, 2007a; Ludewig, 2003). Dennoch zeichnet sich mittlerweile eine Umverteilung des bislang recht ausgeglichenen Verhältnisses der Richtlinienverfahren ab, wobei der Anteil der Verhaltenstherapie auf Kosten der anderen wächst, insbesondere bei den angehenden Therapeutinnen, die sich derzeit noch in der Ausbildung befinden (s. Rudolf, 2012; Schmidt, 2010). Der Zusammenhang zur einseitigen Vermittlung der Verfahren im Studium wurde von verschiedenen Seiten aufgezeigt und diskutiert (Eichenberg et al., 2007; Strauß et al., 2009; Lebiger-Vogel et al., 2009).

Kritisiert werden demnach neben der mangelnden Praxisorientierung des derzeitigen Psychologiestudiums dessen einseitige und verengte Ausrichtung sowohl hinsichtlich der Methodik als auch des Gegenstandsbereiches – und das insbesondere in der Klinischen Psychologie. Weitere Kritikpunkte am derzeitigen therapeutischen Ausbildungsmodell werden in folgendem Abschnitt erörtert.

Weitere Kritikpunkte des derzeitigen Ausbildungsmodells und Konsequenzen

Zu obigen Vorwürfen gesellen sich weitere Kritikpunkte am derzeitigen psychotherapeutischen Ausbildungsmodell, wie die Dauer (mind. 8-10 Jahre) und damit auch fragwürdige Ökonomie des dualen Modells (Fischer et al., 2009; Strauß et al., 2009) sowie deren beträchtliche Kosten und mangelnde Vergütung während der praktischen Tätigkeit, was eine soziale und evtl. auch Geschlechterselektion begünstigt (Strauß et al. 2009). Darüber hinaus werden theoretische Redundanzen mit den Studieninhalten, insbesondere in der verhaltenstherapeutischen Ausbildung bemängelt (Loetz, 2008; Strauß et al., 2009; Fischer et al., 2009) und allgemein die fehlende inhaltliche Abstimmung zwischen den Ausbildungsabschnitten (Groeger, 2006). Hinzu kommt der unsichere (sozial-) rechtliche Status der Psychotherapeutinnen in Ausbildung (Strauß et al., 2009). Auch die mit dem Psychotherapeutengesetz geschaffene Aufteilung in die beiden Berufe „Psychologische Psychotherapeutin" (PP) und „Kinder- und Jugendlichenpsychotherapeutin" (KJP) wird kritisiert, ebenso die Schulenorientierung der Vertiefungsausbildung (Greve, 2009). Darüber hinaus wird die bestehende „paradoxe Ausbildungsregelung" beanstandet (Groeger, 2008, S. 8), die sich dadurch auszeichnet, dass zwar faktisch eine „Weiterbildung" besteht, diese vom Gesetzgeber jedoch ausdrücklich „Ausbildung" genannt wird, was auch im Kontrast zu anderen Heilberufen wie der Medizin steht (Vogel & Kuhr in Rief et al., 2012; Goergen 2006, 2008).

Als Folge der in diesem und den vorigen Abschnitten benannten Kritikpunkte wurde und wird aus verschiedenen Reihen die Forderung einer Umgestaltung des derzeitigen psychologischen Ausbildungsmodells laut. Diese Stimmen propagieren teilweise lediglich die „Erneuerung" des derzeitigen Studiums (Heidelberger Arbeitsgruppe zur Erneuerung der Psychologie, 1994; Grubitzsch, 1993), streben teilweise und insbesondere in jüngerer Zeit jedoch auch die Abspaltung eines parallelen (Direkt-) Studiums der Psychotherapie bzw. Psychotherapiewissenschaft an (Fischer et al. 2009; Groeger; 2006, 2008; Greve & Greve, 2009; Kornadt, 1985; Michaelis, 1986). Die gegenwärtige Aktualität dieser Thematik ist nicht zuletzt Folge der im Rahmen des Bologna-Prozesses erfolgten Umstellung auf Bachelor- und Masterstudiengänge, die u.a. mit sich führte, dass Pädagogikstudierende – anders als

Psychologiestudierende – zur Aufnahme der KJP-Ausbildung lediglich einen Bachelor-Abschluss benötigen (Groeger, 2008; Strauß et al., 2009}. Eine Folge der anschließenden berufspolitischen Diskussion über das daraus resultierende Ausbildungsniveau war auch das Hinterfragen der derzeitigen Ausbildungsstruktur als solche (Groeger, 2006). Die Bekanntgabe des Bundesministeriums für Gesundheit, dass dort eher ein Direktausbildungsmodell für Psychotherapeutinnen präferiert und eine entsprechende Revision des Psychotherapeutengesetzes angedacht werde (s. Rief et al., 2012), verleiht der Thematik zusätzliche Brisanz. Wie sehen derartige Konzeptionen zur Neugestaltung der psychologischen Ausbildungssituation aus?

Konzeptionen zur Neugestaltung des psychologischen Ausbildungsmodells

Strauß et al. (2009) präsentieren in ihrem Gutachten einen prägnanten Überblick über die derzeitigen Vorschläge zur Neukonzeption mit ihren jeweiligen Vor- und Nachteilen, der hier nur in Auszügen wiedergegeben werden soll. In Tabelle 4 sind die von Strauß et al. (2009) genannten möglichen Modelle gelistet.

Dabei stellt Modell B das gegenwärtige dar, welches sich von Modell A nur hinsichtlich des notwendigen Studienabschlusses unterscheidet. In den anderen Modellen werden theoretische und teilweise auch praktische Inhalte der Vertiefungsausbildung zu unterschiedlichen Anteilen bereits im Hochschulstudium gelehrt, was zu einer Komprimierung und Verkürzung der anschließenden postgradualen Aus- bzw. Weiterbildung führen würde bis hin zu dem Wegfall der Zusatzausbildung (Modell G). Dabei ist in Modell C speziell vorgesehen, Teilnehmerinnen mit mangelnder Qualifikation den Zugang zur postgradualen *Ausbildung* dennoch per Propädeutikum zu ermöglichen. Während in Modell D primär eine Vertiefung der theoretischen psychotherapeutischen Inhalte stattfindet, beinhalten die Modelle E und F bereits praktische Ausbildungsinhalte, beispielsweise in Form eines mehrmonatigen Psychiatriepraktikums. Je nachdem, ob hier eine Aus- oder eine Weiterbildung als Modell konzeptualisiert wird, erfolgt die Approbation entweder am Ende des gesamten Prozesses oder (äquivalent zur Facharztweiterbildung) bereits als Teilapprobation mit dem Master-Abschluss (vgl. Strauß et al., 2009). Modell G (das in einigen europäischen Ländern wie bspw. in Österreich an privaten Hochschulen bereits praktiziert wird, Strauß et al., 2009) impliziert die Integration theoretischer und praktischer Ausbildungsinhalte als Masterstudiengang Psychotherapie, der mit der Approbation abschließt. Dabei empfehlen Strauß et al. (2009) in diesem vom Bundesministerium für Gesundheit angeforderten Gutachten ein Beibehalten des postgradualen Ausbildungsmodells mit der Verlagerung von Teilen der theoretischen und eventuell auch praktischen Inhalte ins Studium, die in der Ausbildung anrechenbar wären, so dass diese „möglicherweise etwas" verkürzt würde (vgl. S. 366).

Inhaltlich ausdifferenzierter und in Hinblick auf die Kritik der oben dargestellten Ausrichtung der akademischen Psychologie relevanter ist die Konzeption von Fischer et al. (2009), auf die daher im Folgenden vertiefend eingegangen werden soll.

Tabelle 4: Überblick über die verschiedenen Ausbildungsmodelle nach Strauß et al. (2009), S. 362

Modell	Grundstudium	Hauptstudium	Postgraduales Programm	A/W	Approbation
A	Bachelor (Psych. o. Pädag.)	ggf. Zusatzqualifikation	TU, PAus, PT, SE		Ende
B	Bachelor (Psych. o. Pädag.)	Master-Abschluss ohne weitere Spezifikation	TU, PAus, PT, SE	A	Ende
C	Bachelor (Psych. o. Pädag.)	Master-Abschluss mit vermehrt therapie-spezifischen Inhalten	(TU), PAus, PT, SE ggf. Propädeutikum	A	Ende
D	Bachelor (Psych. o. Pädag.)	Master-Abschluss Klinische Psychologie	((TU)) PAus, PT, SE	A/W	Ende oder nach MA
E	Bachelor (Psych. o. Pädag.)	Master-Abschluss Psychotherapie	((PAus)), PT, SE	W/A	z. T. nach MA
F	Bachelor (Psych. o. Pädag.)	Master-Abschluss Psychotherapie	„PJ", PAus, SE	W	Nach PJ
G	Bachelor (Psych. o. Pädag.)	Master-Abschluss Psychotherapie mit PAus, PT		A	Nach MA

TU = Theoretischer Unterricht; Paus = Praktische Ausbildung, PT = Praktische Tätigkeit, SE = Selbsterfahrung, A/W = Ausbildung, Weiterbildung; PJ = Praktisches Jahr (analog zur Medizinerinnenausbildung)

Anders als die meisten gängigen Modelle des Direktstudiums (mit Weiterbildung), die eine Vertiefung in *Klinischer Psychologie und Psychotherapie* konzeptualisieren (s. Groeger, 2008), fordert und fördert Fischer die Entstehung des Fachs *Psychotherapiewissenschaft* (PTW). In Anlehnung an das Modell der Medizinerinnenausbildung und unter Zugrundelegung eines Gleichgewichts von natur- und geisteswissenschaftlichen Komponenten wurde ein konsekutiver Bachelor- und Masterstudiengang der Psychotherapiewissenschaft entworfen, der mit einem 1. Staatsexamen endet. Neben der Durchführung von Kurzzeittherapien ermöglicht dies die Aufnahme einer mindestens dreijährigen psychotherapeutischen Fachausbildung unter Beteiligung der privaten psychotherapeutischen Fachinstitute. Der Abschluss erfolgt als 2. Staatsexamen mit Vergabe der Approbation. Neben dem konsekutiven Studium werden zum Masterstudiengang PTW auch Bachelorabsolventinnen der Psychologie, Medizin, Pädagogik, Philosophie, Soziologie oder Biologie zugelassen (mit entsprechenden Brückenkursen), um ein breites natur-, geistes- und sozialwissenschaftliches Fundament des Fachs zu gewährleisten (Fischer et al., 2009). Dementsprechend sollen neben der Humanbiologie und Neurowissenschaft auch die Philosophie und weitere Geisteswissenschaften in das Curriculum integriert sowie eine Methodenvielfalt gelehrt und angewandt werden, die auch kultur-, sozial- und geisteswissenschaftliche Methoden wie Phänomenologie, Hermeneutik oder Dialektik beinhaltet. Hinsichtlich der psychotherapeutischen Paradigmen kommt der Orientierung an Ätiologie und Verlauf psychischer Störungen – statt vorrangig an ihrer Symptomatik – eine besondere Bedeutung zu mit dem Ziel einer „Pluralität mit Prinzipien" (ebd., S. 14).

Interessant ist in diesem Kontext, dass Psychologiestudierende (nach Wissen der Autorin) noch nie nach ihrer Einschätzung zu dieser Thematik gefragt wurden. Und dass, obwohl sie die direkt Betroffenen möglicher Reformen wären und diese ausgehend von den Überlegungen zur Studien(un)zufriedenheit nicht nur begrüßen, sondern sicher auch inhaltlich bereichern würden. Das soll im Rahmen der vorliegenden Untersuchung geändert werden. Dabei wird zum einen in groben Zügen das Psychotherapiewissenschaftsmodell nach Fischer et al. (2009, entsprechend Modell E bzw. F der obigen Darstellung) und zum anderen Modell G, also der ausschließliche Direktstudiengang Psychotherapie mit anschließender Approbation, im Erhebungsteil zum Thema Psychotherapiewissenschaft zur Diskussion gestellt.

1.2.5 Hochschulsozialisationsprozesse und fachspezifischer Habitus

Nach Huber (1991) bilden sich durch Sozialisations- und Selektionsproesse an der Hochschule insgesamt – aber auch *innerhalb* der einzelnen Fächergruppen – relativ homogene Kulturen mit spezifischen geteilten Werten, Denk- und Handlungsmustern aus. Dabei entspricht jeder Fachkultur ein charakteristischer „Habitus"[8], der als disziplinspezifische Kompetenz verstanden werden kann, verschiedene, auch neuartige Situationen gemäß generalisierender (situationsübergreifender) Schemata zu interpretieren und entsprechende Handlungen zu generieren (vgl. Huber 1991, S. 421f). Fachspezifische Unterschiede im Habitus zeigen sich beispielsweise hinsichtlich der Wirklichkeitskonstruktionen und der Einstellungen gegenüber Problemen, des normativen Klimas (wie politische Orientierungen und andere soziale Einstellungen), Interaktions- und Hierarchiestrukturen, der Lehrkultur und -organisation, Diskussionsstilen oder Freiräumen für Autonomie und Partizipationschancen. Sie äußern sich nicht zuletzt auch in gewissen epistemologischen Merkmalen, zu denen u.a. die oben skizzierten divergierenden Kulturen der Psychologie gerechnet werden können (für eine Übersicht über empirische Befunde zu diesen fachspezifischen Habitus-Unterschieden s. Huber 1991 oder Liebau & Huber, 1985).

Obwohl der Habitus maßgeblich für die Wirklichkeitskonstruktion und das praktische Handeln ist, erfolgt seine Aneignung größtenteils unbewusst und wird als „hidden assumptions" über die Wirklichkeit und „tacit knowledge" implizit vermittelt (Huber 1991, S.

---

[8] Im kultursoziologischen Kontext geht der Begriff „Habitus" auf Pierre Bordieu zurück, s. bspw. „Die feinen Unterschiede", Bordieu, 1987.

421). Durch dieses „hidden curriculum" (Liebau & Huber, 1985, S. 323) wird er als etwas Selbstverständliches und Evidentes wahr- und angenommen, das selten thematisiert und diskutiert wird (Huber, 1991; Liebau & Huber, 1985; Frank, 1990). Zur Ausprägung und Stabilisierung tragen Selektionsmechanismen bei, wie die Rekrutierung der Fachgruppen, Selbstselektion der Studierenden durch Studienwahl und Studienabbrüche sowie Selektion durch die fachspezifischen Prüfungsformen. Letztere können als besonders wirksames Mittel zur Ausprägung und Reproduktion des Habitus gesehen werden, indem anders denkende Studierende „herausgeprüft" werden (vgl. Huber, 1991, S.424). Wenngleich die Fachkulturen als „historisch geltendes spezifisches Sinnverständnis" (Multrus, 2005, S. 3) grundsätzlich veränderlich sind, führt die Kombination der genannten (und weiteren) Faktoren zu einer prinzipiell großen Homogenität und Stabilität der sozialen Konstruktionen der Realität sowie der Handlungsmuster wissenschaftlicher Disziplinen und zu – wenn überhaupt – langwährenden Änderungsprozessen (Frank, 1990).[9]

Dieses „Amalgam der schon mitgebrachten mit den in der Fachkultur herrschenden und teils durch Einübung, teils durch Selektion verstärkten Wahrnehmungs-, Denk- und Handlungsmustern" (Huber 1991; S. 441) ist unter verschiedenen Gesichtspunkten für alle vier oben ausgeführten Bereiche (Studienzufriedenheit, Wissenschaftsverständnis, Repräsentation der Therapieverfahren und Praxisorientierung) relevant.

Hinsichtlich der Studienzufriedenheit ist die Bedeutung des Habituskonzepts augenscheinlich. So führt Huber (1991) Studienabbrüche und Fachwechsel nicht zuletzt auf die „Habituszumutung" der Hochschul- und Fachkultur zurück (S. 425) und wie in Abschnitt 1.2.1 zur Studienzufriedenheit dargelegt, scheint die mangelnde Passung von studentischer Herkunftskultur, antizipierter Berufskultur und vorgefundener Fachkultur ein maßgeblicher Grund für den hohen Prozentsatz der unzufriedenen Psychologiestudierenden. Dass die Selektions- und Sozialisationsprozesse jedoch auch manifeste Änderungen beispielsweise des studentischen Wissenschaftsverständnisses bewirken, zeigt Huber (1991) auf: Demnach wandelt sich das studentische Wissenschaftsverständnis im Laufe der Hochschulsozialisation zu einem zunehmend falsifikationistischen und teilweise auch weniger praxisorientierten Wissenschaftsverständnis. In diesem Kontext scheint die von Frank (1990) verfeinerte Definition der (Hochschul-) Sozialisation fruchtbar, welche diese „als Prozess der Einübung in (spezifische) habituelle *Unterscheidungen und Unterschiede*" beschreibt (S. 19, Hervorh. d. Verf.).

Das Selbstverständnis der akademischen Psychologie lässt sich demnach nicht zuletzt als *Abgrenzung* zu den Geisteswissenschaften verstehen (s. Frank, 1990) und es ist zu erwarten, dass sich dieses wesentliche Element des akademisch-psychologischen Habitus möglicherweise auch auf das Wissenschaftsverständnis der Studierenden auswirkt. In diesem Licht kann auch die wachsende Übereinstimmung der studentischen und universitären Verfahrenspräferenzen interpretiert werden. So spielt laut Franks (1990) Analyse die Abgrenzung zur Psychoanalyse in der Selbstbeschreibung der heutigen akademischen Psychologie eine

---

[9] Die Parallelen zu Kuhns Begriff des „normalwissenschaftlichen Paradigmas" legen zur Veränderung der epistemologischen Merkmale die Möglichkeit einer „wissenschaftlichen Revolution" nahe, die durch die drastische und fortwährende Anhäufung von nicht erklärbaren „Anomalien" entsteht und durch einen fundamentalen Theorienwandel gekennzeichnet ist (Kuhn 1962; s. auch Carrier 2006).

wichtige Rolle (vgl. das Zitat der Einführungsveranstaltung in Abschnitt 1.2.3, in dem die Psychologie vorrangig als *nicht* Tiefenpsychologie beschrieben wurde). Diese Distinktion bzw. Abgrenzung „nach außen" könnte durchaus im Rahmen des Hochschulsozialisationsprozesses von einem Teil der Studierenden aufgenommen und in ihr Fachverständnis integriert werden. Die mitgebrachten studentischen Unterscheidungen werden so in fachspezifische Unterscheidungen transformiert (vgl. Frank, 1990, S. 19).

Einen interessanten Aspekt stellt in diesem Kontext die in 1.2.4 skizzierte studentische Kritik der mangelnden Praxisorientierung des Psychologiestudiums dar. So besteht laut Frank (1990), wie in Abschnitt 1.1 angerissen, „das Dilemma der Psychologie [...] darin, dass sie sich von solchen Studienmotiven nicht vollends distanzieren kann, weil sie eben nicht nur *Wissenschaft*, sondern [...] auch eine *Profession* ist, wozu auch ein mehr oder weniger spezifizierbares Berufsfeld gehört" (S. 156 f, Hervorh. d. Verf.). So hat die Universität im Allgemeinen und die Psychologie im Speziellen eine Doppelfunktion in dem Sinne, sowohl wissenschaftlichen Nachwuchs rekrutieren zu müssen als auch die Ausbildung für eine außeruniversitäre Praxis zu gewährleisten (Frank, 1990; Huber, 1991). Dieses Spannungsfeld lässt sich im Rahmen des Habituskonzepts als Konflikt zwischen der *Fachkultur der akademischen Disziplin* Psychologie und der (antizipierten) *Berufskultur der Profession* Psychologie beschreiben, wobei der Großteil der Studierenden letztere Kultur zu verkörpern scheint (s. Abschnitt 1.2.4 zum Thema Praxisorientierung und die Ausführungen von Frank, 1990). Dass beim Zusammentreffen dieser beiden Kulturen Spannungen und Unzufriedenheit entstehen, scheint nicht verwunderlich.

Über die Untersuchung der genannten Fragestellungen hinaus dient die vorliegende Arbeit in diesem Kontext einem weiteren Zweck: Sie soll durch die spezifische Thematisierung und Verbalisierung des Wissenschaftsverständnisses und der in der akademischen Psychologie vorherrschenden Verfahrensrichtungen „den disziplinären Habitus- und Reproduktionsformen ihre Selbstverständlichkeit nehmen und den Schleier der auf Routine gegründeten Illusionen zerreißen" (Liebau & Huber, 1985, S. 338). Demgemäß soll die vorliegende Untersuchung neben dem Aspekt der empirischen Hypothesenprüfung auch dazu beitragen, einigen Studierenden vermutlich bislang Unbewusstes und Selbstverständliches einer Analyse zugänglich zu machen und dadurch zu einer kritischen Auseinandersetzung und Reflexion mit den Gegebenheiten und eigenen Vorstellungen anregen.

1.3 Untersuchungsfragen und Hypothesen

Studienzufriedenheit

In Abschnitt 1.2.1 zur Studienzufriedenheit wurde die überdurchschnittlich niedrige Studienzufriedenheit der Psychologiestudierenden im Vergleich zu anderen Fachgruppen eingehend dargestellt (s. bspw. Ottersbach et al., 1990). Diese ist laut Krüger (1986) direkt auf die Inhalte und die Ausrichtung des Fachs zurückzuführen. Durch die aktuelle Untersuchung von

Handerer (2011) wird diese Annahme gestützt, der zufolge die Diskrepanz zwischen dem universitären und dem eigenen Wissenschaftsverständnis den wichtigsten Prädiktor für die Studienzufriedenheit Psychologiestudierender darstellt. Empirische Untersuchungen zur Studienzufriedenheit, die diese übergeordnete Reflexion der Ausrichtung des Faches nicht berücksichtigen, greifen daher zumindest im Fall der Psychologie zu kurz. Zu erweitern ist die Untersuchung Handeres (2011) in dem Sinne, dass er empirisch durchgehend relevante Prädiktoren wie die Praxisrelevanz und das Fachinteresse nicht in die Analyse einbezog. Folgerecht ist keine Aussage über die relative Wichtigkeit des Wissenschaftsverständnisses unter Einbezug dieser Variablen möglich. Aus dem Grund werden diese relevanten Prädiktoren in die vorliegende Studie einbezogen und daher folgende Hypothese untersucht:

1a) Die Studienzufriedenheit wird über die „klassischen" Prädiktoren *Lehrkompetenz, Autonomie, Fachinteresse, Praxisrelevanz* und *Studiendauer* hinaus von der Diskrepanz des Wissenschaftsverständnisses zwischen Studierenden und Lehrenden in dem Sinne beeinflusst, dass die Studienzufriedenheit mit steigender Diskrepanz sinkt.

In Anlehnung an die Betrachtungen in Abschnitt 1.2.1 und 1.2.3 zur Repräsentation der Psychotherapieverfahren kann im Falle der Klinischen Psychologie darüber hinaus davon ausgegangen werden, dass die Diskrepanz zwischen der studentischen Bewertung der Therapieverfahren und der am Lehrstuhl vorherrschenden Präferenz ebenfalls die Studienzufriedenheit beeinflusst. Dies folgt aus der Überlegung, dass die den Therapieverfahren zugrundeliegenden Menschenbilder zentral für das jeweilige Selbstverständnis der Psychologie sind und zudem eng mit einem bestimmten Wissenschaftsverständnis verknüpft sind (s. Bergold, 1994; Bataller Bautista et al., 2009; Lebiger-Vogel et al., 2009), so dass hier bestehende Differenzen ähnlich wie divergierende Wertorientierungen (s. Heise et al., 1999; Matteson & Hamann, 1975; Damrath, 2006; Augenstein et al., 1987) einen Einfluss auf die Studienzufriedenheit ausüben sollten. Daher lautet die abgeleitete Hypothese:

1b) Die Studienzufriedenheit wird über die „klassischen" Prädiktoren *Lehrkompetenz, Autonomie, Fachinteresse, Praxisrelevanz* und *Studiendauer* hinaus zudem von der Diskrepanz der Bewertung der Therapieverfahren von Studierenden und Lehrenden in dem Sinne beeinflusst, dass die Studienzufriedenheit mit steigender Diskrepanz sinkt.

Die dritte damit zusammenhängende Hypothese bezieht sich auf die (Diskussions-) Offenheit der universitären Lehre. Diese Facette der Lehrqualität und -kultur scheint wie oben dargelegt einen wichtigen Einfluss auf die studentische Wahrnehmung und Bewertung der Studiensituation darzustellen. Nach Wissen der Autorin fand dieser Aspekt jedoch bis zur Studie von Handerer (2011) keinen Eingang in die Erforschung der Studienzufriedenheit. Handerer (2011) hingegen wies deren deutlichen positiven Einfluss auf die Studienzufriedenheit nach. Da die postulierte Einseitigkeit hinsichtlich des Wissenschaftsverständnisses und der Repräsentation der Therapieverfahren vermutlich im Kontrast zu einer solchen Offenheit besteht, soll mit der folgenden Hypothese untersucht werden, ob über die Ein- bzw. Vielseitigkeit der Lehre hinaus die (Diskussion-) Offenheit eine Rolle für die Studienzufriedenheit spielt.

1c) Über den Einfluss der Prädiktoren *Lehrkompetenz, Autonomie, Fachinteresse, Praxisrelevanz, Studiendauer* und *Diskrepanz von Wissenschaftsverständnis und Verfahrensbewertung* hinaus hat die Offenheit der Lehre einen positiven Einfluss auf die Studienzufriedenheit.

Der zweite Hypothesenblock bezieht sich auf den Zusammenhang von Fachinteresse und Studienzufriedenheit. So erwies sich das Fachinteresse in verschiedenen Studien als hochrelevanter Prädiktor für die Studienzufriedenheit (Heise et al., 1999, Schiefele & Jacob-Ebbinghaus, 2006; Blüthmann, 2012). Allerdings blieb hierbei wie oben angerissen das Fachverständnis der Studierenden unberücksichtigt, so dass unklar bleibt, worauf sich ihr Interesse letztlich bezieht. So ist insbesondere im Falle der Psychologie mit den vorherrschenden wissenschaftstheoretischen und gegenständlichen Divergenzen (s. Abschnitt 1.2.2 zum Wissenschaftsverständnis) denkbar, dass eine Studierende zwar prinzipiell ein hohes Interesse für „die" Psychologie aufweist, sich dabei aber implizit z. B. auf die derzeit nicht vorherrschende geisteswissenschaftliche Fachkultur bezieht und daher mit der gegenwärtigen akademischen Psychologie im Studium dennoch unzufrieden ist. Ebenso werden Studierende mit hohem psychoanalytischen Fachinteresse eventuell mit der verhaltenstherapeutisch dominierten klinischen Lehre unzufrieden sein – trotz ihres großen psychologischen Interesses. Demnach scheint es plausibel, von einem Moderatoreffekt von sowohl der Diskrepanz des Wissenschaftsverständnisses als auch der Verfahrensbewertungen auf den Zusammenhang von Fachinteresse und Studienzufriedenheit auszugehen, was zu folgenden Hypothesen führt:

2a) Je größer die Diskrepanz zwischen studentischem und universitärem Wissenschaftsverständnis, desto geringer ist der Zusammenhang von Fachinteresse und Studienzufriedenheit.
2b) Je größer die Diskrepanz zwischen studentischer und Dozentinnenbewertung der Therapieverfahren, desto geringer ist der Zusammenhang von Fachinteresse und Studienzufriedenheit.

Die zu testenden Nullhypothesen dieses Abschnitts lauten dementsprechend folgendermaßen:

1a^{Null}) Die Diskrepanz des Wissenschaftsverständnisses von Studierenden und Lehrenden hat keinen zusätzlichen Einfluss auf die Studienzufriedenheit über die Prädiktoren *Lehrkompetenz, Autonomie, Fachinteresse, Praxisrelevanz* und *Studiendauer* hinaus.
1b^{Null}) Die Diskrepanz der Bewertung der Therapieverfahren von Studierenden und Lehrenden hat keinen zusätzlichen Einfluss auf die Studienzufriedenheit über die Prädiktoren *Lehrkompetenz, Autonomie, Fachinteresse, Praxisrelevanz* und *Studiendauer* hinaus.
1c^{Null}) Die Offenheit der Lehre hat keinen zusätzlichen Einfluss auf die Studienzufriedenheit über die Prädiktoren *Lehrkompetenz, Autonomie, Fachinteresse, Praxisrelevanz* und *Studien-*

dauer und die *Diskrepanz-Werte von Wissenschaftsverständnis und Verfahrensbewertung* hinaus.

2a[Null]) Die Höhe der Diskrepanz des Wissenschaftsverständnisses hat keinen Einfluss auf den Zusammenhang von Fachinteresse und Studienzufriedenheit.

2b[Null]) Die Höhe der Diskrepanz der Verfahrensbewertungen hat keinen Einfluss auf den Zusammenhang von Fachinteresse und Studienzufriedenheit.

Wissenschaftsverständnis

Wie in Abschnitt 1.2.2 dargelegt, scheint sich das studentische Wissenschaftsverständnis deutlich von dem universitären zu unterscheiden, wobei das universitäre als einseitiger und eher naturwissenschaftlich als das studentische beschrieben werden kann (s. z. B. Handerer, 2011; Lipsey, 1974; Augenstein et al., 1987). Wenngleich die Studie von Handerer (2011) diese Diskrepanz bereits aufzeigt, soll sie in dieser Arbeit erneut und replizierend untersucht werden. Das ermöglicht die Überprüfung der Stabilität der Befunde mit einem leicht abgewandelten Messinstrument und einer breiteren Stichprobe (die über Deutschland hinaus auch die deutschsprachige Schweiz und Österreich beinhaltet). Daher wird in Anlehnung an Handerers Ergebnisse (2011) folgende Hypothese postuliert:

3) Es besteht eine Diskrepanz zwischen dem Wissenschaftsverständnis der Studierenden und dem von den Studierenden wahrgenommenen Wissenschaftsverständnis der Lehrenden, wobei die Lehrenden ein naturwissenschaftlicheres Selbstverständnis aufweisen als die Studierenden.

Die zu testende Nullhypothese lautet dementsprechend:

3[Null]) Es besteht kein Unterschied zwischen dem studentischen und dem wahrgenommenen universitären Wissenschaftsverständnis.

Repräsentation der Psychotherapieverfahren

Ausgehend von den Überlegungen in Abschnitt 1.2.3 zur Darstellung der Therapieverfahren und insbesondere in Anlehnung an die Arbeiten von Eichenberg et al. (2007), Lebiger-Vogel et al. (2009), Barthel et al. (2010), Fischer und Möller (2006) und Strauß et al. (2009) zur Repräsentation der Therapieverfahren an den Hochschulen wurden folgende Hypothesen entwickelt:

5) An den Hochschulen wird die Lehre von der kognitiv-verhaltenstherapeutischen Verfahrensrichtung dominiert. Das impliziert die folgenden Unterhypothesen:

5a) Die KVT wird als die durch die Lehrkräfte vornehmlich vertretene Therapierichtung wahrgenommen.

5b) Es werden im Studium von allen psychotherapeutischen Richtungen die meisten Informationen über die KVT vermittelt.

5c) Von allen psychotherapeutischen Richtungen wird die KVT von den Dozentinnen am besten bewertet.

5d) Die Vermittlung der verschiedenen Therapieverfahren wird von den Studierenden als unausgewogen wahrgenommen.

5e) Die Studierenden weisen das meiste Wissen bezüglich der KVT auf.

Darüber hinaus legen die Arbeiten zur von den Studierenden gelesenen Fachlektüre (Handerer, 2001; Fisch et al., 1970; Witte & Brasch, 1991; Hofmann & Stiksrud, 1993; Hertwig & Stoltzke, 2001), den für die Studierenden beeindruckendsten Fachvertreterinnen (Handerer, 2011) sowie insbesondere die Studien von Eichenberg und Kollegen (2007), Lebiger-Vogel et al. (2009) und Handerer (2011) zu der Repräsentation der Therapieverfahren in der Studierendenschaft nahe, dass sich das studentische Bild der therapeutischen Verfahrensrichtungen als pluralistischer darstellt als die universitäre Repräsentation. Unter Rückgriff auf Hypothese 5 und die Gruppierung der Therapieverfahren in Abschnitt 1.2.3 wird daher folgende Hypothese formuliert:

6) Es besteht eine Diskrepanz zwischen der Bewertung der Therapieverfahren von Studierenden und der von den Studierenden wahrgenommenen Bewertung der Therapieverfahren seitens der Lehrenden – wobei die Studierenden die psychodynamischen, humanistischen und systemischen Verfahren besser bewerten als ihre Dozentinnen.

Entsprechend dieser Überlegungen können folgende zu testende Nullhypothesen formuliert werden:

5[Null]) Die kognitiv-verhaltenstherapeutische Verfahrensrichtung wird gleichberechtigt zu den anderen Verfahrensrichtungen an den Hochschulen vertreten und gelehrt.

6[Null]) Es besteht kein Unterschied zwischen der studentischen und wahrgenommenen Dozentinnenbewertung der Therapieverfahren.

Explorative Fragestellungen

Über diese gezielten Hypothesen hinaus wird in dieser Untersuchung einer Reihe von explorativen Fragestellungen nachgegangen. So soll zum einen in Ableitung der Betrachtungen aus Abschnitt 1.2.4 das Defizit behoben werden, dass bei der angeregten Diskussion über eine Neugestaltung der psychologischen Ausbildungssituation (s. bspw. Strauß et al., 2009 oder Rief et al., 2012) die Perspektive der Studierenden bislang außen vorgelassen wurde. Diesem Kritikpunkt soll mit folgenden explorativen Fragestellungen als erstem Ansatzpunkt nachgegangen werden:

1a) Wie stehen die Studierenden zu der Einführung eines (Direkt-) Studiengangs Psychotherapiewissenschaft?

1b) Welche Inhalte sind den Studierenden im Studium bzw. im Fach Klinische Psychologie besonders wichtig in Hinblick auf die Neukonzeption des Psychologie-/Psychotherapiestudiengangs?

Dabei sollen neben den quantitativen Erhebungen insbesondere die qualitativen Bemerkungen zu diesen Themen in Betracht gezogen werden zur Erstellung eines differenzierteren Meinungsbildes und Anregung weiterer Forschung in diesem Bereich.

Da sich die im Theorieteil dargestellten Analysen primär auf die öffentlichen Hochschulen in Deutschland beziehen, betrifft eine weitere explorative Fragestellung den Unterschied zwischen den Hochschulen in den Ländern Deutschland, Österreich und der (deutschsprachigen) Schweiz sowie zwischen den privaten und öffentlichen Hochschulen:

2) Inwiefern unterscheiden sich die Länder und Hochschularten bezüglich der inhaltlichen Evaluation des Studiums, des Wissenschaftsverständnisses und der Repräsentation der Psychotherapieverfahren?

Im folgenden Abschnitt wird die Methodik dieser Studie eingehend erläutert – von der Erhebung und Stichprobenbeschreibung (Abschnitt 2.1) über die statistischen Verfahren zur Datenanalyse (Abschnitt 2.2) zur Darstellung und testtheoretischen Überprüfung des Fragebogens (Abschnitt 2.3).

2. Methodik

2.1 Datenerhebung und Stichprobenbeschreibung

2.1.1 Untersuchungsmethode und technische Umsetzung

Als Untersuchungsmethode wurde die strukturierte und standardisierte Fragebogenerhebung mittels Onlineplattform gewählt, um möglichst ökonomisch und flächendeckend in sowohl Deutschland, Österreich und der Schweiz Psychologiestudierende zu akquirieren. Die Vorteile der computerisierten Fragebogenmethode liegen neben der hohen Auswertungsobjektivität, der großen Vergleichbarkeit der erhobenen Informationen und der Flexibilität und Anonymität der Erhebung (welche das Phänomen der sozialen Erwünschtheit reduziert) auch in der Möglichkeit des adaptiven Testens (s. Eid et al., 2013; Thielsch & Weltzin, 2009; Birnbaum, 2004), wovon in der vorliegenden Studie Gebrauch gemacht wurde. Da davon ausgegangen werden kann, dass sämtliche Psychologiestudierende Internetzugriff haben (vgl. die aktuelle Studie der Arbeitsgemeinschaft Online Forschung e.V. 2013) und über E-Mailverteiler, Facebook- und andere Foren gut etablierte internetbasierte Kommunikationswege und Ansprechmöglichkeiten bestehen, scheinen die sonst häufig genannten Nachteile der mangelnden Erreichbarkeit von Randgruppen und potentiellen technischen Schwierigkeiten (s. Thielsch & Weltzin, 2009; Faas, 2006; Schoen, 2004) vernachlässigbar. Um letztere weiter abzuschwächen und eine hohe „Usability" zu gewährleisten, wurden lediglich Fragen- bzw. Antwortformate verwendet, die nicht das Vorhandensein des Adobe Flash Players voraussetzten (Thielsch & Weltzin, 2009). Auch die Gefahr der Mehrfachteilnahme und der unklaren Identität der Befragten wurde zugunsten der Vorteile der Methode in Kauf genommen – nicht zuletzt, da die Mehrfachteilnahme in der Praxis laut Birnbaum (2004) eher selten vorzukommen scheint.

Realisiert wurde die Umfrage mittels der Onlinebefragungssoftware EFS-Survey 9.0 der QuestBack AG. Bei der Programmierung und Gestaltung wurde auf die Empfehlungen von Thielsch und Weltzin (2009) zurückgegriffen. So wurde auf eine angemessene Bildschirmbreite geachtet (Auflösung kleiner als 800 x 600 px), ein Fortschrittsbalken eingeblendet und die Umfrage optisch ansprechend gestaltet. Zur Erhöhung der Effizienz wurden den Teilnehmerinnen mittels Filterfragen nur die für sie jeweils relevanten Fragen gestellt. Um Reihenfolgeeffekten entgegenzuwirken, wurden sowohl die Fragebogenseiten innerhalb eines Blocks randomisiert dargeboten als auch die einzelnen Fragen einer Seite, wo immer dies sinnvoll schien. Mittels „Zurück"-Buttons wurde den Probandinnen ermöglicht, vorherige Antworten zu ändern. Ebenso war eine vorübergehende Unterbrechung des Fragebogens und spätere Wiederaufnahme möglich. Zur Verringerung der Dropout-Rate wurden gemäß den Empfehlungen von Thielsch und Weltzin (2009) bzw. Frick, Bächtiger und Reips (1999) die soziodemographischen Daten am Anfang der Umfrage erhoben (High-hurdle-technique). Um einen vollständigen Datensatz zu erwirken, wurde bei einem Großteil der Fragen ein Eingabezwang implementiert. Am Ende der Befragung bestand die Möglichkeit, Bemerkungen zur Studie und der Erhebungsmodalität abzugeben.

Vor dem Umfragestart wurde der Fragebogen an einer kleinen Stichprobe auf technische Funktionalität, inhaltliche Verständlichkeit und Bearbeitungsdauer getestet und – sofern nötig – überarbeitet.

2.1.2 Rekrutierung und Erhebung

Zielgruppe der Untersuchung waren Studierende in Deutschland, Österreich und der Schweiz, die in einem Präsenzstudiengang an einer öffentlichen oder privaten Hochschule das Hauptfach Psychologie studierten. Die Zielgruppe wurde auf Studierende in Präsenzstudiengängen eingegrenzt, weil beispielsweise Frensch (2013) zeigen konnte, dass sich Hochschulen mit Fernstudiengängen stark in den Lehrinhalten und der Zusammensetzung der Studierenden von den Präsenzstudiengängen unterscheiden. Für die an der vorliegenden Studie teilnehmenden Hochschulen galt wegen des klinischen Untersuchungsschwerpunkts zudem die Voraussetzung, dass sie das Fach Klinische Psychologie im Curriculum aufwiesen. Innerhalb der Schweiz wurde die Zielgruppe auf deutschsprachige Hochschulen beschränkt.

Um diese breite Zielgruppe zu erreichen, wurden aktive und passive Rekrutierungsstrategien kombiniert (s. Thielsch & Weltzin, 2009). Vorrangig wurden die lokalen Fachschaften bzw. Fachschaftsräte per E-Mail oder der Internetplattform Facebook kontaktiert mit der Bitte, die Studieneinladung (s. Anhang A) per E-Mail, Facebook- oder anderen Foren an die restlichen Kommilitoninnen weiterzuleiten. An 8 Hochschulen wurden auch private Kontakte zur Weiterverbreitung genutzt, um eine größere Resonanz zu erzielen (Snowball-Technique, Thielsch & Weltzin, 2009). Sofern die Mailverteiler oder Facebook-Seiten ganzer Studien- oder Jahrgänge öffentlich zugänglich waren, wurde die Einladung zur Untersuchung direkt über diese geschickt bzw. gepostet. Wenn keine Fachschaften oder Ähnliches zugänglich waren, wurde die Studieneinladung mit der Bitte um Weiterleitung an zuständige Sekretariate, Dozentinnen oder anderweitige Ansprechpartnerinnen geschickt. Um die Teilnahmemotivation zu erhöhen, wurden fünf Amazon-Gutscheine im Wert von 20€ verlost. Auf Grund der Anonymität der Umfrage sollten hierzu die daran interessierten Probandinnen eine leere E-Mail an die auf der Schlussseite des Fragebogens angegebene Adresse schicken. Zudem bestand hier die Möglichkeit, bei Interesse die Ergebnisse der Studie anzufordern.

Der Erhebungszeitraum begann mit dem Verschicken der E-Mails bzw. dem Posten der Einladung in den Facebook-Foren am 28. Mai 2013 und endete wie zuvor festgesetzt mit Ablauf des 30. Juni 2013. Am 24. Juni wurden Erinnerungsmails herausgeschickt mit dem Hinweis, dass das Internetportal noch eine Woche freigeschaltet sei.

Die durchschnittliche Bearbeitungsdauer betrug 19,7 Minuten, wobei bedingt durch die Filterführung deutliche Unterschiede in der Bearbeitungszeit vorlagen ($Std=16,4$). Die Hälfte der Probandinnen beendete den Fragebogen in weniger als 15,3 Minuten.

2.1.3 Aufbereitung der Daten

Von den insgesamt 1399 Teilnehmerinnen wurden 22 ausgeschlossen, da sie nicht das Fach Psychologie studierten. Von den restlichen 1377 beendeten 63,2% (n=870) den Fragebogen, während ihn 36,8% vorher abbrachen. Von diesen Abbrecherinnen klickten 60,5% (n=307) lediglich die Startseite an. Da diese Art des Abbruchs laut Thielsch und Weltzin (2009) unproblematisch, da unsystematisch ist, liegt die bereinigte Abbrecherquote bei nur 14,5%. Diese geringe Drop-out-Rate im Vergleich zu ähnlichen Onlinestudien (Schart 2011; Handerer 2011) mag neben der persönlichen Involviertheit der Probandinnen hinsichtlich des Themas auch an der Implementierung der High-hurdle-technique (Thielsch & Weltzin, 2009; Frick et al., 1999) und des Anreizes durch die Verlosung liegen.

Vor der Datenanalyse wurde mit der Software EFS-Survey eine Datenbereinigung durchgeführt. Hierbei wurden die Daten der Probandinnen bereinigt, die mittels „Zurück"-Button eine Filterfrage geändert hatten, so dass zuvor beantwortete Fragen nicht mehr relevant waren. Hiervon waren 24 Datensätze betroffen. Zudem wurde mittels EFS-Survey-Software eine Qualitätsanalyse durchgeführt. Hier sollten diejenigen Probandinnen identifiziert werden, die sich lediglich „durchgeklickt" haben. Zu diesem Zweck wurde für jede Teilnehmerin ein Qualitätsindex berechnet, indem die individuelle Bearbeitungsdauer pro Seite zum Median der Bearbeitungszeit pro Seite über alle Probandinnen hinweg in Beziehung gesetzt wurde. Probandinnen, welche einen Qualitätsindex von kleiner 0,1 hatten (die pro Seite also nur ein Zehntel der durchschnittlichen Zeit brauchten) wurden ausgeschlossen. Dies traf auf insgesamt 8 Probandinnen zu. Diese wiesen auch für die gesamte Bearbeitungsdauer einen Mittelwert von lediglich 6,5 Minuten auf, so dass ein wenig gewissenhaftes Antworten nicht auszuschließen ist. Zuletzt wurde ein Proband von der Fernuniversität Hagen ausgeschlossen, da wie bereits erwähnt nur Präsenzstudiengänge untersucht werden sollten.

Die endgültige Stichprobe beinhaltet letztlich 861 Probandinnen. Auf Grund der Filterführung bekamen die Teilnehmerinnen je nach vorheriger Antwort verschiedene Fragenpfade vorgelegt, so dass die analysierte Anzahl der Probandinnen von Fragenblock zu Fragenblock variiert.

Studienland und Hochschulart

Wie in Tabelle 5 abzulesen ist, studierte der mit Abstand größte Anteil der Studienteil-
nehmerinnen an deutschen Hochschulen (82% der Gesamtstichprobe). Davon waren innerhalb Deutschlands 94,9% an öffentlichen und 5,1% an privaten Hochschulen immatrikuliert.
Aus Österreich nahmen 99 Studierende teil (11,5% der Gesamtstichprobe). Von ihnen studierten 77,8% an öffentlichen und 22,2% an privaten Hochschulen. Alle 56 Teilnehmerinnen
aus der Schweiz (n=6,5% der Gesamtstichprobe) studierten an öffentlichen Hochschulen. Der
Versuch der Kontaktaufnahme mit der nach Wissen der Autorin einzigen schweizerischen
Privathochschule, die Psychologie als Präsenzstudiengang anbietet und das Fach Klinische
Psychologie im Curriculum enthält (die „Zürcher Hochschule für Angewandte Wissenschaften") blieb ohne Resonanz. 2 Teilnehmerinnen machten bei dem Item, das die Hochschul-
zugehörigkeit erfasst, keine Angabe und konnten daher keinem Land zugeordnet werden.

Über die Länder hinweg nahmen demnach 801 Studierende von öffentlichen (93,2%)
und 58 von privaten Hochschulen teil (6,8%, s. Tabelle 5). Der vergleichsweise geringe Anteil
an Privatstudierenden lässt sich sowohl auf Rekrutierungsschwierigkeiten zurückführen
(primär, weil im Gegensatz zu den öffentlichen Hochschulen selten Fachschaftsadressen verfügbar waren und die alternativen Ansprechpartnerinnen die Anfrage seltener weiterleiteten) als auch auf die insgesamt geringere Anzahl von Studierenden an privaten Hochschulen
im Vergleich zu den öffentlichen (s. Frensch, 2013).

Tabelle 5: Teilnehmerinnen der Studie unterteilt nach Studienländern und Hochschulart

Land		öffentliche Hochschule	private Hoch-schulen	Gesamt
Deutschland	Anzahl	668	36	704 (82,0%)
	% innerhalb Deutschlands	94,9%	5,1%	100,0%
Österreich	Anzahl	77	22	99 (11,5%)
	% innerhalb Österreichs	77,8%	22,2%	100,0%
Schweiz	Anzahl	56	0	56 (6,5%)
	% innerhalb der Schweiz	100,0%	0%	100,0%
Gesamt	Anzahl	801	58	859
	% insgesamt	93,2%	6,8%	100,0%

Hochschulen

In Deutschland bestand eine relative Ausgewogenheit der Hochschulen mit Teilnehmerinnen
von insgesamt 46 Universitäten. Von den privaten Hochschulen nahmen lediglich 2 teil (die

„International Psychoanalytic University" in Berlin und die „Fachhochschule für Gesundheit Gera"). Bei der österreichischen Stichprobe ist zu berücksichtigen, dass 89,6% der Studierenden an öffentlichen Hochschulen an der Alpen-Adria-Universität in Klagenfurt immatrikuliert waren (n=69) und damit nur 10,4% an anderen öffentlichen Hochschulen. Außerdem studierten 95,4% der Studierenden an privaten Hochschulen an der Siegmund-Freud-Universität (SFU) in Wien (n=21) und damit nur eine Person an der UMIT Hall. Dementsprechend beruhen die Werte der öffentlichen Hochschulen in Österreich primär auf den Werten der Universität Klagenfurt, während die der privaten vornehmlich die Meinung der Studierenden an der SFU abbilden. In der Schweiz bestand eine ausgeglichenere Aufteilung mit 62,5% Teilnehmerinnen, die in Zürich studierten (n=35), 30,4% in Basel und 7,1% in Bern.

Geschlechter- und Altersverteilung

Insgesamt nahmen 708 weibliche Probandinnen teil (82,2%) und 153 männliche. Das durchschnittliche Alter lag bei 24,4 Jahren (*Std=4,6*), wobei die Spanne von 18 bis 59 Jahre reichte. Diese Zahlen entsprechen ziemlich genau denen anderer Studien (z.B. Mutz & Daniel, 2008; Hertwig & Stoltzke, 2001; Handerer 2011; Schart, 2011).

Studiengang und Fachsemester

59,5% der Probandinnen über die Länder hinweg (n=512) waren im Bachelorstudiengang immatrikuliert, 27,1% im Master- und 11,1% im Diplomstudiengang. 1,4% gaben an, das Studium mit einem Magister zu beenden und 0,8% sonstiges (hier wurden Lizenziat und Promotion genannt). Eine Person machte keine Angabe. Um sowohl den Bachelor- als auch den Master- und Diplomstudierenden gerecht zu werden, wurde nach dem „Fachsemester im derzeitigen Studiengang" gefragt. Daher musste bei den Masterstudierenden noch die Fachsemesteranzahl des Bachelors addiert werden. Diese beträgt nach einer bundesweiten Absolventinnenbefragung aus dem Jahr 2011 (Wentura et al., 2013) 6,5 bis 6,7 Semester. Demnach wurden bei den Masterstudierenden 6,6 Semester zur angegebenen Semesterzahl addiert. Zudem muss erwähnt werden, dass die Fälle mit mindestens 17 Semestern in der Form „17+" kodiert wurden und daher vereinfachend als „17" in die Analyse eingingen. Davon waren 47 Fälle betroffen (s. Diskussionsteil 4.1.1 für eine kritische Erörterung). Es ergab sich ein Durchschnitt von 7,9 Fachsemestern (*Std=4,1*), der leicht über dem Mittelwert der Studie Handerers (2011) liegt, jedoch niedriger als in der Studie von Schiefele und Jacob-Ebbinghaus (2006) ausfällt. Der Median ist von der beschriebenen Abrundung unberücksichtigt und liegt bei 7 Fachsemestern.

Etwa die Hälfte der Probandinnen (51,6%; n=444) gab an, bereits einen inhaltlichen Schwerpunkt in ihrem Studiengang gewählt zu haben. Die andere Hälfte belegte (noch) keinen. Das Fach Klinische Psychologie bzw. Psychotherapie war mit Abstand am häufigsten vertreten: In 73,9% der Fälle wurde es als Schwerpunkt genannt. Darauf folgten Arbeits-/Betriebs- und Organisationspsychologie (24,8%), Gesundheitspsychologie (18,2%), Pädagogische Psychologie (11,9%) und eine Vielzahl weiterer Schwerpunktfächer, wie bspw. Gruppendynamik, Kognitionspsychologie, Psychoanalyse, Diagnostik bzw. Methoden, Verhaltensanalyse und -regulation oder Lehr-, Lern- & Trainingspsychologie.

Insgesamt 92,9% der Probandinnen bejahten die Frage, ob sie prinzipiell Interesse an Klinischer Psychologie haben (n=800). Den übrigen 7,1% der Teilnehmerinnen, die kein Interesse an der Klinischen Psychologie aufzeigten, wurde der Fragenblock zum Thema *Psychotherapiewissenschaft* nicht vorgelegt (s. u. in Abschnitt 2.3 zu den Messinstrumenten). 666 Teilnehmerinnen bejahten die Frage, ob sie derzeit in ihrem Studium das Fach Klinische Psychologie belegen oder es bereits früher an ihrer gegenwärtigen Hochschule belegt hatten (77,4%), die restlichen 22,6% verneinten diese Frage. Letzteren wurden die Fragen zum Fach Klinische Psychologie nicht vorgelegt (s. u. in Abschnitt 2.3 zu den Messinstrumenten).

2.2 Statistische Verfahren zur Datenanalyse

Im Folgenden werden die wichtigsten verwendeten statistischen Verfahren dargelegt. Aus Platzgründen wird hierbei lediglich bei den zentralen statistischen Verfahren (den Faktoren-, Varianz- und Regressionsanalysen sowie t-Tests) auf die Voraussetzungen und deren Überprüfungsmöglichkeiten eingegangen. Bei den anderen Verfahren sei auf Eid et al. (2013) verwiesen. Die Durchführung der statistischen Analysen erfolgte mit der Software SPSS Version 21.0. Das Signifikanzniveau wurde auf $\alpha = 5\%$ festgelegt.

2.2.1 Vorbemerkung zur Angemessenheit der statistischen Verfahren

Eine in den Sozialwissenschaften weit verbreitete Praxis ist die Anwendung von statistischen Verfahren, die mindestens Intervallskalenniveau voraussetzen (bspw. Varianz-, Faktoren- oder lineare Regressionsanalysen), obwohl strenggenommen lediglich Ordinalskalenniveau gegeben ist (Kempf, 2006; Eid et al., 2013; Westermann, 1985; Surber, 1984; Backhaus, Erichson, Plinke, & Weiber, 2000). Diese Praxis wird an anderer Stelle intensiv und kontrovers diskutiert (bspw. Westermann, 1985; Orth & Wegener, 1983; Jöreskog & Moustaki, 2001; Manisera, Dusseldorp, & van der Kooij, 2010). Während einige Autorinnen die Verwendung von metrischen Verfahren bei lediglich ordinalskalierten Variablen rigoros ablehnen und alternative Wege vorschlagen (bspw. Jöreskog & Moustaki, 2001; Linting, Meulman,

Groenen, & van der Kooij, 2007), geben andere gewisse Mindestvoraussetzungen an, die erfüllt sein müssen, um dennoch einigermaßen zuverlässige Ergebnissen zu erhalten (bspw. Urban & Mayerl, 2008). Andere prüfen empirisch, inwieweit die Anforderungen an intervallskalierte Daten auch von Daten erfüllt werden können, die gemeinhin als ordinalskaliert gelten (bspw. Westermann, 1985).

In der vorliegenden Untersuchung liegen die Antworten in der Regel in Form einer 6- bzw. 7-stufigen Likert-Skala vor. Diese Form erfüllt streng genommen lediglich die Voraussetzungen für ein ordinales Skalenniveau (s.o.). Theoretisch wäre daher wünschenswert gewesen, die Analysen mittels der „klassischen" metrisch basierten Verfahren durchzuführen (nicht zuletzt um eine Vergleichsmöglichkeit mit anderen Studien herzustellen) und im Anschluss mit den äquivalenten Verfahren auf Ordinalskalenbasis zu vergleichen. Leider hätte dies bei Anwendung auf alle Analysen den zeitlichen Rahmen und Umfang der Arbeit gesprengt. Daher werden im Folgenden überwiegend Analysemethoden verwendet, welche mindestens Intervallskalenniveau der Variablen voraussetzen. Um die Robustheit dieser Vorgehensweise zu überprüfen, werden in einigen ausgewählten Fällen zusätzliche Analysen durchgeführt, die dem ordinalen Skalenniveau besser Rechnung tragen. Die Ergebnisse dieser ergänzenden Analysen – insbesondere im Bereich der testtheoretischen Überprüfung des Fragebogens – werden im Folgenden lediglich knapp dargestellt, während die entsprechende Theorie aus Platzgründen im Anhang einsehbar ist.

2.2.2 Testtheoretische Überprüfung des Fragebogens

Zur Überprüfung des Fragebogens wurden explorative Faktorenanalysen durchgeführt, um die Eindimensionalität der Einzelskalen und die faktorielle Validität des Fragebogens zu überprüfen (s. Marcus & Bühner, 2009). Zusätzlich wurden als ordinales Äquivalent kategoriale Hauptkomponentenanalysen (PCA) mittels der in SPSS implementierten Methode „CATPCA" durchgeführt. Die Ergebnisse dieser Variante sind jeweils kursiv in Klammern dargestellt, die Theorie dieses Verfahrens wird in Anhang C erläutert. Zur Itemselektion der so entstandenen Skalen wurden die korrigierten Trennschärfen der einzelnen Items berechnet sowie Cronbachs α, wenn das jeweilige Item entfernt wurde (Krohne & Hock, 2007). Diese Kennwerte bildeten die Grundlage für die Itemselektion der endgültig in die Analyse eingehenden Skalen, für die zuletzt jeweils die Gesamt-Reliabilität und die mittleren Inter-Item-Korrelationen berechnet wurden (Marcus & Bühner, 2009).

Faktorenanalysen

Die Faktoren der „klassischen" metrischen Faktorenanalyse wurden mittels Maximum-Likelihood Schätzverfahren (Fisher, 1912; im Folgenden ML-Schätzverfahren) extrahiert (s. Eid et al., 2013 für die Vorteile dieses Verfahrens im Gegensatz zur Hauptkomponentenanalyse). Um die Voraussetzung der multivariaten Normalverteilung für das ML-Schätzverfahren zu überprüfen, wurde zunächst mittels Kolmogorov-Smirnov-Test (mittels Lilliefors-Korrektur der kritischen Werte) und Shapiro-Wilk-Test überprüft, ob eine univariate Normalverteilung vorliegt. Diese stellt eine notwendige, jedoch keineswegs hinreichende Bedingung für die multivariate Normalverteilung dar (DeCarlo, 1997). Da diese Testwerte bei großen Stichproben wie der vorliegenden selbst bei kleinen Abweichungen von der Normalverteilung signifikant werden (s. Eid et al., 2013), wurden zusätzlich die Histogramme, die Schiefe und Kurtosis untersucht. Als Grenzwerte für die Schiefe nennen West, Finch und Curran (1995) einen absoluten Schätzwert von < 2, für die Kurtosis entsprechend < 7. Allerdings ist die Parameterschätzung mithilfe der ML-Verfahren relativ robust gegenüber Verletzungen der multivariaten Normalverteilungsannahme bezüglich der Parameterschätzung, solange die univariaten Verteilungen nicht zu extrem sind und die Stichprobe nicht zu klein ist (Eid et al., 2013; Marcus & Bühner, 2009).

Vor Durchführung der Faktorenanalysen wurde mittels Bartlett Test auf Sphärizität überprüft, ob die Unabhängigkeit der Variablen vorliegt, was eine Faktorenanalyse obsolet machen würde (Eid et al., 2013). Allerdings hat sich dieser Test aus verschiedenen Gründen alternativen Prüfgrößen als unterlegen erwiesen (Marcus & Bühner, 2009). Daher wurde zusätzlich auf den *Kaiser-Meyer-Olkin-Koeffizienten* (im Folgenden KMO-Maß) zurückgegriffen, der als zusammenfassendes Maß für die Eignung der Stichprobe eine inhaltlich ähnliche Funktion erfüllt. Berechnet wird er anhand der Anti-Image-Korrelationsmatrix, welche die partiellen Korrelationen zwischen den Variablen als Basis hat. Zur Beurteilung wurde auf die Empfehlungen von Kaiser (1974) zurückgegriffen. Zudem wurden die Measure-of-Sampling-Adequacy-Werte betrachtet (MSA-Werte), mit deren Hilfe einzelne Variablen aus dem faktorenanalytischen Modell beurteilt und gegebenenfalls ausgeschlossen werden können (Brosius, 1998).

Zur Überprüfung der Modellgüte wurde der Chi²-Test auf Anpassung verwendet. Da hier allerdings ebenfalls bei großen Stichproben wie der vorliegenden schon bei kleinsten Abweichungen die Nullhypothese der Passung verworfen wird (Eid et al., 2013), wurde eine Reihe weiterer Kriterien zur Auswahl der Anzahl der Faktoren und Items sowie zur Beurteilung der Güte des Faktorenmodells hinzugezogen. Zur Auswahl der Anzahl der Faktoren wurden sowohl das Kaiser-Guttman-Kriterium herangezogen als auch der Scree-Test (s. Eid et al., 2013). Des Weiteren wurden zur Überprüfung der Modellgüte die anhand der Faktorengleichungen reproduzierten Korrelationen zwischen den Variablen mit der beobachteten Korrelationsmatrix abgeglichen. Laut Krohne und Hock (2007) gilt für eine gute Reproduktion die Faustregel, dass alle korrelativen Diskrepanzen kleiner als 0,1 sein sollten. Außerdem wurde die Ladungshöhe der Faktoren selbst in Betracht gezogen, wobei nach Krohne und Hock (2007) Ladungen, deren Betrag kleiner als 0,30 ist, als niedrig bzw. vernachlässigbar gelten. Ab 0,40 kann man von einer moderaten und ab 0,60 von einer hohen Ladung sprechen. Auch die Kommunalitäten sollten laut Marcus und Bühner (2009) einen Wert von 0,20 nicht unterschreiten.

Nach der Bestimmung der Anzahl der Faktoren anhand der Anfangslösung wurde zur besseren Interpretierbarkeit eine Rotation durchgeführt. Hierbei wurde gemäß der Empfehlung von Eid et al. (2013) eine oblique Rotation durchgeführt, die Korrelationen zwischen den Faktoren zulässt (was in der vorliegenden Studie bei den angenommenen Konstrukten hinter den Faktoren sinnvoll scheint). Eine Korrelation auf Faktorebene ist hierbei lediglich möglich, wird jedoch keineswegs aufgezwungen. Es wurde die direkte Quartimin-Rotation verwendet, welche ein Spezialfall der direkten Oblimin-Rotation darstellt, wenn δ auf 0 gesetzt wird (es wird demnach die schiefstmögliche Lösung erlaubt). Zur Interpretation wurde sowohl die Mustermatrix herangezogen, welche die Ladungen im rotierten Faktormodell enthält und in Abschnitt 2.3 zu den Messinstrumenten dargestellt wird, als auch die Strukturmatrix, welche die Korrelationen der Faktoren mit den manifesten Variablen darstellt.

Item- und Reliabilitätsanalysen

Um die Zuverlässigkeit der durch die Faktorenanalysen entstandenen Skalen zu beurteilen, wurde für jede Skala die interne Konsistenz Cronbachs α berechnet. Dieses Reliabilitätsmaß setzt konzeptionell voraus, dass die Testteile als Messung des gleichen Konstrukts angesehen werden können, also Homogenität bzw. Eindimensionalität der einzelnen Skalen besteht (Marcus & Bühner, 2009). Die Eindimensionalität kann am besten im Rahmen der probabilistischen Testtheorie oder mittels konfirmatorischer Faktorenanalyse untersucht werden (Marcus & Bühner, 2009), was beides in der vorliegenden Studie aus Gründen der fehlenden Software nicht möglich war. Alternativ wurde die Ladungsstruktur der explorativen Faktorenanalyse interpretiert (s.o.) und als notwendiges, wenn auch nicht hinreichendes Maß die mittlere Inter-Item-Korrelation (MIC) herangezogen (Marcus & Bühner, 2009). Dieses Maß sollte nach Bühner (2011) nicht unter 0,20 liegen sollten.

Während bei zumindest essentiell τ-äquivalenten Testitems Cronbachs α die Reliabilität präzise abbildet (s. Eid et al., 2013), stellt es bei kongenerischer Messung – bei der unterschiedliche Faktorladungen bestehen können – die Untergrenze der Reliabilität dar (s. Marcus & Bühner, 2009). Im Folgenden sollte daher von Cronbachs α als Untergenze der Reliabilität ausgegangen werden, da eine lediglich kongenerische Messung nicht ausgeschlossen werden kann.

Klassisch bestehen gewisse Faustregeln, nach denen die Höhe der Reliabilitätskoeffizienten beurteilt werden kann.[10] Allerdings lässt sich die Beurteilung laut Marcus und Bühner (2009) nicht durch derartige pauschale Faustregeln festlegen, da das erforderliche Niveau stark vom Anwendungsfall und -zweck abhängt. Auch die Testlänge muss meist im Abgleich mit der Praktikabilität in Betracht gezogen werden. In Abhängigkeit von der Testlänge empfiehlt bspw. Bagozzi (1980) unterschiedliche Untergrenzen, wonach ein Instrument mit nur zwei Indikatoren bereits bei einem α ≥ 0,50 als zuverlässig gelten kann. Ein niederländisches Ratingsystem für Testqualität, das von dem „Committee of Test Affairs of the Dutch Association of Psychologists" veröffentlicht wurde (COTAN-Beurteilungssystem), spezifiziert drei Niveaus mit unterschiedlich strengen Anforderungen in Abhängigkeit vom

---

[10] Nach George & Mallery (2003) kann bspw. ein α von > 0,9 als exzellent gewertet werden, 0,9 > α > 0,8 als gut, 0,8 < α > 0,7 als akzeptabel und 0,7 > α > 0,6 als fragwürdig. Werte darunter gelten als nicht akzeptabel.

Anwendungszweck: Für Niveau 1, das sich auf wichtige Einzelfallentscheidungen bezieht, wird eine Reliabilität von mindestens 0,80 gefordert. Für Niveau 2, welches weniger wichtige Einzelfalldiagnosen impliziert, mindestens 0,70 und für Niveau 3 bei Gruppenuntersuchungen eine Reliabilität von mindestens 0,60 (Evers, 2001). Da es sich bei der vorliegenden Studie um eine Gruppenuntersuchung mit zumindest keinen folgeschweren Konsequenzen handelt, wurde von einem Mindestwert von $\alpha \geq 0,60$ ausgegangen. Außerdem wäre eine Verlängerung des Fragebogens zwar aus Zuverlässigkeitszwecken wünschenswert gewesen, auf Grund der erhöhten Länge jedoch auf Kosten der Anzahl der Teilnehmerinnen gegangen.

Zur Analyse der Eignung der einzelnen Items wurde zunächst jeweils Cronbachs α auf Skalenebene ohne Berücksichtigung des entsprechenden Items berechnet. Sollte α bei Weglassen des Items steigen, ist es für die Skala ungeeignet (Krohne & Hock, 2007). Zudem wurde zur Beurteilung der Itemgüte die korrigierte Trennschärfe hinzugezogen. Nach Krohne & Hock (2007) gilt 0,30 als untere Grenze der Trennschärfe, während Werte um 0,50 und 0,60 Items kennzeichnen, die gut zwischen Personen mit hoher und niedriger Ausprägung trennen können.

2.2.3 Mittelwert-, Verteilungs- und Häufigkeitsvergleiche

Varianzanalysen

Zur Untersuchung der Mittelwertunterschiede zwischen den Ländern (Deutschland, Österreich und Schweiz) und den Hochschularten (private und öffentliche Hochschulen) wurden bei den metrischen abhängigen Variablen zweifaktorielle Varianzanalysen (im Folgenden „Anova" für „Analysis of Variance") für unabhängige Stichproben mit festen Effekten durchgeführt (3x2-Design). Im Anschluss an diese Omnibustests wurden Post-hoc-Tests durchgeführt, wobei mittels Bonferroni-Korrektur die spezifischen Irrtumswahrscheinlichkeiten adjustiert wurden, um der Kumulierung des α-Fehlers bei den Paarvergleichen entgegenzuwirken (Eid et al., 2013; Janssen & Laatz, 2013). Die Annahme der Normalverteilung der Merkmalsvariablen – einer Voraussetzung des F-Tests der Anova – wurde mittels Kolmogorov-Smirnov-Test überprüft. Laut Eid et al. (2013) ist der F-Test bei hinreichend großen Stichproben von > 30 allerdings relativ robust gegen Verletzungen der Normalverteilungsannahme. Die Bedingung der Homoskedastizität wurde mittels Levene-Test überprüft. Da dieser jedoch sensibel auf die Stichprobengröße reagiert, wurde zusätzlich auf eine Daumenregel von Ziegler und Bühner (2009) zurückgegriffen, nach der ein Verhältnis der Varianzen von $\geq$ 10:1 als kritisch gilt. Um die ungleichen Zellhäufigkeiten und damit Nonorthogonalität der Variablen zu berücksichtigen sowie die Tatsache, dass aus der Schweiz keine Studierenden von privaten Hochschulen teilnahmen, wurde Typ IV zur Berechnung der Quadratsummen gewählt (s. Janssen & Laatz, 2013, S.362 für detailliertere Informationen). Zudem wurde ein gesättigtes Modell gewählt, bei dem alle ausgewählten Faktoren und deren Wechselwirkungen in das Modell eingehen.

Um mehrere metrische Variablen unter Berücksichtigung der individuellen Baseline jeder Person zu vergleichen (bspw., ob sich die Bewertungen der Therapieverfahren signifikant voneinander unterscheiden), wurde die einfaktorielle Varianzanalyse für abhängige Variablen angewandt. Da der F-Test selbst bei Verletzung der „Compound-Symmetry-Annahme" zu robusten Ergebnissen führt, wenn die Varianz-Kovarianz-Matrix der Faktorstufen eine sphärische Struktur aufweist (s. Eid et al., 2013), wurde mittels Mauchly-Test diese Voraussetzung der Sphärizität überprüft. Bei Verletzung wurde nach Empfehlung von Eid et al. (2013) die Huynh-Feldt-Korrektur der Werte angewandt. Post-hoc Vergleiche wurden mit Bonferroni adjustierten p-Werten durchgeführt.

T-Tests

Um die Mittelwerte von zwei unverbundenen Stichproben mit unbekannten Populationsvarianzen zu vergleichen, wurden t-Tests für unabhängige Stichproben durchgeführt. Ein Beispiel für die Anwendung ist der Vergleich der Bewertung der Therapieverfahren innerhalb der Studierenden, die das Fach Klinische Psychologie derzeit oder früher belegten mit den Studierenden ohne dieses Fach. Die Bedingung der univariaten Normalverteilung des Merkmale wurde wie oben mittels Kolmogorov-Smirnov-Test überprüft, wenngleich auch der t-Test bei Stichprobengrößen von > 30 als sehr robust gilt (s. Eid et al., 2013). Mittels Levene-Test wurde die Voraussetzung der Homoskedastizität überprüft und im Fall einer Verletzung die Welch-Korrektur angewandt (Eid et al., 2013).

Sollte die Baseline einer Person berücksichtigt werden, wurden t-Tests für verbundene Stichproben berechnet – wie zum Beispiel bei der Frage, ob sich das studentische und das wahrgenommene universitäre Wissenschaftsverständnis signifikant voneinander unterscheiden. Die Differenzvariable muss hierbei in der Population normalverteilt sein, wobei diese Annahme bei hinreichend großen Stichproben von > 30 gelockert werden kann (Eid et al., 2013).

Logistische Regressionen mit kategorialen unabhängigen Variablen

Um die Unterschiede zwischen den Ländern und Hochschularten bei nominalen abhängigen Variablen zu untersuchen, wurden binäre (bei dichotomen Ausprägungen) bzw. multinomiale logistische Regressionen durchgeführt. Die nominalskalierten unabhängigen Variablen wurden hierzu dummy-kodiert mit k-1 Dummys (s. Eid et al., 2013). Bei dem Länder- und Hochschulvergleich stand nicht die Modellgüte im Vordergrund, sondern lediglich die Frage, ob die eingeführten Prädiktoren und deren Interaktionen einen Unterschied hinsichtlich der abhängigen Variablen bewirken (im Sinne der Varianzanalyse). Zur Beurteilung der einzelnen Prädiktoren wurden Likelihood-Ratio Tests bzw. Wald-Tests berechnet sowie die Höhe der β-Gewichte, Odds ratios und deren Konfidenzintervalle herangezogen (Backhaus et al., 2000).

Ergänzend oder alternativ zu den logistischen Regressionen wurden Kreuztabellen untersucht. Hier wurde sowohl der Chi²-Test auf Unabhängigkeit als auch der z-Test über die Spaltenanteile gerechnet (die p-Werte wurden mittels Bonferroni-Methode angepasst). Im Falle zu kleiner Stichproben (beispielsweise bei bestimmten Fragestellungen innerhalb Österreichs) wurde auf den exakten Test nach Fisher zurückgegriffen (Eid et al., 2013). Um genauere Informationen über mögliche Interaktions- sowie Suppressoreffekte zu erhalten, wurde im Fall mehrerer Einflussfaktoren die Auswirkung einer selektiven Variation einzelner unabhängiger Variablen unter Konstanthaltung der anderen unabhängigen Variablen untersucht.

Chi²-Anpassungstest und Binomialtest bei einer Stichprobe

Der Chi²-Anpassungstest wurde angewendet, um die Verteilungsfunktion eines diskreten Merkmals gegen eine theoretisch erwartete Verteilungsfunktion zu testen (bspw. ob die Nennung der unterschiedlichen Therapieverfahren bei der Frage, welche vornehmlich vertreten seien, die gleichen Wahrscheinlichkeiten aufweisen – also gleichverteilt sind). Bei lediglich dichotomen Merkmalen wurde hier der Binomialtest angewandt – bspw. um zu prüfen, ob bei den einzelnen Therapieverfahren die beiden Kategorien *kein Wissen* versus *Grund- bzw. fundiertes Wissen* gleich häufig – also jeweils in 50% der Fälle – genannt wurden.

Mc-Nemar-Test und Rand-Homogenitätstest

Mittels Mc-Nemar-Test wurde bei dichotomen Merkmalen untersucht, ob sich die Häufigkeitsverteilungen zweier abhängiger Stichproben unterscheiden – bspw., ob die Anzahl der Studierenden, die bei den psychodynamischen Verfahren die Antwortoption „Weiß nicht" wählten, eine andere ist als bei den verhaltenstherapeutischen Verfahren. Der Randhomogentitätstest als Erweiterung des Mc-Nemar-Tests bei Merkmalen mit mehr als zwei Ausprägungen wurde verwendet, um zum Beispiel die Hypothese zu testen, ob sich die Häufigkeitsverteilung der Nennung der 3 kassenzugelassenen Therapieverfahren von ihrer Häufigkeitsverteilung innerhalb aller 6 aufgeführten Verfahren unterscheidet.

2.2.4 Modell der Studienzufriedenheit

Multiple lineare Regression

Um das Modell der Studienzufriedenheit zu testen, wurden zunächst in zwei Subgruppen multiple lineare Regressionen gerechnet. Die erste Subgruppe umfasste Studierende, die bereits Vorlesungen im Fach Klinische Psychologie belegt hatten oder aktuell belegten. Die zweite Subgruppe umfasste jene Studierende, auf die das nicht zutraf. Hierbei wurde als Bestimmtheitsmaß auf das *korrigierte* R^2 zurückgegriffen, um ein Overfitting des Modells zu vermeiden. Diese Kenngröße wurde jeweils mittels F-Test gegen das Nullmodell (H_0: korrigiertes $R^2 = 0$) getestet. Die einzelnen Regressionskoeffizienten wurden wie üblich mittels t-Test gegen 0 geprüft. Zunächst wurde jeweils eine Regression mittels „Einschlussmethode" durchgeführt, um die so gewonnenen Ergebnisse mit denen der „Vorwärtsselektion", „Rückwärtselimination" und „schrittweisen Regression" (eine Kombination der beiden vorherigen) zu vergleichen (Eid et al., 2013). Einschlusskriterium war jeweils ein Signifikanzkriterium von α = 0,05, Ausschlusskriterium α = 0,10. Sollten sich die jeweils resultierenden Listen der ins Modell aufgenommenen Variablen zwischen den verschiedenen Methoden unterscheiden, wurde in hierarchischen Regressionen untersucht, inwiefern die zwischen den Verfahren abweichenden Variablen einen Erklärungsbeitrag über die Variablen hinaus leisten, die über die Methoden hinweg konsistente Ergebnisse aufwiesen. Zudem wurde das Modell der „klassischen" Prädiktoren (Lehrkompetenz, Autonomie, Fachinteresse und Praxisdauer) mittels hierarchischer Regression gegen das hypothetisierte Modell unter Einschluss der Wissenschaftsverständnis- und Bewertungsdiskrepanz getestet, um die Hypothesen gezielt zu überprüfen und die Stabilität der Regressionsschätzungen zu kontrollieren (Urban & Mayerl, 2008).

Neben den metrischen unabhängigen Variablen wurden auch die kategorialen Variablen *Land* und *Hochschulart* als Kontrollvariablen berücksichtigt, die vor der Analyse dummy-kodiert wurden. Der hypothetisierte Moderatoreffekt von dem Wissenschaftsverständnis bzw. der Bewertung der Therapieverfahren auf den Zusammenhang von Fachinteresse und Studienzufriedenheit wurde über einen Interaktionseffekt modelliert (Urban & Mayerl, 2008; Eid et al., 2013). Um hierbei dem Problem der Multikollinearität zu entgehen, wurden die Variablen vor Bildung der Interaktionsterme zentriert (Urban & Mayerl, 2008; Eid et al., 2013).

Zur Überprüfung des Einflusses der Variablen *Wissenschaftsverständnis, Verfahrensbewertungen, Praxisrelevanz* und *Offenheit der Lehre* wurden sowohl die Ist-Werte als auch die Diskrepanz-Werte einbezogen. Dies hat gegenüber der Methode vieler anderer Studien, die lediglich die Diskrepanz-Werte einbeziehen (s. Heise et al., 1999; Spies et al., 1996; Schiefele & Jacob-Ebbinhaus, 2006; Handerer, 2011), verschiedene Vorzüge. So wird zum einen die konzeptuelle Ambiguität der Messung reduziert, welche daraus entsteht, dass zwei konzeptuell unterschiedliche Konstrukte (die aktuelle und die ideale Einschätzung) in einen einzigen Messwert zusammengefasst werden (Edwards, 1993a). Darüber hinaus ermöglicht der Einbezug beider Kennwerte die Beurteilung, ob eher der aktuelle Zustand oder der wün-

59

schenswerte Zustand – aus dem sich die Diskrepanz-Werte ergeben – einen Einfluss auf das interessierende Konstrukt ausübt. Die Soll-Werte wurden aus Gründen der Multikollinearität nicht in die Analyse aufgenommen, da die Differenz-Werte perfekt mit ihren beiden Einzelkomponenten korrelieren würden (Smith & Tisak, 1993). Zur Reduktion dieser Multikollinearität quadrieren beispielsweise Smith und Tisak (1993) die Differenzwerte auf Itemebene. Dies schien für die vorliegende Untersuchung aus zweierlei Gründen nicht sinnvoll: Zum einen wird davon ausgegangen, dass sich die Differenzwerte einzelner Items einer Skala gegenseitig ausgleichen können – im Mittelwert der Skala sollte demnach eine positive Differenz auf einem Item mit einer negativen Differenz auf einem anderen Item verrechnet werden. Das ist jedoch nicht mehr möglich, wenn die Diskrepanz-Werte auf Itemebene quadriert werden, da die Richtung der Differenz hierbei verloren geht. Zum anderen ist es nach Ermessen der Autorin konzeptuell nicht begründbar, dass große Diskrepanzen stärker gewichtet werden als kleine (was durch die Quadratur geschieht). Entsprechend dieser Überlegungen scheint der Einbezug von sowohl Ist- als auch Diskrepanz-Werten ein sinnvoller und durchführbarer Kompromiss (s. Abschnitt 4.1.1 für eine kritische Diskussion des derartigen Einbezugs der Diskrepanz-Werte).

Um das Vorhandensein von Multikollinearität zu überprüfen, wurden die Toleranz und der Varianzinflations-Faktor als Kehrwert der Toleranz berechnet. Als Schwellenwerte wurden nach Urban und Mayerl (2008) die relativ strengen Grenzwerte von < 0,25 bei der Toleranz und > 5 beim Varianzinflationsfaktor gewählt. Zur Überprüfung der Homoskedastizität wurde auf Residuenplots zurückgegriffen (Urban & Mayerl, 2008). Allerdings empfehlen Eid et al. (2013) alternative Verfahren wie das gewichtete Kleinste-Quadrate-Schätzverfahren (WLS-Verfahren) nur bei gravierenden Verletzungen der Annahme anzuwenden, auch da die geschätzten Parameter weiterhin erwartungstreue Schätzer für die Populationsparameter darstellen (der Standardfehler wird hingegen verzerrt bestimmt). Die Normalverteilung der Residuen wurde mittels Histogramm der studentisierten und standardisierten Residuen sowie Q-Q-Plots beurteilt (Eid et al., 2013). Allerdings gilt auch hier, dass die Regressionsgewichte bei Verletzung der Verteilungsannahme weiterhin unverzerrt geschätzt werden und bei großen Stichproben keine gravierende Auswirkung auf die Schätzung der Standardfehler und die Signifikanztests besteht (Eid et al., 2013). Generell sollte die Zahl der Beobachtungen mindestens doppelt so groß sein wie die Anzahl der Variablen in der Regressionsgleichung (s. Backhaus et al., 2000). Diese Empfehlung wurde im vorliegenden Fall deutlich übertroffen. Ausreißer wurden in den unabhängigen Variablen mittels Mahalanobis-Distanz und der Verteilung der Hebelwerte aufgedeckt (Eid et al., 2013), auf der abhängigen Variable anhand der Statistik der studentisierten ausgeschlossenen Residuen (wobei Residuen mit einem Absolutwert von > 3 näher inspiziert wurden, Eid et al., 2013). Ein noch größeres Augenmerk lag auf der Entdeckung von einflussreichen Datenpunkten. Diese verändern die Schätzungen der Regressionsparameter und der vorhergesagten Werte stark, was gravierende Auswirkungen haben kann, wenn man eine Regressionsgleichung etwa zur Prognose zukünftigen Verhaltens einsetzen möchte (Eid et al., 2013). Besonders einflussreich sind Personen, die sowohl auf der abhängigen als auch den unabhängigen Variablen extreme Werte aufweisen (Eid et al., 2013). Zur Prüfung wurden primär die DfFITS-Werte begutachtet, welche in standardisierter Weise angeben, inwiefern sich die vorhergesagten y-Werte ändern, wenn der betreffende Datenpunkt entfernt wird (ebd.) Als kritische Schwelle wurde nach Cohen et al. (2003, zit. nach Eid et al., 2013) $2 * \sqrt{(k + 1) / n}$ angenommen. Da hierbei häufig sehr viele einflussreiche Datenpunkte auftreten (Eid et al., 2013), wurden zusätzlich die Histogramme der DfFITS-Werte in Bezug auf stark abweichende Werte begutachtet.

Als Hinweis auf eine mögliche Fehlspezifikation des Modells wurde das Streudiagramm zwischen den Residuen und den prädizierten Y-Werten sowie zwischen den Residuen und unabhängigen Variablen inspiziert. Um in diesem Rahmen zu überprüfen, ob andere als lineare Zusammenhänge vorliegen (bspw. Kurvilinearität) wurde das LOWESS-Anpassungsverfahren für einzelne kritische Variablen verwendet. Außerdem wurde in der Auswahl der relevanten Prädiktoren ein großes Augenmerk auf deren weitestgehende Vollständigkeit für den interessierenden Kontext gelegt, da das Auslassen relevanter Modellvariablen (das sog. „underfitting") gravierende Auswirkung auf die Parameterschätzung der eingeschlossenen Variablen haben kann (Eid et al., 2013). Diese Spezifikationsfehler durch die Nichtberücksichtigung von unabhängigen Variablen sind vor allem bei wichtigen unberücksichtigten Faktoren und bei hoher Kovarianz mit den eingeschlossenen unabhängigen Variablen schwerwiegend (Urban & Mayerl, 2008). Auf Grund der Gefahr einer Fehlspezifikation ist daher immer äußerste Vorsicht bei der kausalen Interpretation eines statistischen Modells geboten (Eid et al., 2013). Die Messfehlerfreiheit der unabhängigen Variablen wurde über die Berechnung des Zuverlässigkeitsmaßes Cronbachs α untersucht (s.o.). Dennoch wären fortgeschrittene Modelle mit latenten Variablen – beispielsweise lineare Strukturgleichungsmodelle – zur besseren Berücksichtigung von Messungenauigkeiten zu bevorzugen gewesen. Dies hätte den Rahmen dieser Diplomarbeit allerdings gesprengt.

Multiple logistische Regression

Die bisher diskutierte Regressionsmethode erfordert mindestens intervallskalierte Variablen – was wie bereits erwähnt im vorliegenden Fall streng genommen nicht zutrifft. Daher sollten ergänzend ordinale logistische Regressionen zur Vorhersage der Studienzufriedenheit durchgeführt werden. Problematisch war hierbei allerdings die hohe Anzahl von Zellen mit Nullhäufigkeiten, welche durch die Anzahl an Niveaus der abhängigen Variablen über die große Anzahl an Kombinationen von Werten der Einflussvariablen entstanden. Wenn die ursprünglichen Variablen eingeführt wurden, traten sogar im Modell mit Klinische Psychologie – der größeren Stichprobe – 95% Nullzellen auf. Wurden anstelle der Mittelwerte der Skalen die Mediane eingeführt – die Anzahl der unabhängigen und abhängigen Variablen also reduziert – traten weiterhin 86% Nullzellen auf. Dadurch war die Voraussetzung des Chi²-Tests zur Anpassungsgüte nicht erfüllt. Um diesem Problem zu entgehen, wurde die abhängige Variable dichotomisiert und in zwei Subgruppen unterteilt: die eher Zufriedenen (mit einem Mittelwert von ≥ 4,33) und die eher Unzufriedenen (M ≤ 3,67). Die 3,4%, die sich mit einem Mittelwert von 4,0 als weder unzufrieden noch zufrieden zeigten, wurden zufällig den beiden Gruppen zugeteilt. Der Informationsverlust durch diese Dichotomisierung wurde notgedrungen in Kauf genommen. Die Ergebnisse dieser nun binär logistischen Regressionen sollten wegen des Informationsverlusts allerdings mit einer gewissen Vorsicht interpretiert bzw. primär als Ergänzung zu den linearen Regressionen betrachtet werden.

Als Mindestmaß für die Stichprobengröße wurde auf die Faustregel von Andreß et al. (1997, zit. nach Eid et al., 2013) zurückgegriffen, nachdem diese mindestens n=100 betragen sollte. Das Vorliegen von Multikollinearität wurde äquivalent zur linearen Regressionsdiagnostik überprüft. Die Identifikation von einflussreichen Datenpunkten erfolgte mittels Cooks Distanz (Eid et al., 2013), wobei auf die Kennwerte von Hosmer und Lemeshow (2013) zurückgegriffen wurde. Anhand des Hosmer-Lemeshow-Tests wurde überprüft, ob das Modell in Bezug auf die Spezifikation der bedingten Wahrscheinlichkeitsfunktion korrekt ist (Eid et al., 2013). Der Einfluss aller unabhängigen Variablen wurde anhand des Likelihood-Ratio-Tests überprüft, der Einfluss einzelner Parameter mittels Wald-Test. Das Modell wurde primär mittels Einschlussmethode überprüft. Als Effektstärkemaß diente Nagelkerkes Index („Pseudo-R^2", Janssen & Laatz, 2013).

2.3 Messinstrumente inklusive testtheoretischer Kennzahlen

2.3.1 Entwicklung des Fragebogens

Zur Entwicklung der Skalen wurde, wenn möglich, auf die bestehende Literatur zurückgegriffen, deren Auswahl anhand von theoretischen Überlegungen und extensiver Recherche getroffen wurde. Im Anschluss an die Sammlung der Konstrukte wurde eine Auswahl in dem jeweiligen Bereich getroffen und die Konstrukte, wann immer möglich, mittels Rückgriff auf bestehende Formulierungen operationalisiert (s. hierzu die Skalenentwicklung der einzelnen Bereiche). Hierbei wurden in Anlehnung an die Empfehlungen von Krohne und Hock (2007) kurze, eindeutige und positive Formulierungen gewählt und Konditionalsätze weitestgehend vermieden. Um die Passung von Itemstamm und Antwortformat zu gewährleisten und ein weitestgehend einheitliches Antwortschema zu ermöglichen, wurden die Fragen entsprechend der Antwortformate adaptiert (Krohne & Hock, 2007). Das Ratingformat wurde dem dichotomen Format in der Regel vorgezogen, da es eine differenziertere Bestimmung des interessierenden Merkmals ermöglicht (ebd.). In der Regel wurden 6 bis 7 Antwortoptionen gewählt, um eine ausreichende Differenzierung zu gewährleisten, die Probandinnen aber gleichzeitig nicht zu überfordern. Im Bereich des Wissenschaftsverständnisses wurde auf bipolare Ratingskalen zurückgegriffen, da sich die Begriffspaare im Gegensatz zu unipolaren Ratingskalen gegenseitig erläutern (ebd.) und damit den erfragten und im vorliegenden Fall eher komplexen Sachverhalt verdeutlichen.

Der Verlauf der Erhebung kann in verschiedene Bereiche bzw. Fragenblöcke unterteilt werden, die in Abhängigkeit der Filterfragen in ihrer Darbietung und Reihenfolge variierten. Wie in Abbildung 1 dargestellt, wurden zu Beginn des Fragebogens die soziodemographischen Daten der Probandinnen sowie Fachinformationen erhoben, außerdem die für die Filterung wichtige Information, ob die Studierenden prinzipiell Interesse an Klinischer Psychologie aufzeigen und das Fach Klinische Psychologie entweder bereits belegt haben oder aktuell belegen.

Im Anschluss folgte der Bereich *Inhaltliche Evaluation des Studiums* mit der Erhebung der Studienzufriedenheit, Autonomie, Lehrkompetenz und des Fachinteresses. Studierende, die nicht das Fach Klinische Psychologie in ihrem Studium belegten, wurden im Anschluss an diesen Fragenblock nach ihrer Einschätzung der *Inhalte des Studiums* gefragt. Von dort aus gelangten sie zum Fragenblock zum Thema *Berufsvorstellungen*. Die anderen Studierenden gelangten vom Bereich der inhaltlichen Evaluation direkt zum folgenden Bereich der Berufsvorstellungen, der somit an die gesamte Stichprobe adressiert war.

Im Anschluss gaben die Probandinnen aus der Subgruppe ohne das Fach Klinische Psychologie ihre *Bewertung der Therapieverfahren* ab. Studierenden aus der Subgruppe mit dem Fach Klinische Psychologie wurden Fragen zu dessen *Inhalten* und ihrer diesbezüglichen Zufriedenheit vorgelegt. Der nächste Fragenblock zur *Repräsentation der Therapieverfahren*, zu deren *Bewertung* und zum bereits erworbenen *Wissen* über die Verfahren wurde nur denjenigen vorgelegt, die das Fach Klinische Psychologie derzeit oder früher belegten, ebenso die Frage nach diesbezüglichen Veränderungswünschen. Der nächste Fragenblock zum Thema *Wissenschaftsverständnis* war wieder an die gesamte Stichprobe adressiert, während der hierauf folgende Abschnitt zum Thema P*sychotherapiewissenschaft* nur denjenigen vorgelegt wurde, die ein prinzipielles Interesse an der Klinischen Psychologie angegeben hatten. Der Fragebogen schloss mit einem Kommentarfeld und den Informationen für die Verlosung der Gutscheine ab. Der vollständige Fragebogen ist in Anhang B einsehbar.

2.3.3 Inhaltliche Evaluation des Studiums

Die Studienzufriedenheit wurde unter Zugrundelegung des Lebenszufriedenheitskonzeptes operationalisiert (s. Einleitungsteil 1.2.1) und beinhaltete demnach und gemäß der Empfehlung von Gruber und Voss (2006) sowohl affektive als auch kognitive und motivationale Aspekte. Als abhängige Variable wurde auf das von Westermann etablierte Konstrukt der *Studienzufriedenheit mit dem Studium allgemein und insbesondere mit den Studieninhalten* zurückgegriffen (SZ-IH, Westermann, 2001; s. Einleitungsteil 1.2.1). Zur Operationalisierung der SZ-IH wurde entsprechend der Empfehlung von Apenburg (1980) eine indikatorbasierte Messung verwendet, die eine höhere Reliabilität als Ein-Item-Messungen ermöglicht.

Abbildung 1: Flussdiagramm des Studienablaufs in Abhängigkeit von verschiedenen Filtervariablen

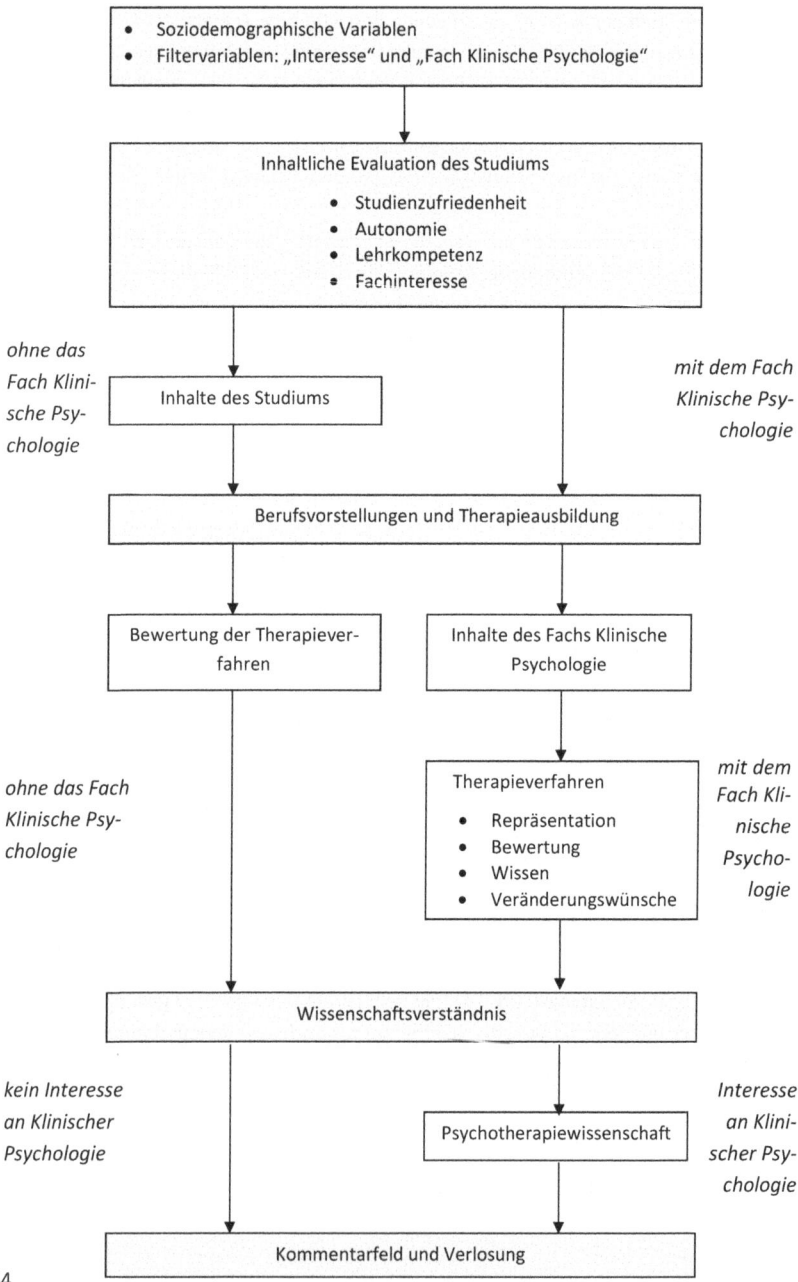

- Soziodemographische Variablen
- Filtervariablen: „Interesse" und „Fach Klinische Psychologie"

Inhaltliche Evaluation des Studiums

- Studienzufriedenheit
- Autonomie
- Lehrkompetenz
- Fachinteresse

ohne das Fach Klinische Psychologie

Inhalte des Studiums

mit dem Fach Klinische Psychologie

Berufsvorstellungen und Therapieausbildung

Bewertung der Therapieverfahren

Inhalte des Fachs Klinische Psychologie

ohne das Fach Klinische Psychologie

Therapieverfahren

- Repräsentation
- Bewertung
- Wissen
- Veränderungswünsche

mit dem Fach Klinische Psychologie

Wissenschaftsverständnis

kein Interesse an Klinischer Psychologie

Psychotherapiewissenschaft

Interesse an Klinischer Psychologie

Kommentarfeld und Verlosung

Hierzu wurde wörtlich die Kurzskala von Westermann et al. (1996) übernommen, die – obwohl sie aus nur 3 Items besteht – ein respektables Cronbachs α von 0,87 aufweist sowie eine Korrelation von 0,91 mit der Langform der Skala (ebd).

Zur Operationalisierung und Ausformulierung der anderen Skalen wurde auf bestehende Fragen zurückgegriffen, die jedoch teilweise adaptiert wurden (s. u. in den Abschnitten der einzelnen Skalen). Zur testtheoretischen Überprüfung des Fragenbogens wurden Faktorenanalysen durchgeführt (s. 2.2.2 zu den statistischen Verfahren), zunächst über die Items der Fragenblöcke *Studienzufriedenheit, Autonomie, Lehrkompetenz* und *Fachinteresse*. Da die Fragen zu den *Inhalten* davon abhängen, ob die Studierenden das Fach Klinische Psychologie (bereits) belegten (s.u.), wurden für diese Skalen separate Faktorenanalysen durchgeführt, jeweils für die Ist-, Soll- und Diskrepanz-Werte. Auch für das universitäre und das studentische Wissenschaftsverständnis sowie für die Diskrepanz-Werte wurden jeweils separate Faktorenanalysen durchgeführt.

Die Überprüfung auf Normalverteilungen ergab hochsignifikante Ergebnisse des Kolmogorov-Smirnov-Tests und des Shapiro-Wilk-Tests für alle in die Faktorenanalysen eingeführten Variablen. Da folglich nicht von univariaten Normalverteilungen ausgegangen werden kann, muss auch die Annahme einer multivariaten Normalverteilung verworfen werden. Allerdings lagen bei keiner der Variablen die Stichproben-Schätzwerte für die Schiefe oder Kurtosis über den Grenzwerten, die West et al. (1995) spezifiziert haben. Die Robustheit der ML-Parameterschätzung kann folglich angenommen werden (Marcus & Bühner, 2009). Die potentielle Erhöhung der Chi²-Werte des Anpassungstests durch diese Verletzung und damit schnellere Verwerfung der Modelle (Bühner, 2011) kann in Kauf genommen werden, da der Chi²-Test nicht als alleiniges Kriterium für die Auswahl der Faktorenstruktur gewählt wurde (s. 2.2.2 zu den statistischen Verfahren).

Studienzufriedenheit, Autonomie, Lehrkompetenz und Fachinteresse

In Tabelle 6 sind die Items gelistet, die als die Skalen *Studienzufriedenheit, Autonomie, Lehrkompetenz* und *Fachinteresse* angedacht waren, zusammen mit ihren jeweiligen psychometrischen Kennzahlen. Für die Skala *Studienzufriedenheit* wurde ein 7-stufiges Antwortformat gewählt, um die Vergleichbarkeit mit ähnlichen Studien zu gewährleisten, welche in der Regel eine mittlere Antwortkategorie anbieten (s. bspw. Spies et al., 1998; Heise et al., 1999; Handerer, 2011). Bei den anderen Skalen wurde gemäß der Empfehlungen von Krohne und Hock (2007) auf eine neutrale Antwortoption verzichtet und somit 6 Antwortstufen gewählt. Die Antwortanker lauten jeweils „trifft gar nicht zu – trifft völlig zu". Insbesondere die Fragen zum Fachinteresse, die von Schiefele und Jacob-Ebbinghaus (2006) adaptiert wurden, wurden angepasst, um die Konfundierung mit der SZ-IH zu verringern (s. Einleitungsteil 1.2.1). So wurde explizit darauf hingewiesen, dass sich die Fragen nicht auf das Psychologiestudium, sondern auf die Einstellung zum Thema Psychologie allgemein beziehen, unabhängig von den im Studium vermittelten Inhalten. Auch die einzelnen Fragen wurden diesbezüglich adaptiert.

Tabelle 6: Wortlaut und statistische Kennwerte der Skalen *Studienzufriedenheit, Autonomie, Lehrkompetenz* und *Fachinteresse*

Cron-bachs α	MIC	Items	Ladun-gen[1]	Kommu-nalitäten
Studienzufriedenheit				
0,90	0,75	1. Ich habe richtig Freude an dem, was ich studiere	0,90 *(0,93)*	0,84 *(0,88)*
		2. Insgesamt bin ich mit meinem jetzigen Studium zufrieden	0,82 *(0,91)*	0,67 *(0,81)*
		3. Mein Studium kann ich *inhaltlich* nur jedem weiterempfehlen.	0,83 *(0,89)*	0,78 *(0,86)*
Autonomie				
0,80	0,58	1. Die Studienordnung lässt mir viel Freiraum für eigene Studienplanungen	0,78 *(-0,86)*	0,59 *(0,73)*
		2. Ich kann mir meine Arbeit nach eigenem Ermessen einteilen	0,70 *(-0,85)*	0,49 *(0,70)*
		3. Ich erlebe mich im Studium als unabhängige Person, die eigene Entscheidungen treffen kann	0,79 *(-0,81)*	0,70 *(0,76)*
Lehrkompetenz				
0,78	0,55	1. Die meisten Dozent/innen verfügen über eine hohe Fachkompetenz in ihrem Bereich	0,67 *(0,82)*	0,48 *(0,69)*
		2. Den meisten Dozent/innen gelingt es, ihren Lehrstoff didaktisch gut aufzubereiten	0,86 *(0,89)*	0,69 *(0,78)*
		3. Die meisten Dozent/innen sind gut vorbereitet	0,67 *(0,79)*	0,53 *(0,69)*
Fachinteresse				
Die Fragen beziehen sich *nicht* auf das Psychologiestudium selber, sondern allgemein auf deine *Einstellung zum Thema Psychologie* (unabhängig von den im Studium vermittelten Inhalten!)				
0,60	0,34	1. Wenn ich genügend Zeit hätte, würde ich mich mit bestimmten Fragen der Psychologie intensiver beschäftigen, auch unabhängig von Prüfungsanforderungen und außerhalb der Uni.	0,57 *(0,71)*	0,48 *(0,69)*
		3. Wenn ich in einer Bibliothek oder einem Buchladen bin, schmökere ich gerne in Zeitschriften oder Büchern zu psychologischen Themen.	0,56 *(0,78)*	0,31 *(0,58)*
		4. Im Vergleich zu anderen mir sehr wichtigen Dingen (z.B. Hobbys oder sozialen Beziehungen) messe ich meinem Interesse an psychologischen Themen eher eine *geringe* Bedeutung bei.[2]	0,61 *(0,76)*	0,39 *(0,60)*
ausgeschlossen:		2. Die Beschäftigung mit den Inhalten der Psychologie hat für mich relativ *wenig* mit Selbstverwirklichung zu tun.[2]	0,43 *(0,61)*	0,22 *(0,61)*

[1] CATPCA: ordinal-spline Transformation; [2] inverses Item
MIC= mittlere Inter-Item-Korrelation; die Ergebnisse der CATPCA sind jeweils in Klammern dargestellt

Laut Barlett-Test auf Sphärizität über die 13 Items (*Chi²(78)=4165,8, p<0,001*) lag keine Unabhängigkeit der Variablen vor, womit eine Faktorenanalyse geeignet ist. Auch das KMO-Maß lag mit 0,80 in einem guten Bereich, während die MSA-Werte die weitere Inspektion von Item 2 der als *Fachinteresse* angedachten Skala nahelegten. Anhand des Kaiser-Kriteriums und des Screeplots der explorativen ML-Faktorenanalyse wurden 4 Faktoren ausgewählt, die wie konzipiert als die Skalen *Studienzufriedenheit, Autonomie, Lehrkompetenz* und *Fachinteresse* interpretiert werden können. Nach Begutachtung der Residuen, des Chi^2-Anpassungstests, der Ladungs- und Kommunalitätswerte, Cronbachs α (auch unter Ausschluss einzelner Items) sowie der Trennschärfen der resultierenden Skalen wurde das Item 2 *Selbstverwirklichung* der Skala *Fachinteresse* aus der Analyse ausgeschlossen.

Die 4 Faktoren der ML-Faktorenanalyse erklärten nun für die 12 verbliebenen Items 71,02% der Gesamtvarianz (bzw. 71,9% mittels CATPCA), keine reproduzierte Korrelation wich um mehr als 0,05 von den tatsächlichen Korrelationen ab und der Chi^2-Wert verfehlte für die Stichprobengröße von n=861 nur knapp die Nicht-Signifikanz (Chi²(24)= 40,76, *p=0,018*). Sämtliche Kommunalitäten lagen bei über einem Drittel bis hin zu 0,84. Die Reliabilitäten sind mit Ausnahme der Skala *Fachinteresse* als hoch zu werten, allerdings lässt sich auch dieses Cronbachs α von 0,60 nach dem COTAN-Beurteilungssystem als gerade noch akzeptabel für Gruppentestungen ansehen (Evers, 2001). Die mittleren Inter-Item-Korrelation (MIC) liegen durchweg über 0,20 und sind damit zufriedenstellend. Diese 4-Faktorenlösung ist insgesamt also als befriedigend anzusehen.

Inhalte des Studiums bzw. des Fachs Klinische Psychologie

Inhalte des Studiums (ohne das Fach Klinische Psychologie)

Tabelle 7 listet die Items zu den Inhalten des Studiums, wobei die Probandinnen auf einer 6-stufigen Antwortskala jeweils angeben sollten, inwiefern die genannten Merkmale in ihrem Studium abgedeckt werden (=Ist-Werte) und inwieweit sie sich diese Inhalte für ihr eigenes Studium wünschen (=Soll-Werte). Aus diesen Kennwerten wurde pro Item die Differenz berechnet, wobei in die Faktorenanalysen aus konzeptionellen Gründen die Absolutwerte der Differenzen eingingen. Zudem wurde die Möglichkeit gegeben, eigene für wichtig erachtete Inhalte anzugeben und zu bewerten.

Anhand des Bartlett-Tests über die 8 Items des wahrgenommenen Ist-Zustands (*Chi²(28)=400,0, p<0,001*), Soll-Zustands (*Chi²(28)=238,7, p<0,001*) und der Diskrepanz-Werte (*Chi²(28)=419,5, p<0,001*) wurde die Hypothese der Unkorreliertheit der Variablen in der Population jeweils verworfen. Die KMO-Maße und MSA-Werte lagen bei der Faktorenanalyse der Ist- und Diskrepanz-Werte in einem guten Bereich (> 0,76), während die MSA-Werte der Soll-Werte den Ausschluss einiger Variablen nahelegen (s.u.). Sowohl bei den Ist- als auch den Diskrepanz-Werten legten Kaiserkriterium und Screeplot der ML-Faktorenanalyse eine 2-Faktorenlösung nahe.

Tabelle 7: Wortlaut der Items zu den Inhalten des Studiums

Items zu den Inhalten des Studiums
1. Es besteht ein Gleichgewicht von natur- , sozial und geisteswissenschaftlichen Komponenten
2. Es besteht eine gute Vernetzung mit anderen Fachbereichen (wie der Soziologie, Philosophie, Biologie, ...), sowohl in der Lehre als auch in der Forschung
3. In Forschung und Lehre besteht ein methodischer Pluralismus - je nach Fragestellung werden quantitative oder qualitative Methoden gelehrt und angewandt
4. Kontroverse Standpunkte der Psychologie und verschiedenste Richtungen werden dargestellt und diskutiert
5. Die Bedeutung und der Nutzen der behandelten Themen wird nahegelegt
6. Die Lehrveranstaltungen und empfohlene Literatur haben konkreten Praxisbezug
7. Die Inhalte der Veranstaltungen sind relevant für die spätere Berufspraxis
8. Etablierte Lehrmeinungen werden in den Lehrveranstaltungen immer wieder kritisch in Frage gestellt

Der erste Faktor lud primär auf die Items 1 Gleichgewicht Natur-/ Geisteswissenschaft, 2 Vernetzung mit anderen Fachbereichen, 3 Methodischer Pluralismus, 4 Kontroverse Standpunkte und 8 Kritik der Lehrmeinungen. Demnach kann er als Offenheit bzw. Perspektivenvielfalt der Lehre interpretiert werden. Der zweite Faktor lud erwartungsgemäß auf die drei Items der Praxisrelevanz (5, 6, und 7). Bei der ML-Faktorenanalyse über die Soll-Werte der Items wurden laut Kaiser-Kriterium drei Faktoren extrahiert. Allerdings lag der Eigenwert des dritten Faktors lediglich bei 1,0008 und auch der Screeplot legte eher eine Zweifaktorenlösung nahe, weshalb die Analyse erneut mit einer Festlegung auf 2 Faktoren durchgeführt wurde. Das daraus folgende Ladungsmuster ließ sich äquivalent zu dem der Ist- und Diskrepanz-Werte interpretieren.

Nach den Faktoren- bzw. ordinalen Hauptkomponentenanalysen sowie den Itemanalysen der daraus resultierenden Skalen wurde die Gesamtinformation der oben spezifizierten Kennwerte in Betracht gezogen, um mögliche Items zu identifizieren, die sich anhand der Zweifaktorenstruktur nicht gut abbilden ließen bzw. keinen Beitrag zur Zuverlässigkeit der Messung lieferten. Hierbei fielen 3 Items ins Auge: Item 2 Vernetzung mit anderen Fachbereichen, Item 3 Methodischer Pluralismus und Item 8 Bedeutung der Inhalte. Diese Items schnitten auf einigen oder allen Kriterien verhältnismäßig unbefriedigend ab und werden daher bei den Analysen, die auf dem Gesamtmittelwert der Skala beruhen, ausgeschlossen. Damit ergeben sich schließlich zwei Faktoren bzw. Skalen, die in Tabelle 8 mit ihren psychometrischen Kennzahlen dargestellt werden. Durch die beiden Faktoren wurde bei den Ist-Werten 70,4% der Varianz erklärt (bzw. 73,2% bei der CATPCA), bei den Soll-Werten 63,1% (74,5% mittels CATPCA) und bei den Diskrepanz-Werten 72,8% (78,2% mittels CATPCA).

Tabelle 8: Statistische Kennzahlen der Skalen *Offenheit* und *Praxisrelevanz* ohne das Fach Klinische Psychologie

Cronbachs α	MIC	Items	Ladungen	Kommunalitäten
Offenheit – Ist-Werte[1]				
0,72	0,47	1. Gleichgewicht Natur-/Geisteswissenschaft	0,50 *(0,68)*	0,35 *(0,59)*
		4. Kontroverse Standpunkte	0,89 *(0,90)*	0,71 *(0,77)*
		8. Kritik der Lehrmeinungen	0,63 *(0,87)*	0,41 *(0,73)*
Offenheit – Soll-Werte[2]				
0,53	0,29	1. Gleichgewicht Natur-/Geisteswissenschaft	0,41 *(0,74)*	0,17 *(0,54)*
		4. Kontroverse Standpunkte	0,99 *(0,89)*	0,99 *(0,80)*
		8. Kritik der Lehrmeinungen	0,36 *(0,72)*	0,13 *(0,52)*
Offenheit – Diskrepanz-Werte[1]				
0,75	0,50	1. Gleichgewicht Natur-/Geisteswissenschaft	0,54 *(0,74)*	0,38 *(0,66)*
		4. Kontroverse Standpunkte	0,80 *(0,91)*	0,63 *(0,82)*
		8. Kritik der Lehrmeinungen	0,79 *(0,91)*	0,59 *(0,80)*
Praxisrelevanz – Ist-Werte[1]				
0,74	0,58	6. Praxisbezug	0,77 *(0,89)*	0,59 *(0,79)*
		7. Berufsrelevanz	0,75 *(0,88)*	0,58 *(0,79)*
Praxisrelevanz – Soll-Werte[2]				
0,71	0,55	6. Praxisbezug	- 0,55 *(0,97)*	0,30 *(0,93)*
		7. Berufsrelevanz	- 0,99 *(0,97)*	0,99 *(0,93)*
Praxisrelevanz – Diskrepanz-Werte[1]				
0,74	0,58	6. Praxisbezug:	0,84 *(0,92)*	0,66 *(0,82)*
		7. Berufsrelevanz	0,70 *(0,88)*	0,55 *(0,81)*

MIC= mittlere Inter-Item-Korrelation; die Ergebnisse der CATPCA sind jeweils in Klammern dargestellt
[1] CAT PCA: ordinale Transformation [2] nominale Transformation

Diese Lösung scheint im Fall der Ist- und Differenz-Werte sowohl von der erklärten Varianz als auch der Kommunalitäten- und Ladungshöhe gut auf die Daten zu passen. Die Soll-Werte wiesen allerdings zumindest bei der ML-Faktorenanalyse eher geringere Kommunalitäten und Ladungen auf. Allerdings ergab sich bei allen drei Modellen ein nicht signifikanter Chi^2-Wert (Ist: $Chi^2(1)=1,11$, $p=0,291$; Soll: $Chi^2(1)=2,92$, $p=0,088$; Diff: $Chi^2(1)=2,85$, $p=0,091$), wonach die Nullhypothese der Passung nicht verworfen werden muss. Auch fielen die Ladungen und Kommunalitäten bei der kategorialen PCA durch die Berücksichtigung der teilweise bestehenden Nicht-Linearität wesentlich höher aus. Daher wurde diese 2 Faktoren-Lösung beibehalten. Cronbachs α liegt für fast alle Skalen mit >0,70 in einem guten Bereich. Ausnahme stellen erneut die Soll-Werte der Skala Offenheit dar, deren Cronbachs α nach Ausschluss der Items Vernetzung mit anderen Fachbereichen und Methodischer Pluralismus von 0,63 weiter auf 0,53 sank. Dies ist vermutlich auf die von der Linearität abweichenden Beziehungen zwischen den Variablen zurückzuführen – was mittels CATPCA aufgedeckt wurde –, wovon dieses auf den Itemkorrelationen basierende Reliabilitätsmaß stark beeinflusst wird. Daher sollten im Folgenden die Analysen dieser Skala mit Vorsicht interpretiert werden.

Für die weiterführenden Analysen wurden die Mittelwerte der Ist- und Soll-Werte der jeweiligen Skala herangezogen. Bei den Diskrepanz-Werten wurde zunächst auf Itemebene die Differenz berechnet, um diese Differenzen im Anschluss pro Person zu mitteln. So bestand die Möglichkeit, dass sich positive und negative Diskrepanzen auf verschiedenen Items ausgleichen konnten (was im Sinne der eindimensionalen Konzeption der Skalen sinnvoll scheint). Erst im Anschluss wurden die Absolutwerte dieser Mittelwerte gebildet. Dies geschah zum einen, da das Person-Environment-Fit-Konzept davon ausgeht, dass sowohl positive als auch negative Diskrepanzen (sog. misfits) einen Einfluss auf die Zufriedenheit ausüben (Heise et al., 1997; Schiefele & Jacob-Ebbinghaus, 2006). Zum anderen scheint es nicht sinnvoll, dass sich positive und negative Diskrepanzen zwischen den Probandinnen ausgleichen.

Inhalte des Fachs Klinische Psychologie

Die Inhalte des Fachs Klinische Psychologie in ihrem Ist-Zustand (=Ist-Werte) und dem Grad ihrer Erwünschtheit (= Soll-Werte) gleichen denen der Lehrinhalte des Studiums mit dem Unterschied, dass anstelle Item 8 „Bedeutung/Relevanz der Themen" die in Tabelle 9 dargestellten Items aufgenommen wurden, um den spezifischen Lehrinhalten der Klinischen Psychologie besser gerecht werden zu können.

Anhand des Bartlett-Tests über die Items des wahrgenommenen Ist-Zustands ($Chi^2(45)= 1881,34$, $p<0,001$), Soll-Zustands ($Chi^2(45)=1149,39$, $p<0,001$) und der Diskrepanz-Werte ($Chi^2(45)=2041,14$, $p<0,001$) wurde die Hypothese der Unkorreliertheit der Variablen in der Population jeweils verworfen. Auch die KMO-Maße und MSA-Werte lagen mit > 0,78 durchweg in einem guten Bereich.

Tabelle 9: Wortlaut der Items zu den Inhalten des Fachs Klinische Psychologie, die sich von den Items bezüglich der Lehrinhalte des Studiums unterscheiden

Items zu den Inhalten des Fachs Klinische Psychologie
5. Alle empirisch basierten Therapieverfahren werden vermittelt und diskutiert
6. Die Dozent/innen verfügen über eine abgeschlossene Therapieausbildung und einschlägige therapeutische Berufserfahrung
9. Das Studium bietet eine gute Grundlage, danach ohne weitere Ausbildung zumindest im Bereich Beratung oder Kurzzeittherapie tätig zu sein

Sowohl das Kaiser-Kriterium als auch der Screeplot der ML-Faktorenanalyse wiesen bei Ist-, Soll- und Diskrepanz-Werten auf eine Zweifaktorenlösung hin, wobei die Ladungen der 2 Faktoren zunächst nicht immer eindeutig waren und daher genauer inspiziert wurden. Der erste Faktor lud primär auf die Items 1 *Gleichgewicht Natur-/Geisteswissenschaft*, 2 *Vernetzung mit anderen Fachbereichen*, 3 *Methodischer Pluralismus*, 4 *Kontroverse Standpunkte*, 5 *Therapeutischer Pluralismus* und 10 *Kritik der Lehrmeinungen*. Er lässt sich demnach äquivalent zu den Items bezüglich der Lehrinhalte in der Subgruppe der Studierenden ohne das Fach Klinische Psychologie als *Offenheit* der klinischen Lehre interpretieren. Der zweite Faktor lud auf die Items 6 *Therapieausbildung der Dozentinnen*, 7 *Praxisbezug*, 8 *Berufsrelevanz* und 9 *Grundlage für Therapie*. Er lässt sich demnach als *Praxisrelevanz* der klinischen Lehre interpretieren. Nach Ausschluss der Variablen, die in mindestens einem der Modelle nicht eindeutig auf einen Faktor luden bzw. geringe Ladungen oder Trennschärfen aufwiesen, blieben die in Tabelle 10 dargestellten Items zurück.

Für die Ist-Werte wurde durch die zwei Faktoren 70,0% der Varianz erklärt (70,2% mittels CATPCA), für die Soll-Werte 66% (71,5% mittels CATPCA) und für die Diskrepanz-Werte 71,3% (72,4% mittels CATPCA). Sowohl Ist- als auch Soll-Modell wiesen bei der ML-Faktorenanalyse einen nicht signifikanten Chi²-Modellgeltungstest auf (*Ist: $Chi^2(1)=0,82$, p=0,365; Soll:$Chi^2(1)=3,50$, p=0,061*) und passen demnach gut auf die Daten. Der Chi²-Wert des Diskrepanzmodells wurde nur knapp signifikant (*$Chi^2(1)=4,98$, p=0,026*) und kann auf Grund der großen Stichprobengröße (n=666) als akzeptabel gewertet werden, auch da kein Residuum einen Wert von größer als 0,05 aufwies. Die Ladungen und Kommunalitäten sind insbesondere bei der kategorialen PCA als hoch zu werten. Auch die Reliabilitäten können nach den Kriterien des COTAN-Beurteilungssystems als akzeptabel bis gut gelten (s. Evers, 2001), ebenso die Inter-Item-Korrelation. Die Skalenwerte für die weiteren Analysen wurden analog zu den Skalenwerten der Inhalte des Studiums berechnet.

Zudem wurden die Probandinnen mit dem Fach Klinische Psychologie gefragt, wie zufrieden sie auf einer 7-stufigen Skala mit diesem Fach seien (1 = gar nicht zufrieden; 7 = sehr zufrieden).

Tabelle 10: Statistische Kennzahlen der Skalen *Offenheit* und *Praxisrelevanz* in der Subgruppe der Studierenden mit dem Fach Klinische Psychologie

Cron-bachs α	MIC	Items	Ladungen	Kommunalitäten
Offenheit Klinische Psychologie – Ist-Werte[1]				
0,73	0,57	4. Kontroverse Standpunkte	1,04 *(0,86)*	0,99 *(0,78)*
		10. Kritik der Lehrmeinungen	0,51 *(0,9)*	0,36 *(0, 80)*
Offenheit Klinische Psychologie - Soll-Werte[2]				
0,64	0,47	4. Kontroverse Standpunkte	1,03 *(0,89)*	0,99 *(0,83)*
		10. Kritik der Lehrmeinungen	0,45 *(0,92)*	0,23 *(0,83)*
Offenheit Klinische Psychologie - Diskrepanz-Werte[1]				
0,76	0,62	4. Kontroverse Standpunkte	0,99 *(0,91)*	0,99 *(0,82)*
		10. Kritik der Lehrmeinungen	0,63 *(0,90)*	0,41 *(0,82)*
Praxisrelevanz Klinische Psychologie – Ist-Werte[1]				
0,72	0,46	7. Praxisbezug	0,86 *(0,86)*	0,67 *(0,72)*
		8. Berufsrelevanz	0,70 *(0,82)*	0,50 *(0,68)*
		9. Grundlage Therapie	0,49 *(0,73)*	0,29 *(0,53)*
Praxisrelevanz Klinische Psychologie - Soll-Werte[2]				
0,64	0,48	7. Praxisbezug	0,76 *(0,84)*	0,57 *(0,74)*
		8. Berufsrelevanz	0,65 *(0,81)*	0,41 *(0,64)*
		9. Grundlage Therapie	0,51 *(0,74)*	0,30 *(0,55)*
Praxisrelevanz Klinische Psychologie – Diskrepanz-Werte[1]				
0,72	0,47	7. Praxisbezug	0,79 *(0,87)*	0,63 *(0,73)*
		8. Berufsrelevanz	0,71 *(0,83)*	0,50 *(0,69)*
		9. Grundlage Therapie	0,58 *(0,73)*	0,33 *(0,56)*

MIC= mittlere Inter-Item-Korrelation; die Ergebnisse der CATPCA sind jeweils in Klammern dargestellt
[1] ordinal-spline Transformation [2] nominale Transformation

Zur Erfassung des Konstrukts *Wissenschaftsverständnis* wurde auf das Grundkonzept des von Kimble (1984) entwickelten *Epistemischen Differentials* zurückgegriffen, wobei einige der von ihm verwendeten Gegensatzpaare übernommen und anhand anderer relevanter Studien überarbeitet und ergänzt wurden (Handerer, 2011; Conway, 1992; Coan, 1968; Simonton, 2000). Die letztliche Skala beinhaltete die in Tabelle 11 dargestellten 6 Gegensatzpaare.

Tabelle 11: Adaptiertes *Epistemisches Differential* (nach Kimble, 1984) zur Erfassung des Wissenschaftsverständnisses

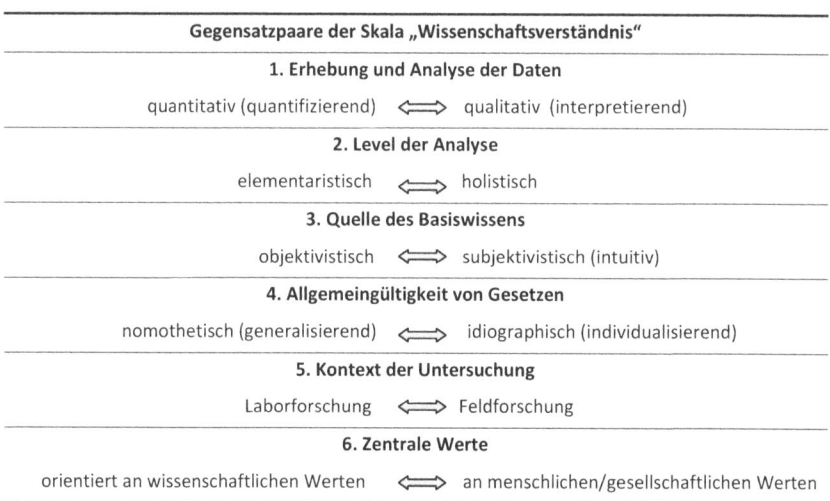

Gegensatzpaare der Skala „Wissenschaftsverständnis"
1. Erhebung und Analyse der Daten
quantitativ (quantifizierend) $\Longleftrightarrow$ qualitativ (interpretierend)
2. Level der Analyse
elementaristisch $\Longleftrightarrow$ holistisch
3. Quelle des Basiswissens
objektivistisch $\Longleftrightarrow$ subjektivistisch (intuitiv)
4. Allgemeingültigkeit von Gesetzen
nomothetisch (generalisierend) $\Longleftrightarrow$ idiographisch (individualisierend)
5. Kontext der Untersuchung
Laborforschung $\Longleftrightarrow$ Feldforschung
6. Zentrale Werte
orientiert an wissenschaftlichen Werten $\Longleftrightarrow$ an menschlichen/gesellschaftlichen Werten

Zu jedem Gegensatzpaar konnten die Probandinnen auf bipolaren 7-stufigen Ratingskalen jeweils angeben, wie ihrer Meinung nach das Selbstverständnis der Psychologie sei, wie sie ihrer Wahrnehmung nach mehrheitlich an ihrer Hochschule gelehrt werde (= *universitäres Wissenschaftsverständnis*) und wie das Selbstverständnis des Fachs Psychologie ihrer Meinung nach sein sollte (*studentisches Wissenschaftsverständnis*). Somit wurden wie bei obigen Inhalts-Items pro Item zwei Werte erhoben, die im Sinne der Person-Environment-Fit-Theorie als Ist- bzw. Soll-Wert zueinander in Bezug gesetzt werden können (s. Einleitungsteil 1.2.1). Die Möglichkeit des „Sowohl-als-auch" wurde durch eine mittlere Kategorie (=Ausprägungsstufe 4) realisiert. Um ein weitgehend einheitliches Verständnis der Pole zu gewährleisten, wurden diese durch kurze Erklärungen ergänzt. Drei Items der Skala (*Quelle des Basiswissens, Allgemeingültigkeit von Gesetzen* und *Kontext der Untersuchung*) wurden in der Datenanalyse umgepolt, damit zur besseren Interpretierbarkeit auf der linken Seite (=1) immer der eher naturwissenschaftliche Pol und auf der rechten Seite (=7) der eher geisteswissenschaftliche lag. In Abbildung 2 wird beispielhaft Item 1 dargestellt, der Wortlaut der übrigen Items kann dem Fragebogen Anhang B entnommen werden.

Erhebung und Analyse der Daten

Quantitativ (quantifizierend):
Betonung der Rolle von *Mathematik und Statistik*, mit deren Hilfe die interessierenden numerischen Variablen möglichst präzise erfasst und statistisch analysiert werden sollen

Qualitativ (interpretierend):
Interpretative Verarbeitung verbaler, visueller bzw. allgemein nicht-numerischer Daten, deren Bedeutung nicht offensichtlich ist, sondern zunächst erschlossen werden muss

---

Die Psychologie, wie sie an meiner Uni gelehrt wird, ist ihrem Selbstverständnis nach primär...

	1	2	3	4	5	6	7	
quantitativ	○	○	○	○	○	○	○	qualitativ

Psychologie sollte aus meiner Sicht primär ... sein

	1	2	3	4	5	6	7	
quantitativ	○	○	○	○	○	○	○	qualitativ

Laut Bartlett-Test wurde die Hypothese auf Unabhängigkeit der Variablen in der Population sowohl beim *wahrgenommenen Wissenschaftsverständnis* ($Chi^2(15)=955,39$, $p<0,001$) als auch dem *studentischen* ($Chi^2(15)=1180,76$, $p<0,001$) und den *Diskrepanz-Werten* ($Chi^2(15)= 1830,60$, $p<0,001$) verworfen. Auch die KMO-Maße und MSA-Werte lagen mit > 0,80 durchweg in einem guten Bereich. Bei den drei ML-Faktorenanalysen (über die Ist-, Soll- und Diskrepanz-Werte) war sowohl nach dem Kaiser-Kriterium als auch Screeplot eine einfaktorielle Lösung plausibel. Sowohl die faktorenanalytischen Ergebnisse, in denen Item 2 *Level der Analyse* die geringsten Ladungen und Kommunalitäten aufwies, als auch die Ergebnisse der Itemanalyse, in denen mehrheitlich das Weglassen dieses Items die Reliabilität erhöhte, legen das Ausschließen des zweiten Items nahe. Tabelle 12 stellt die endgültigen Items inklusive statistischer Kennwerte dar.

Damit wies die Skala des *universitären Wissenschaftsverständnisses* einen nicht signifikanten Chi²-Wert auf ($Chi^2(5)=6,26$, $p=0,282$), wobei durch den einen Faktor insgesamt 50,1% der Varianz erklärt wurde (bzw. 54,0 mittels CATPCA). Der Chi²-Test auf Passung der Modellgüte der Skala des *studentischen Wissenschaftsverständnisses* wurde mit 5 Freiheitsgraden und einem Wert von 26,04 signifikant ($p<0,001$), dennoch wies keines der Residuen einen Wert von größer als 0,1 auf. Die Varianzerklärung betrug 54,1% (bzw. 55,5% mittels CATPCA).

Der Chi²-Wert von 17,40 der *Diskrepanz-Skala* wurde mit 5 Freiheitsgraden nur knapp signifikant ($p=0,004$), was bei der Größe der Stichprobe ebenso wie der Fakt, dass keine Residuen größer als 0,05 vorlagen, für das Modell spricht. Die Varianzerklärung betrug 50,5% (bzw. 62,7% mittels CATPCA). Die Reliabilitäten der Skalen liegen zwischen 0,74 und 0,83, was als gut bis sehr gut zu bewerten ist. Auch die mittleren Inter-Item-Korrelationen sind durchweg zufriedenstellend.

Tabelle 12: Statistische Kennzahlen der Skalen zum Wissenschaftsverständnis

Cron-bachs α	MIC	Items	Ladungen	Kommuna-litäten
Universitäres Wissenschaftsverständnis[1]				
0,74	0,38	1. quantitativ – qualitativ	0,57 *(0,76)*	0,32 *(0,56)*
		3. subjektivistisch – objektivistisch[2]	0,71 *(0,77)*	0,50 *(0,60)*
		4. idiographisch – nomothetisch[2]	0,64 *(0,73)*	0,41 *(0,54)*
		5. Feldforschung - Laborforschung[2]	0,60 *(0,71)*	0,36 *(0,51)*
		6. wissenschaftlich – menschlich	0,56 *(0,69)*	0,31 *(0,47)*
Studentisches Wissenschaftsverständnis[3]				
0,79	0,43	1. quantitativ – qualitativ	0,69 *(0,78)*	0,47 *(0,60)*
		3. subjektivistisch – objektivistisch[2]	0,70 *(0,77)*	0,49 *(0,59)*
		4. idiographisch – nomothetisch[2]	0,68 *(0,75)*	0,47 *(0,57)*
		5. Feldforschung - Laborforschung[2]	0,59 *(0,69)*	0,33 *(0,47)*
		6. wissenschaftlich – menschlich	0,62 *(0,72)*	0,38 *(0,52)*
Diskrepanz-Werte des Wissenschaftsverständnisses[3]				
0,83	0,50	1. quantitativ – qualitativ	0,74 *(0,80)*	0,54 *(0,65)*
		3. subjektivistisch – objektivistisch[2]	0, 77 *(0,82)*	0,59 *(0,68)*
		4. idiographisch – nomothetisch[2]	0,73 *(0,81)*	0,53 *(0,66)*
		5. Feldforschung - Laborforschung[2]	0,59 *(0,72)*	0,36 *(0,51)*
		6. wissenschaftlich – menschlich	0,70 *(0,80)*	0,49 *(0,64)*

MIC= mittlere Inter-Item-Korrelation; die Ergebnisse der CATPCA sind jeweils in Klammern dargestellt
[1] nominal transformiert   [2] inverses Item   [3] ordinal-spline transformiert

Für das *universitäre* und *studentische Wissenschaftsverständnis* wurde für die weiteren Analysen pro Person jeweils ein Mittelwert über die dazugehörigen Items gebildet. Fehlten systembedingt einzelne Werte, wurde der Mittelwert über die verbliebenen Items berechnet. Die Diskrepanz-Werte wurden analog zu den Differenz-Werten der Inhalts-Skalen gebildet.

Im Anschluss an diese Fragen konnten die Probandinnen auf einer 7-stufigen Ratingskala ein-schätzen, wie zufrieden sie mit dem *Selbstverständnis* der im Studium vermittelten Psycho-logie sind (1 = sehr unzufrieden; 7 = sehr zufrieden).

2.3.4 Untersuchung der Repräsentation der Therapieverfahren

Die Fragen zur Repräsentation der Therapieverfahren wurden aus verschiedenen Quellen mit ähnlichen Zielgruppen adaptiert (insbesondere von Eichenberg et al., 2007 und Barthel et al, 2010). Sie wurden ergänzt, sofern die interessierenden Konstrukte in der Literatur bis-her noch nicht operationalisiert wurden.

Berufsvorstellungen und Ausbildungswahl

Im Fragenblock zu den Berufsvorstellungen der Studierenden wurde in einem mehrstufigen, adaptiven Prozess auch die bevorzugte Ausbildungsrichtung erfragt. Hierzu wurde zunächst der Bereich erhoben, in dem die Probandinnen später tätig sein möchten. Wurde an dieser Stelle der therapeutisch-beratende Bereich genannt, wurde weiter eruiert, ob eine Therapie-ausbildung angestrebt wird und falls ja, in welchem Land. Wurde von den Studierenden eine Therapieausbildung angestrebt, so wurde auf zwei unterschiedliche Arten erfragt, welche Ausbildungsrichtung sie bevorzugen. Zunächst sollten sich die Probandinnen zwischen den Verfahren entscheiden, die zum Zeitpunkt der Erhebung – im Jahre 2013 – in dem Land kas-senzugelassen waren, in dem sie die Ausbildung absolvieren möchten. Zum anderen wurden sie gefragt, für welche Richtung sie sich unabhängig von der Kassenzulassung entscheiden würden.

Darstellung der Therapieverfahren im Studium und Veränderungswünsche

Um eine Vorstellung der Repräsentation der Therapieverfahren im Studium zu erlangen, wurde zunächst erhoben, welche Psychotherapieverfahren an der Hochschule im Vorder-grund stehen. Hierzu wurden die Teilnehmerinnen gebeten, anzugeben, welche Therapiever-fahren an ihrer Hochschule vornehmlich durch Lehrkräfte vertreten werden (s. Beispielitem für die Antwortanker in Abbildung 3). Die Folgefrage lautete: „Wie viele Informationen ver-mitteln deine Dozent/innen durchschnittlich zu den folgenden Therapieverfahren?", wobei die Probandinnen je Verfahren auf einer 6-stufigen Ratingskala zwischen „gar keine" bis „sehr viele" entscheiden konnten. Zudem wurde eruiert, ob die verschiedenen psychothera-peutischen Verfahren im Studium „inhaltlich ausgewogen und weitgehend objektiv" darge-stellt werden (dichotomes Antwortformat – ja/nein) und wie zufrieden die Probandinnen mit der Vermittlung der Therapieverfahren im Studium sind (7-stufige Antwortskala von „sehr unzufrieden" bis „sehr zufrieden"). Darüber hinaus wurde erhoben, ob sich die Teilnehme-

76

rinnen wünschten, dass bestimmte Therapierichtungen verstärkt im Studium behandelt würden und falls ja, welche.

Abbildung 3: Beispielitem zur vornehmlichen Vertretung einer Verfahrensrichtung mit detaillierten Antwortankern

Welche Psychotherapieverfahren sind an deiner Uni *vornehmlich* durch die Lehrkräfte vertreten?

psychoanalytische oder tiefenpsychologisch fundierte Verfahren
(z. B. klassische Psychoanalyse, analytische Psychologie, Individualpsychologie, Transaktionsanalyse, ...)

kognitiv-verhaltenstherapeutische Verfahren
(z. B. lerntheoretische VT, kognitive VT, Rational-Emotive Therapie, ...)

humanistische Verfahren
(z. B. klientenzentrierte Gesprächspsychotherapie, Gestalttherapie, Logotherapie und Existenzanalyse, Psychodrama, ...)

systemische Verfahren
(systemische Einzel-/Paar- oder Familientherapie)

sonstige Verfahren, und zwar

Bewertung der Therapieverfahren

Die Frage, wie sie die verschiedenen Therapieverfahren auf einer 6-stufigen Ratingskala von „sehr schlecht" bis „sehr gut" einschätzen, wurde sämtlichen Probandinnen gestellt, unabhängig davon, ob sie aktuell oder in der Vergangenheit das Fach Klinische Psychologie belegten. Zudem wurde hier eine „Weiß nicht"-Option angeboten. Die Frage „Wenn du deine entsprechenden Eindrücke zusammenfasst, wie werden die einzelnen Therapieverfahren von deinen „durchschnittlichen" Dozenten/ innen bewertet?" wurde hingegen nur den Teilnehmerinnen mit dem Fach Klinische Psychologie gestellt, da angenommen wurde, dass bei den anderen zu wenig Informationen diesbezüglich vorlagen. Bei letzteren Probandinnen wurde für die weiteren Analysen (insbesondere die Regressionsanalysen) die studentische und universitäre Verfahrensbewertung in einem Diskrepanz-Wert zueinander in Beziehung gesetzt (s. auch Abschnitt 1.3 zu den Hypothesen). Hierzu wurde pro Verfahren der Absolutwert der Differenz berechnet und diese im Anschluss pro Person gemittelt. Diese Form der Berechnung wurde gewählt, da die unterschiedlichen Therapieverfahren – anders als beispielsweise das Wissenschaftsverständnis – keine eindimensionale Skala darstellen. Dementsprechend kann nicht davon ausgegangen werden, dass sich die positive Diskrepanz auf einem Item mit einer negativen Differenz auf einem anderen Item verrechnen lässt.

Um einen Einblick in das Wissen der Probandinnen über die verschiedenen Verfahren zu erhalten, wurden diese zunächst gefragt, ob sie pro Verfahrensrichtung eher *kein/kaum Wissen* besitzen bzw. *nur davon gehört* haben, ein *Grundwissen* oder ein *fundiertes Wissen* besitzen. Falls sie *kein* bzw. *kaum Wissen* angegeben hatten, wurde im Anschluss erfragt, was sie als Gründe für dieses geringe Wissen annehmen. Ein Beispielitem im Falle der humanistischen Verfahren mit den jeweiligen Antwortankern ist Abbildung 4 zu entnehmen.

Abbildung 4: Beispielitem zu den Gründen des geringen Wissens über humanistische Therapieverfahren

Was sind die Gründe für dein eher geringes Wissen über *humanistische Verfahren*?
(Mehrfachnennungen sind möglich)

☐ Ich habe kein/wenig Interesse an diesem Therapieverfahren

☐ Ich hatte bislang keine Zeit mich damit zu beschäftigen

☐ Ich glaube nicht, dass dieses Therapieverfahren wirksam bzw. sinnvoll ist

☐ Ich hatte bislang keine Gelegenheit mich damit zu beschäftigen

☐ Ich wusste nicht, wie/wo ich Informationen darüber erhalten kann

☐ sonstige Gründe

Falls sie *Grund-* oder *fundiertes Wissen* als Antwort gewählt hatten, wurde daraufhin gefragt, was sie als Quellen dieses Wissens sehen. Zudem wurde erhoben, ob die Probandinnen ihr Wissen eher im Rahmen der Studienordnung oder extern erlangt hatten. Ein Beispielitem für die verhaltenstherapeutischen Verfahren ist Abbildung 5 zu entnehmen.

2.3.5 Neugestaltung der psychologischen Ausbildungssituation

Im Anschluss an eine kurze Einleitung zum Thema *Psychotherapiewissenschaft* wurde zunächst erhoben, ob die Probandinnen, sofern sie hierzu die Möglichkeit gehabt hätten, sich eher für einen Direktstudiengang Psychotherapiewissenschaft entschieden hätten anstelle eines Studiums der Psychologie. Sofern dies bejaht wurde, wurden die Gründe dafür erfragt (s. Abbildung 6).

Abbildung 5: Beispielitem zu den Quellen des Wissens über kognitiv-verhaltenstherapeutische Verfahren

---

Was sind die Quellen deines Wissens über die *(kognitive) Verhaltenstherapie?*

(Mehrfachnennungen sind möglich)

☐ eher kurze Behandlung dieses Therapieverfahrens im Rahmen einer Vorlesung

☐ intensivere Auseinandersetzung mit diesem Therapieverfahren im Rahmen eines Seminars o. Ä. an der Uni

☐ Auseinandersetzung mit diesem Therapieverfahren im Selbststudium über Bücher, Artikel o. Ä.

☐ Besuch von externen Seminaren / Weiterbildungen zu diesem Therapieverfahren

☐ Kennenlernen dieses Therapieverfahrens über ein Praktikum / eine ehrenamtliche Tätigkeit/ einen Nebenjob o. Ä.

☐ Auseinandersetzung mit diesem Therapieverfahren in eigeninitiierten Studienkreisen

☐ Kennenlernen dieses Therapieverfahrens in einer eigenen Therapie bzw. einer Therapie im privaten Umfeld

☐ Kennenlernen dieses Therapieverfahrens durch Gespräche / Diskussionen mit Freunden bzw. Kommilitonen

☐ sonstiges

Abbildung 6: Beispielitem zu den Gründen der Wahl eines Direktstudiengangs Psychotherapiewissenschaft

---

Was sind deine Gründe für die Wahl eines Direktstudiengangs Psychotherapiewissenschaft?

(Mehrfachnennungen sind möglich)

☐ Ich möchte Therapeut/in werden

☐ Das reine Psychologiestudium ist für mich zu wenig anwendungsorientiert

☐ Ich interessiere mich für unterschiedliche psychotherapeutische Verfahrensrichtungen und erhoffe mir das von dem Psychotherapiewissenschaft-Studium

☐ Ich möchte Ausbildungszeit sparen

☐ Ich möchte eine stärker praxisorientierte Ausbildung nach dem Studium besitzen

☐ Ich bin unzufrieden mit dem derzeitigen Psychologiestudium

☐ sonstige Gründe

Zudem wurde auf einer 6-stufigen Skala erhoben, ob die Probandinnen die Einrichtung eines solchen Studiengangs an den staatlichen Hochschulen für sinnvoll erachten (Antwortanker „trifft gar nicht zu" bis „trifft völlig zu"). Im Ausbildungsteil wurden außerdem die Teilnehmerinnen befragt, die prinzipiell eine Therapieausbildung anstreben, ob sie für ihr Studium eine österreichische Privatuniversität gewählt hätten, die bereits ein solches Direktstudium anbietet, wenn der Abschluss und damit die Zulassung zur Psychotherapeutin in ihrem jeweiligen Land anerkannt würden.

Darüber hinaus wurden die Fragen bezüglich der Inhalte des aktuellen Studiums bzw. insbesondere der Lehrinhalte des Fachs Klinische Psychologie (s.o.) derart konzipiert, dass sie Hinweise auf die Wichtigkeit der einzelnen Aspekte geben, die in der Konstruktion eines solchen Studiengangs berücksichtigt werden können.

3. Ergebnisse

Im Folgenden werden die Ergebnisse dargestellt, gegliedert nach den Abschnitten *Inhaltliche Evaluation des Studiums, Untersuchung der Repräsentation der Therapieverfahren* und *Psychotherapiewissenschaft.* Dabei werden die deskriptiven und inferenzstatistischen Ergebnisse in der Regel der Übersichtlichkeit halber zusammen berichtet. Aus zweierlei Gründen werden die Vergleiche der Studienländer und Hochschularten lediglich zusammenfassend wiedergegeben: Zum einen ist nicht unwahrscheinlich, dass die Stichprobe der österreichischen Studierenden nicht repräsentativ für die gesamte österreichische Hochschullandschaft ist, da wie oben berichtet knapp 90% der Studierenden von öffentlichen Hochschulen an der Alpen-Adria-Universität in Klagenfurt immatrikuliert waren und 95% an der SFU in Wien. Daher sollten die Ländervergleiche sowie die Vergleiche der Hochschularten innerhalb Österreichs mit einer gewissen Vorsicht interpretiert werden. Zum andern würde die immense Anzahl an Vergleichen (von sowohl Haupt- als auch Interaktionseffekten und Vergleichen innerhalb der Länder) durch das Berichten aller statistischen Kennzahlen drastisch die Lesbarkeit und Übersichtlichkeit der Arbeit erschweren. Daher werden im Folgenden lediglich bestehende Unterschiede mit dem jeweiligen p-Wert zusammenfassend berichtet. Die interessierte Leserin findet die ausführlichen Länder- und Hochschulartvergleiche inklusive statistischer Kennzahlen in Anhang E.

3.1 Inhaltliche Evaluation des Studiums

3.1.1 Studienzufriedenheit, Autonomie, Lehrkompetenz und Fachinteresse

Auf der siebenstufigen Skala der Variable *Zufriedenheit mit den Inhalten des Studiums* mit den Endpolen „1=trifft gar nicht zu" und „7=trifft völlig zu" ergab sich ein Mittelwert von 5,17 (*Std=1,43*), wobei 17,3% der Teilnehmerinnen eher unzufrieden waren und 79,3% eher zufriedenen. 3,4% gaben an, weder zufrieden noch unzufrieden zu sein (s. Abbildung 7). Die deutschen Studierenden wiesen mit einem Mittelwert von 5,05 (19% eher unzufrieden; 3,7% weder noch; 77,3% eher zufrieden) einen signifikant niedrigeren Wert auf als die österreichischen (*M=5,71*; 9,1% eher unzufrieden; 2,0% weder noch; 88,9% eher zufrieden) und schweizerischen (*M=5,74*; 8,9% eher unzufrieden; 1,8% weder noch; 89,3% eher zufrieden; jeweils *p<0,001*). Nach Kontrolle aller anderen Variablen blieb im Modell der Studienzufriedenheit in der Subgruppe der Studierenden mit dem Fach Klinische Psychologie allerdings lediglich der Unterschied zwischen Deutschland und der Schweiz signifikant (*p<0,001*), während der Unterschied zwischen der Schweiz und Österreich die Signifikanz knapp verpasste (*p=0,051*, s. Abschnitt 3.1.5).

Zudem zeigten sich in Deutschland Studierende an privaten Hochschulen mit einem Mittelwert von 5,93 (0% eher unzufrieden; 8,3% weder noch; 91,7% eher zufrieden) deutlich zufriedener als Studierende an öffentlichen Hochschulen (*M=5,01; p<0,001*; 20,1% eher unzufrieden; 3,4% weder noch; 76,5% eher zufrieden).

Abbildung 7: Prozentuale Verteilung der Studienzufriedenheit (1–7) über Länder und Hochschularten hinweg

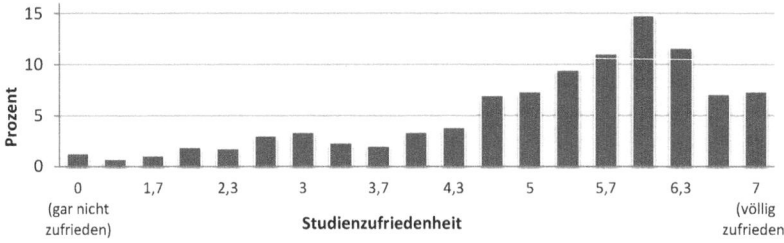

Der Gesamtmittelwert der 6-stufigen Skala *Autonomie* (1= „trifft gar nicht zu" bis 6= trifft völlig zu") betrug 3,76 (*Std = 1,25*), wobei an österreichischen Hochschulen (*M=4,41*) ein größeres Autonomiegefühl bestand als an deutschen (*M=3,65, p<0,001*). Der Gesamtmittelwert auf der 6-stufigen Skala *Lehrkompetenz* (1= „trifft gar nicht zu" bis 6= trifft völlig zu") betrug 4,58 (*Std = 0,81*), ohne dass signifikante Länder- oder Hochschulartunterschiede auftraten. Der Gesamtmittelwert der 6-stufigen Skala *Fachinteresse* (1="trifft gar nicht zu", 6= „trifft völlig zu") betrug 4,86 (*Std =0,84*). Dabei wiesen Studierende in Deutschland mit einem Mittelwert von 4,80 ein niedrigeres Fachinteresse auf als Studierende in Österreich (*M=5,12; p<0,001*) und der Schweiz (*M=5,14; p=0,010*).

3.1.2 Inhalte des Studiums bzw. des Fachs Klinische Psychologie

Inhalte des Studiums (ohne das Fach Klinische Psychologie)

„So ist es im Studium"

Über die einzelnen Items hinweg zeigten sich bei den Probandinnen, die das Fach Klinische Psychologie zum Zeitpunkt der Erhebung weder aktuell belegten noch zuvor bereits belegt hatten (n=195), die in Tabelle 13 dargestellten Ist-Werte (6-stufig Antwortanker: 1=gar nicht, 6=völlig). Am besten schnitt das Studium demnach mit dem Item *Methodischer Pluralismus* ab, dem folgten in kurzem Abstand das *Diskutieren kontroverser Standpunkte*, die *Bedeutung bzw. der Nutzen der behandelten Themen* sowie das *In Frage stellen vorherrschender Lehrmeinungen*.

Tabelle 13: Mittelwerte und Standardabweichungen (Std.) der Ist-, Soll- und Diskrepanz-Werte des Studiums (n=195)

Items zum Studium	Skala	Ist-Wert (Std)	Soll-Wert (Std.)	Diskrepanz[2] (Std)
1. Gleichgewicht Natur-/ Geisteswissenschaft	OF	3,50 (1,43)	4,82 (1,21)	1,58 (1,51)
2. Vernetzung mit anderen Fachbereichen	(OF)[1]	3,70 (1,40)	4,83 (0,99)	1,30 (1,20)
3. Methodischer Pluralismus	(OF)[1]	4,05 (1,36)	4,71 (1.05)	0,93 (1,21)
4. Diskutieren kontroverser Standpunkte	OF	3,97 (1,36)	5,10 (0,87)	1,32 (1,33)
5. Bedeutung/Nutzen der Themen	(PR)[1]	3,84 (1,22)	5,33 (0,73)	1,52 (1,25)
6. Praxisbezug	PR	3,50 (1,22)	5,09 (0,96)	1,67 (1,34)
7. Berufsrelevanz	PR	3,62 (1.18)	5,26 (0,87)	1,75 (1,26)
8. Kritik der Lehrmeinungen	OF	3,84 (1,38)	5,05 (0,87)	1,35 (1,34)

OF = Offenheit/Perspektivenvielfalt; PR = Praxisrelevanz
[1] Ist die Skala in Klammern angegeben, wurde das jeweilige Item nicht zur Berechnung des Skalenmittelwerts herangezogen (s. Abschnitt 2.3.3 zu den Messinstrumenten)
[2] hier wird der Mittelwert der Absolutwerte der Diskrepanzen auf Itemebene dargestellt, da sich positive und negative Differenzen zwischen den Probandinnen sonst ausgemittelt hätten

Auf Skalenebene wies die 6-stufige Skala *Ist-Werte der Offenheit* (1=gar nicht, 6=völlig) einen Gesamtmittelwert von 3,79 auf *(Std=1,10)*, wobei keine Länder- oder Hochschulartunterschiede bestanden. Der Gesamtmittelwert der 6-stufigen Skala *Ist-Werte der Praxisrelevanz* (1=gar nicht, 6=völlig) betrug 3,56 *(Std=1,07)*, wobei in Deutschland die privaten Hochschulen (*M=4,50*) als signifikant praxisbezogener wahrgenommen wurden als die öffentlichen (*M=3,46; p<0,001*) und eine Tendenz bestand zu einer höheren Bewertung in Österreich verglichen mit Deutschland (*p=0,075*).

„So wünsche ich es mir im Studium"

Wie ebenfalls in Tabelle 13 abzulesen ist, war den Probandinnen die *Bedeutung der behandelten Themen* und die *Berufsrelevanz* insgesamt am wichtigsten, gefolgt von dem *Diskutieren kontroverser Standpunkte*, dem dritten Item der Skala *Praxisbezug* und dem Anspruch, dass *Lehrmeinungen kritisch* in Frage gestellt werden.

Auf Skalenebene wies die 6-stufige Skala *Soll-Werte der Offenheit* einen Gesamtmittelwert von 4,99 auf *(Std= 0,71)* und lag damit signifikant höher als der wahrgenommene *Ist-Wert der Offenheit* (*T(194)=13,45, p<0,001*). Die Korrelation zwischen Ist- und Soll-Werten lag bei r = 0,099, was sich nicht signifikant von 0 unterschied (*p=0,169*). Über die Länder hinweg bestand die Tendenz zu höheren Werten an privaten Hochschulen (*M=5,29*) im Vergleich zu den öffentlichen (*M=4,95; p=0,060*). Der Gesamtmittelwert der 6-stufigen Skala *Soll-Werte der Praxisrelevanz* betrug 5,19 *(Std=0,80)*. Damit wich der Soll-Wert signifikant vom Ist-Zustand ab (*T(194)=-17,85, p<0,001*) und die Korrelation war mit r=0,106 nicht signifikant von 0 verschieden (*p=0,139*). Erneut bestand die Tendenz, dass Studierende an privaten Hochschulen mehr Praxisrelevanz erwarteten (*M=5,32*) als Studierende an öffentlichen Hochschulen (*M=5,18; p=0,099*).

Diskrepanz der Ist- und Soll-Werte des Studiums

Entsprechend Tabelle 13 wies das Item Berufsrelevanz die größte Diskrepanz auf, gefolgt von dem Praxisbezug, dem Gleichgewicht von natur- und geisteswissenschaftlichen Komponenten und der Bedeutung bzw. dem Nutzen der Themen.

Auf Skalenebene lag der Gesamtmittelwert der Diskrepanz-Werte der Skala Offenheit (0–5) bei 1,28 (Std=1,16) ohne signifikante Haupt- oder Interaktionseffekte. Der Gesamtmittelwert der Diskrepanz-Werte der Skala Praxisrelevanz (0–5) betrug 1,71 (Std=1,16). Dabei zeigte sich ein Interaktionseffekt in dem Sinne, dass die Diskrepanz in Deutschland an öffentlichen Hochschulen mit einem Mittelwert von 1,79 deutlich größer ausfiel als an privaten Hochschulen (M=1,13; p=0,022). In Österreich bestand hingegen ein spiegelbildlicher Effekt mit geringeren Diskrepanz-Werten an öffentlichen Hochschulen (M=0,78) im Vergleich zu privaten (M=1,64; p=0,033).

Inhalte des Fachs Klinische Psychologie

„So ist es im Fach Klinische Psychologie"

Die Mittelwerte der Ist-Werte der einzelnen Items der 666 Probandinnen mit dem Fach Klinische Psychologie sind in Tabelle 14 aufgeführt. Den höchsten Item-Wert bezüglich des Ist-Zustands (1=gar nicht, 6=völlig) erreichte demnach die *Therapieausbildung der Dozentinnen*, gefolgt von der *Berufsrelevanz* und dem *Praxisbezug*. Am niedrigsten schnitten die Items *Studium als Grundlage für das spätere Ausführen von Therapie bzw. Beratung* und *Vernetzung mit anderen Fachbereichen* ab.

Auf Skalenebene ergab der Gesamtmittelwert der Ist-Werte der 6-stufigen Skala *Offenheit Klinische Psychologie* 3,42 (*Std=1,23*), wobei Deutschland mit einem Mittelwert von 3,30 signifikant unter Österreich mit 4,05 lag (*p<0,001*). Zudem wurde in Deutschland die Offenheit an privaten Hochschulen (*M=4,55*) als deutlich größer wahrgenommen als an öffentlichen (*M=3,24; p<0,001*). Der Gesamtmittelwert der Ist-Werte der 6-stufigen Skala *Praxisrelevanz Klinische Psychologie* betrug 3,63 (*Std=1,04*). Sowohl Deutschland mit 3,57 (*p<0,001*) als auch die Schweiz mit 3,48 (*p<0,002*) wiesen einen signifikant geringeren Mittelwert auf als Österreich mit 4,10. Zudem schätzten länderübergreifend Studierende an privaten Hochschulen mit einem Mittelwert von 4,52 die Praxisrelevanz signifikant höher ein als Studierende an öffentlichen Hochschulen (*M=3,48; p<0,001*).

Tabelle 14: Mittelwerte und Standardabweichungen (Std.) der Ist-, Soll- und Diskrepanz-Werte des Fachs Klinische Psychologie (n=666)

Items zum Fach Klinische Psychologie	Skala	Ist-Wert (Std.)	Soll-Wert (Std.)	Diskrepanz[2] (Std.)
1. Gleichgewicht Natur-/Geisteswissenschaft	(OF)[1]	3,27 (1,47)	4,63 (1,23)	1,58 (1,49)
2. Vernetzung mit anderen Fachbereichen	(OF)[1]	2,92 (1,34)	4,69 (1,06)	1,86 (1,48)
3. Methodischer Pluralismus	(OF)[1]	3,55 (1,54)	4,74 (1,11)	1,41 (1,52)
4. Diskutieren kontroverser Standpunkte	OF	3,41 (1,41)	5,12 (0,91)	1,83 (1,51)
5. Therapeutischer Pluralismus	(OF)[1]	3,43 (1,51)	5,19 (0,97)	1,91 (1,56)
6. Therapieausbildung Dozentinnen	(PR)[1]	4,50 (1,50)	5,28 (1,01)	1,02 (1,27)
7. Praxisbezug	PR	3,83 (1,26)	5,28 (0,84)	1,54 (1,32)
8. Berufsrelevanz	PR	4,25 (1,23)	5,48 (0,79)	1,33 (1,21)
9. Grundlage für Therapie/Beratung	PR	2,81 (1,39)	4,97 (1,24)	2,30 (1,56)
10. Kritik der Lehrmeinungen	OF	3,42 (1,36)	5,04 (0,88)	1,71 (1,44)

OF = Offenheit/Perspektivenvielfalt; PR = Praxisrelevanz)
[1] Ist die Skala in Klammern angegeben, wurde das jeweilige Item nicht zur Berechnung des Skalenmittelwerts herangezogen (s. Abschnitt 2.3.3 zu den Messinstrumenten)
[2] hier wird der Mittelwert der Absolutwerte der Diskrepanzen auf Itemebene dargestellt, da sich positive und negative Differenzen zwischen den Probandinnen sonst ausgemittelt hätten

„So wünsche ich es mir im Fach Klinische Psychologie"

Wie ebenfalls in Tabelle 14 abzulesen, war den Probandinnen die *Berufsrelevanz* am wünschenswertesten, gefolgt von der *Therapieausbildung der Dozentinnen*, dem *Praxisbezug* und dem *therapeutischen Pluralismus.*

Der Gesamtmittelwert der Soll-Werte der 6-stufigen Skala *Offenheit Klinische Psychologie* (1=gar nicht, 6=völlig) betrug 5,08 (*Std=0,77*). Damit wich er hochsignifikant von dem Ist-Zustand ab (*T(665) = -29,71, p<0,001*). Die Korrelation zwischen den Ist- und Soll-Werten war mit r = 0,005 nicht signifikant von 0 verschieden (*p=0,892*). Es zeigte sich, dass länderübergreifend Studierende an privaten Hochschulen mehr Offenheit (*M=5,40*) erwarteten als Studierende an öffentlichen (*M=5,06; p=0,027*). Der Mittelwert der Soll-Werte der Skala *Praxisrelevanz Klinische Psychologie* betrug 5,25 (*Std=0,75*), was ebenfalls hochsignifikant vom Mittelwert des Ist-Zustands abwich (*T(665)=-34,88, p<0,001*). Ist- und Soll-Werte korrelierten zu r=0,122 miteinander, was sich signifikant von 0 unterschied (*p=0,002*). Es ergab sich, dass Studierende in Deutschland mit einem Mittelwert von 5,22 eine signifikant geringere Erwartung an die Praxisrelevanz aufwiesen als diejenigen in Österreich (*M=5,47; p=0,019*).

Diskrepanz der Ist- und Soll-Werte des Fachs Klinische Psychologie

Die größte Diskrepanz wies gemäß Tabelle 14 das Item Grundlage für Therapie und Beratung auf, gefolgt von dem Item Therapeutischer Pluralismus, der Vernetzung mit anderen Fachbereichen, dem Diskutieren kontroverser Standpunkte und dem Kritischen Hinterfragen von vorherrschenden Lehrmeinungen.

Der Mittelwert der Diskrepanz-Werte der Skala Offenheit Klinische Psychologie betrug 1,75 (Std=1,34), wobei in Deutschland mit 1,85 eine größere Diskrepanz bezüglich der Offenheit bestand als in Österreich mit 1,24 (p<0,001). Darüber hinaus bestand die Tendenz zu einem Hochschularteffekt (p=0,078). Dieser war auf den hochsignifikanten Unterschied zwischen öffentlichen (M=1,90) und privaten Hochschulen (M=0,91) in Deutschland zurückzuführen (p<0,001), während in Österreich keine Hochschulartunterschiede bestanden (p=0,969). Der Mittelwert der Diskrepanz-Werte der Skala Praxisrelevanz Klinische Psychologie betrug 1,68 (Std=1,12). Der signifikante Hochschularteffekt (p=0,035) war hier erneut auf die Unterschiede innerhalb Deutschlands zurückzuführen, wobei die öffentlichen Hochschulen mit einem Mittelwert von 1,74 eine hochsignifikant größere Diskrepanz aufwiesen als die privaten Hochschulen mit einem Mittelwert von 1,05 (p=0,001). In Österreich bestanden erneut keine Hochschulartunterschiede (p=0,484).

Zufriedenheit mit dem Fach Klinische Psychologie

Bei der *Zufriedenheit mit dem Fach Klinische Psychologie* ergab sich auf der 7-stufigen Skala (1=sehr unzufrieden, 7=sehr zufrieden) ein Mittelwert von 4,9 *(Std=1,37)*, wobei sich Deutschland mit einem Mittelwert von 4,8 deutlich von Österreich unterschied *(M=5,39; p<0,001)*. Zudem zeigten sich in Deutschland Studierende an privaten Hochschulen hochsignifikant zufriedener mit dem Fach Klinische Psychologie *(M=5,75)* als Studierende an öffentlichen Hochschulen *(M=4,75; p<0,001)*.

3.1.3 Wissenschaftsverständnis

Universitäres und studentisches Wissenschaftsverständnis

Der Mittelwert des wahrgenommenen *universitären Wissenschaftsverständnisses* (Skala 1–7) lag über Hochschulen und Länder hinweg bei 2,54 *(Std=0,98)*. Hierbei wiesen Deutschland *(M=2,39)* und die Schweiz *(M=2,39)* hochsignifikant geringere Werte auf als Österreich mit 3,66 (jeweils *p<0,001*). Zudem wurde das Wissenschaftsverständnis an öffentlichen Hochschulen mit einem Mittelwert von 2,41 als deutlich *naturwissenschaftlicher* wahrgenommen als das an privaten Hochschulen mit 4,27 *(p<0,001)*. Dabei war die Diskrepanz zwischen öffentlichen und privaten Hochschulen in Deutschland *(öffentliche: 2,29 < private: 4,37; Unterschied: 2,08)* deutlich und signifikant *(p<0,001)* größer als in Österreich *(öffentliche: 3,54 < private: 4,09; Unterschied: 0,55)*. Hochschulart und Land erklärten 35,6% der Varianz im wahrgenommenen universitären Wissenschaftsverständnis.

Der Mittelwert des *studentischen Wissenschaftsverständnisses* betrug 4,01 *(Std=0,95)*, was sich hochsignifikant vom Mittelwert des universitären Wissenschaftsverständnisses unterschied (*T(860)= -33,81, p<0,001*). Zudem bestand ein Zusammenhang von r=0,123 zwischen dem studentischen und universitären Wissenschaftsverständnis, was sich signifikant von 0 unterschied (*p<0,001*). Deutsche Studierende wiesen mit 3,96 einen leicht niedrigeren Mittelwert auf als österreichische mit 4,36 (*p<0,001*), außerdem bestand die Tendenz zu einem Unterschied zwischen Österreich und der Schweiz (*M=4,02; p=0,095*). Zudem zeigte sich in Deutschland ein signifikanter Unterschied zwischen privaten (*M=4,73*) und öffentlichen Hochschulen (*M=3,92; p<0,001*).

Auf Skalenebene lag die mittlere Diskrepanz *zwischen studentischem und universitärem Wissenschaftsverständnis* (0–6) bei 1,58 (*Std=1,15*), wobei an deutschen Hochschulen mit 1,64 eine signifikant größere Diskrepanz vorherrschte als in Österreich mit 1,08 (*p<0,001*). Zudem wurde länderübergreifend an öffentlichen Hochschulen mit 1,63 eine erheblich größere Diskrepanz wahrgenommen als an privaten (*M=0,63; p<0,001*). Die Mittelwerte des studentischen und universitären Wissenschaftsverständnisses sowie der Diskrepanzen werden in Abbildung 8 dargestellt.

Abbildung 8: Mittelwerte der Ist-, Soll- und Diskrepanz-Werte des Wissenschaftsverständnisses in Abhängigkeit von Studienland und Hochschulart (D=Deutschland; Ö = Österreich; S = Schweiz)

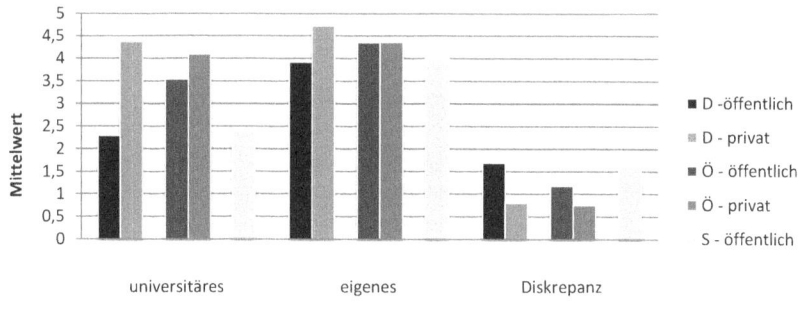

Weitere Analysen bezüglich der Richtung der Diskrepanz ergaben, dass 88,3% der Probandinnen (n=760) eine positive Diskrepanz aufwiesen (das heißt, das eigene Wissenschaftsverständnis fiel geisteswissenschaftlicher aus als das wahrgenommene universitäre) und 7,4% der Probandinnen eine negative Diskrepanz (n=64). Die restlichen 4,3% der Probandinnen zeigten keine Diskrepanz zwischen dem eigenen und dem wahrgenommenen universitären Wissenschaftsverständnis (n=37). Dabei trat in Österreich mit 10,1% signifikant öfter keine Diskrepanz auf als in Deutschland mit 3,6% (*p<0,05*). Außerdem bestand in Österreich mit 25,3% häufiger eine negative Diskrepanz und mit 64,6% seltener eine positive Diskrepanz als in Deutschland (neg.: 5,4%; pos.: 91,1%) oder der Schweiz (neg.: 1,8%; pos.: 94,6%; jeweils *p<0,05*). Zudem zeigten sich signifikante Hochschulartunterschiede, wobei an privaten Hochschulen häufiger eine Übereinstimmung (10,3%) und eine negative Diskrepanz (41,1%) bestand sowie seltener eine positive Diskrepanz (48,3%) auftrat als an öffentlichen Hochschulen (keine: 3,9%; neg.: 5,0%; pos.: 91,1%).

Des Weiteren wurde untersucht, inwiefern die Richtung der Diskrepanz einen Einfluss auf den Berufswunsch aufweist (s. Abschnitt 3.2.1 für detailliertere Ergebnisse zu den Berufsvorstellungen). Dabei wurden die Studierenden einbezogen, die einen therapeutisch-beratenden Beruf anstreben, diejenigen, welche eine Karriere in der Forschung als Berufswunsch nannten und als dritte Gruppe die Studierenden, die beide Bereiche angaben. Es zeigte sich, dass das Vorhandensein einer Diskrepanz sowie deren Richtung einen Einfluss auf den Berufswunsch aufwiesen $(Chi^2(4)=26,98, p<0,001)$. So strebten Probandinnen, die keine oder eine negative Diskrepanz aufzeigten (das heißt, deren eigenes Wissenschaftsverständnis dem wahrgenommenen universitären Wissenschaftsverständnis entsprach oder naturwissenschaftlicher ausfiel als das universitäre), eher eine Karriere in der Forschung an als einen therapeutisch-beratenden Beruf $(p<0,05)$. Die Probandinnen hingegen, die eine positive Diskrepanz des Wissenschaftsverständnisses aufwiesen – deren eigenes Verständnis also geisteswissenschaftlicher ausfiel als das ihrer Hochschule –, wiesen ein deutlich größeres Berufsinteresse am therapeutisch-beratenden Bereich auf im Vergleich zu einer Karriere in der Forschung $(p<0,05)$. Bei keiner der drei Gruppen (keine, negative oder positive Diskrepanz) bestand ein Unterschied zwischen den Probandinnen, die sowohl im forschenden als auch therapeutisch-beratenden Bereich tätig sein möchten und den anderen beiden Berufsbereichen (nur forschend oder nur psychotherapeutisch; $p>0,05$).

Studentische Zufriedenheit mit dem akademischen Wissenschaftsverständnis

Der Mittelwert der Antworten auf die Frage, wie zufrieden die Probandinnen mit dem im Studium vermittelten Selbstverständnis der Psychologie sind (1=sehr unzufrieden, 7=sehr zufrieden), lag bei 4,50 *(Std=1,56)*. Dabei bestand in Deutschland mit einem Mittelwert von 4,40 eine deutlich geringere Zufriedenheit als in Österreich *(M=5,15; p<0,001)*. Das war jedoch primär auf die höhere Unzufriedenheit der deutschen Studierenden an den öffentlichen Hochschulen zurückzuführen *(M=4,36)*, die sich innerhalb Deutschlands signifikant von den privaten Hochschulen unterschieden *(M=5,08; p=0,007)*.

3.1.4 Zusammenfassung der Variablen zur inhaltlichen Evaluation

Der Mittelwert der Studienzufriedenheit lag über Länder und Hochschularten hinweg und bei einem Range von 1–7 bei 5,17, der mit Abstand größte Teil der Studierenden war also tendenziell eher zufrieden mit dem Studium. Während sowohl Lehrkompetenz und Fachinteresse als relativ hoch angegeben wurden (Mittelwerte von 4,6 und 4,9), lag die wahrgenommene Autonomie mit einem Mittelwert von 3,8 deutlich darunter. Der Ist-Zustand von sowohl den Inhalten des Studiums als auch des Fachs Klinische Psychologie wich mit Mittelwerten zwischen 3,4 und 3,8 deutlich von den Wunscherwartungen der Studierenden ab, welche in der Regel um einen Mittelwert von 5 schwankten. Dennoch lag die Zufriedenheit mit dem Fach Klinische Psychologie mit 4,9 eher im zufriedenen Bereich. Interessant ist in diesem Kontext, dass über Länder und Hochschularten hinweg lediglich bei der Praxisrelevanz der Klinischen Psychologie ein signifikanter Zusammenhang zwischen Ist-und Soll-Werten bestand, nicht aber bei der Praxisrelevanz ohne dieses Fach. Das von den Studierenden eingeschätzte universitäre Wissenschaftsverständnis wich mit einem Mittelwert von 2,5 erheblich vom studentischen Selbstverständnis mit einem Mittelwert von 4,0 ab und wurde demnach über alle Probandinnen hinweg als deutlich naturwissenschaftlicher als das eigene wahrgenommen. Die mittlere Diskrepanz zwischen dem universitären und studentischen Wissenschaftsverständnis betrug 1,6, wobei mit 88% deutlich mehr Studierende eine positive Divergenz (d.h. ein geisteswissenschaftlicheres Selbstverständnis) aufwiesen als eine negative und nur 4,3% keine Diskrepanz aufzeigten. Trotz dieser Diskrepanz bestand ein (geringer) Zusammenhang zwischen dem studentischen und dem universitären Wissenschaftsverständnis. Die Zufriedenheit mit dem universitären Wissenschaftsverständnis lag mit 4,5 deutlich unter der Gesamtzufriedenheit.

Unterschiede zwischen den Ländern

Es zeigten sich Unterschiede zwischen den Ländern bei den Variablen *Studienzufriedenheit, Autonomie* und *Fachinteresse*, außerdem bei den *Inhalten des Fachs Klinische Psychologie* (hier insbesondere beim Ist-Zustand und bei den Diskrepanz-Werten) und der *Zufriedenheit mit diesem Fach* sowie beim *Wissenschaftsverständnis* und bei der *Zufriedenheit mit dem universitären Wissenschaftsverständnis*. Bei den drei erstgenannten Variablen unterschied sich tendenziell Deutschland von den anderen beiden Ländern, wobei Deutschland jeweils die niedrigeren Werte aufwies. Insbesondere bei der Studienzufriedenheit wiesen die deutschen Studierenden einen niedrigeren Mittelwert auf und hier besonders an den öffentlichen Hochschulen, wo sich jede Fünfte als eher unzufrieden mit dem Studium zeigte. Bei den Inhalten des Studiums bzw. des Fachs Klinische Psychologie zeichneten sich die deutlichsten Unterschiede zwischen Deutschland und Österreich ab. Dabei wies Deutschland, sofern Unterschiede bestanden, sowohl bei den Ist-Werten als auch der Zufriedenheit mit dem Fach Klinische Psychologie niedrigere Werte auf sowie größere Diskrepanzen zwischen dem Ist-Zustand und dem wünschenswerten. Die Soll-Werte wichen nur bei einem Item (Erwartung der Praxisrelevanz im Fach Klinische Psychologie) voneinander ab. Die Schweiz nahm hier meist eine Mittelposition ein, mit einer Tendenz, eher Deutschland zu ähneln als Österreich. Deutschland und Österreich unterschieden sich drastisch sowohl beim wahrgenommenen universitären als auch dem studentischen Wissenschaftsverständnis, wobei Deutschland jeweils die naturwissenschaftlichere Position vertrat. Die beiden Länder unterschieden sich auch erheblich in den entsprechenden Diskrepanz-Werten. Weiter zeigten sich deutsche Studierende unzufriedener mit dem wahrgenommenen universitären Wissenschaftsverständnis als österreichische. Die Schweiz nahm beim Wissenschaftsverständnis erneut eine Mittelposition zwischen Deutschland und Österreich ein mit einer deutlich größeren Nähe zu Deutschland.

Zwischen den Hochschularten zeigten sich Unterschiede in der *Studienzufriedenheit* (wobei Studierende an privaten Hochschulen zufriedener waren) sowie bei den *Inhalten des Fachs Klinische Psychologie* und dem *Wissenschaftsverständnis*. Bei den Inhalten des Fachs Klinische Psychologie unterschied sich der Ist-Zustand signifikant zwischen den Hochschularten, wobei die öffentlichen Hochschulen bezüglich der Offenheit der Lehre und der Praxisrelevanz niedrigere Werte aufwiesen. Die entsprechenden Soll-Werte wichen nicht voneinander ab, wohl aber die Diskrepanz-Werte der Praxisrelevanz. Hier zeigten Studierende an öffentlichen Hochschulen eine größere Diskrepanz hinsichtlich der tatsächlichen und erwünschten Inhalte als ihre Kommilitoninnen an privaten Hochschulen (was jedoch ausschließlich auf Deutschland zurückzuführen war, s.u.). Auch das Wissenschaftsverständnis unterschied sich zwischen den Hochschularten sowohl beim wahrgenommenen universitären als auch dem studentischen, wobei an öffentlichen Hochschulen ein deutlich naturwissenschaftlicheres Verständnis vorherrschte als an privaten Hochschulen. Ebenso war die Diskrepanz zwischen eigenem und universitärem Verständnis an öffentlichen Hochschulen größer als an den privaten.

Interaktionen von Land und Hochschulart

Interessant ist das Verhältnis von öffentlichen zu privaten Hochschulen zwischen den Ländern: Während in Deutschland tendenziell eine große Diskrepanz zwischen öffentlichen und privaten Hochschulen herrschte, schien diese Kluft in Österreich kleiner bis teilweise nicht vorhanden. In einem Fall (Diskrepanz-Werte der Praxisrelevanz ohne das Fach Klinische Psychologie) bestand in Österreich sogar eine spiegelbildliche Verteilung zu Deutschland mit einer geringeren Diskrepanz an öffentlichen Hochschulen im Vergleich zu privaten. Hierbei muss allerdings – wie eingangs erwähnt – berücksichtigt werden, dass sich der innerösterreichische Vergleich primär auf die Universität Klagenfurt vs. die Siegmund-Freud-Universität Wien bezieht.

3.1.5 Modell der Studienzufriedenheit

Es wurde jeweils ein Modell der Studienzufriedenheit innerhalb der Studierenden mit dem Fach Klinische Psychologie und innerhalb derer ohne dieses Fach berechnet. Hierdurch wurde unter anderem ermöglicht, die Stabilität der Ergebnisse zu untersuchen. Zusätzlich zu den im obigen Abschnitt beschriebenen Variablen (*Autonomie, Lehrkompetenz, Fachinteresse, Praxisrelevanz, Offenheit* und *Wissenschaftsverständnis*) gingen beim Modell mit dem Fach Klinische Psychologie die wahrgenommene *Dozentinnenbewertung der Therapieverfahren* und die *Diskrepanz zwischen studentischer und Dozentinnenbewertung* als Prädiktoren ein (s. Abschnitt 3.2.3 für die detaillierten Ergebnisse der Verfahrensbewertungen).

Multiple lineare Regression

Wie in Tabelle 15 abzulesen ist, leisten im Modell der Studienzufriedenheit mit dem Fach Klinische Psychologie (n=612) laut Einschlussmethode die Variablen *Diskrepanz des Wissenschaftsverständnisses, Lehrkompetenz, Autonomie, Fachinteresse,* die *Diskrepanz der Praxisrelevanzwerte* und die *Diskrepanz der Verfahrensbewertungen* einen signifikanten Beitrag zur Erklärung der Studienzufriedenheit. Zudem bestand ein signifikanter Unterschied zwischen der *Schweiz* und *Deutschland,* während der Unterschied zwischen der *Schweiz* und *Österreich* die Signifikanz mit *p=0,051* knapp verpasste, wie eine separate Analyse ergab. Alle Variablen zusammen erklärten 45,7% der Gesamtvarianz, was sich signifikant vom Nullmodell unterschied (F $(17, 594)=31,21$, $p<0,001$). Nur die signifikanten Variablen erklärten 45,1% der Gesamtvarianz (F $(7, 611)=73,44$, $p<0,001$).

Die Analyse der Modellvoraussetzungen fiel befriedigend aus (auszugsweise dargestellt in Anhang D). Es fielen jedoch ein Ausreißer bezüglich der abhängigen Variablen und 2 Ausreißer bezüglich der unabhängigen Variablen auf Grund hoher Hebelwerte auf. Da diese Ausreißer an sich noch keine drastische Auswirkung auf die Parameterschätzung und y-Werte haben müssen, wurden des Weiteren die standardisierten DfFITS-Werte inspiziert (s. Anhang D). Dabei fielen vor allem 2 einflussreiche Datenpunkte ins Auge mit DfFITS-Werten von 1,48 (TN 504, im Folgenden TN) und 0,95 (TN 621). Die Wertekombination dieser zwei einflussreichen Datenpunkte wurde daher auf Eingabefehler, Missverständnisse, Boykott o. Ä. überprüft (Eid et al., 2013). Sowohl TN 504 als auch TN 621 wiesen im Regelfall zwar extreme, aber realistische Werte auf. Sie teilten allerdings ein höchst auffälliges Antwortmuster bei den Items zum Wissenschaftsverständnis. TN 504 gab hier in der Mehrheit der Fragen sowohl beim eigenen als auch dem universitären Wissenschaftsverständnis eine 7 an. Dabei erhielten auch inverse Items eine inhaltlich gegensätzliche und daher widersprüchliche Bewertung. Bei TN 621 waren die Muster ebenso auffällig, wenn auch weniger deutlich: Sie gab jeweils bei den Items, die gemeinsam auf einer Internetseite präsentiert waren, die gleichen (Extrem-) Werte an, was folgerecht zu einem Diskrepanz-Wert von 0 führte.

So scheint nicht unplausibel, dass diese einflussreichen Datenpunkte, welche – wie die dfFITS-Werte aufzeigen – drastisch die Prädiktion der y-Werte beeinflussen, tatsächlich auf ein „Durchklickverhalten" der Probandinnen zurückzuführen sind. Insbesondere, da diese Items zum Wissenschaftsverständnis kurz vor Ende des Fragebogens präsentiert wurden und deren Beantwortung aufgrund der Abstraktheit der erfragten Konstrukte vermutlich relativ aufwändig war. Auf der anderen Seite kann natürlich nicht ausgeschlossen werden, dass die Werte doch ein realistisches und ernsthaftes Antwortverhalten darstellen, insbesondere die Antworten von TN 621.

Tabelle 15: Ergebnisse der multiplen Regression zur Vorhersage der Studienzufriedenheit mit dem *Fach* Klinische Psychologie (n=612) mittels Einschlussmethode sortiert nach der Erklärungsstärke der Prädiktoren

Modell	Regressions-koeffizient β	Standard-fehler	β (standar-disiert)	T	p-Wert
(Konstante)	2,328	0,592		3,929	,000
Diskrepanz Wissenschaftsverständnis**	-0,344	0,054	-0,281	-6,361	,000
Lehrkompetenz**	0,409	0,061	0,227	6,664	,000
Autonomie**	0,217	0,038	0,191	5,703	,000
Fachinteresse**	0,261	0,056	0,152	4,683	,000
Diskrepanz Praxisrelevanz*	-0,167	0,070	-0,129	-2,401	,017
Diskrepanz Verfahrens-bewertung**	-0,223	0,069	-0,128	-3,238	,001
Schweiz im Vergleich zu Deutschland**	0,592	0,172	0,106	3,432	,001
Ist-Zustand Offenheit	0,102	0,071	0,086	1,425	,155
Schweiz im Vergleich zu Österreich[1]	0,432	0,221	0,077	1,959	,051
Universitäres Wissenschafts-verständnis	-0,085	0,067	-0,059	-1,277	,202
Interaktion Fachinteresse & Wissenschaftsdiskrepanz	0,075	0,049	0,052	1,550	,122
Ist-Zustand Praxisrelevanz	9,061	0,079	0,044	0,772	,441
Fachsemester	0,016	0,012	0,040	1,279	,201
Dozentinnenbwertung Thera-pieverfahren	-0,061	0,063	-0,036	-0,965	,335
Diskrepanz Offenheit	0,038	0,065	0,036	0,585	,559
Österreich im Vergleich zu Deutschland	0,160	0,165	0,035	0,969	,333
Interaktion Fachinteresse & Bewertungsdifferenz	0,049	0,072	0,023	0,690	,491
Hochschulart	0,070	0,229	0,011	0,306	,760

* auf einem Niveau von <0,05 signifikant ** auf einem Niveau von <0,01 signifikant
[1] Dieser Vergleich wurde in einer separaten Regressionsanalyse untersucht und hier der Übersichtlichkeit halber eingefügt

So wurde die Analyse erneut ohne diese beiden Datenpunkte durchgeführt, um die Ergebnisse zu vergleichen. Die entsprechenden Ergebnisse sollten aber unter dem Vorbehalt betrachtet werden, dass falls diese extremen Datenpunkte doch realistische Antwortmuster darstellen, deren Ausschluss zu einem verzerrten Bild führen könnte. Bei der erneuten Analyse unter Ausschluss dieser zwei einflussreichen Datenpunkte veränderte sich im Vergleich zu den oben dargestellten Ergebnissen, dass die Interaktion des Fachinteresses mit der Wissenschaftsverständnisdiskrepanz nun mit $p=0,015$ signifikant wurde. Ebenfalls signifikant wurde nun der Unterschied zwischen Österreich und der Schweiz ($p=0,047$). Außerdem verfehlte der Ist-Zustand der Offenheit die Signifikanz nur noch knapp ($p=0,079$). Analysen mittels schrittweiser, Vorwärts- und Rückwärtsmethode erzielten die gleichen Ergebnisse. Die Variablen erklärten 46,2% der Gesamtvarianz ($F (17, 592)=31,77, p<0,001$).

Binäre logistische Regression

Der Omnibustest der Modellkoeffizienten bei der logistischen Regression wurde hochsignifikant ($Chi^2(17)=221,13, p<0,001$), wobei mittels Einschlussmethode folgende Variablen einen signifikanten Einfluss aufwiesen: die *Autonomie* ($p<0,001$), die *Lehrkompetenz* ($p<0,001$), das *Fachinteresse* ($p=0,016$), die *Diskrepanz-Werte der Praxisrelevanz* ($p=0,035$), die *Bewertungsdifferenz* der Verfahren ($p=0,020$) und nicht zuletzt die *Diskrepanz des Wissenschaftsverständnisses* ($p=0,007$). Der Unterschied zwischen *Deutschland und der Schweiz* verfehlte die Signifikanz knapp ($p=0,090$), ebenso der Unterschied zwischen *Österreich und der Schweiz* ($p=0,089$). Der nicht signifikante Chi²-Wert des Hosmer-Lemeshow-Tests sprach für eine gute Modellanpassungsgüte ($Chi^2(8)=403,90, p=0,633$). Wenn alle Variablen einbezogen wurden, betrug Nagelkerkes R^2 0,474. Wenngleich erneut TN 621 und 504 als einflussreiche Datenpunkte ins Auge stachen, änderten sich die Ergebnisse ohne diese beiden Beobachtungen nur marginal (das Fachinteresse wurde mit $p=0,102$ knapp nicht mehr signifikant, dafür verfehlte die Interaktion von Fachinteresse und Wissenschaftsverständnisdiskrepanz die Signifikanz mit $p=0,101$ nur knapp). Das Modell, welches nur die signifikanten Einflussvariablen beinhaltete, ergab für die gesamte Stichprobe ein Nagelkerkes R^2 von 0,444 und durchweg p-Werte von ≤0,01.

Modell der Studienzufriedenheit ohne das Fach Klinische Psychologie

Multiple lineare Regression

Die Regression mittels Einschlussmethode ergab für die Studierenden ohne das Fach Klinische Psychologie (n=193) drei signifikante Prädiktoren (Tabelle 16), namentlich die *Diskrepanz-Werte des Wissenschaftsverständnisses, die Lehrkompetenz und das Fachinteresse*. Die Variablen *Autonomie* und die *Diskrepanzwerte der Praxisrelevanz* verfehlten knapp die Signifikanz mit $p=0,052$ bzw. $p=0,088$. Insgesamt wurde durch alle Variablen 42,0% der Gesamtvarianz erklärt ($F (14, 178)=10,92, p<0,001$). Im Gegensatz zum Modell innerhalb der Studierenden mit Klinische Psychologie bestand demnach kein Länderunterschied zwischen Deutschland und der Schweiz, allerdings beinhaltete die schweizerische Stichprobe auch lediglich 4 Personen. Eine separate Analyse der Ländereffekte (mit Österreich anstelle

Deutschlands als Referenzkategorie) zeigte ebenfalls keine signifikanten Unterschiede zwischen der Schweiz und Österreich ($p=0,135$).

Tabelle 16: Ergebnisse der multiplen Regression zur Vorhersage der Studienzufriedenheit ohne das *Fach* Klinische Psychologie (n=193) mittels Einschlussmethode sortiert nach der Erklärungsstärke der Prädiktoren

Modell	Regressions- koeffizient β	Stan- dard- fehler	β (standar- disiert)	T	p-Wert
(Konstante)	4,023	1,047		3,843	,000
Diskrepanz Wissenschaftsverständnis **	-0,433	0,107	-0,345	-4,066	,000
Lehrkompetenz**	0,353	0,106	0,212	3,321	,001
Fachinteresse*	0,239	0,097	0,150	2,475	,014
Diskrepanz Praxisrelevanz	-0,171	0,120	-0,144	-1,426	,156
Diskrepanz Offenheit	-0,152	0,132	-0,128	-1,151	,251
Autonomie	0,138	0,070	0,120	1,958	,052
Ist-Zustand Praxisrelevanz	0,141	0,134	0,111	1,052	,294
Hochschulart	0,478	0,313	0,111	1,526	,129
Ist-Zustand Offenheit	-0,124	0,128	-0,100	-0,973	,332
Interaktion Fachinteresse & Wissenschaftsdiskrepanz	-0,153	0,089	-0,100	-1,716	,088
Schweiz im Vergl. zu Österreich [1]	0,918	0,611	0,096	1,503	,135
Schweiz im Vergl. zu Deutschland	0,740	0,536	0,077	1,380	,169
Universitäres Wissenschaftsverständnis	-0,124	0,119	-0,082	-1,043	,299
Österreich im Vergleich zu Deutschland	-0,178	0,304	-0,042	-0,586	,559
Fachsemester	-0,017	0,030	-0,034	-0,575	,566

* auf einem Niveau von <0,05 signifikant ** auf einem Niveau von <0,01 signifikant [1] Dieser Vergleich wurde in einer separaten Regressionsanalyse untersucht und hier der Übersichtlichkeit halber eingefügt.

Mittels schrittweiser Methode sowie Vorwärtsselektion und Rückwärtselimination wurden zusätzlich die Variablen *Autonomie* und die *Diskrepanz der Praxisrelevanz* aufgenommen (s. Tabelle 17 für das finale Modell mittels schrittweiser Methode). Dieses Modell erklärte 41,8% der Gesamtvarianz ($F(5,189)=28,55$, $p<0,001$).

Tabelle 17: Finales Modell der multiplen Regression zur Vorhersage der Studienzufriedenheit ohne das Fach Klinische Psychologie mittels schrittweiser Methode sortiert nach der Erklärungsstärke der Prädiktoren

Modell	Regressions-koeffizient β	Standard-fehler	β (standar-disiert)	T	p-Wert
(Konstante)	3,524	0,570		6,184	,000
Diskrepanz Wissenschafts-verständnis **	-0,470	0,078	-0,375	-6,011	,000
Diskrepanz Praxisrelevanz **	-0,258	0,072	-0,218	-3,592	,000
Lehrkompetenz **	0,358	0,100	0,215	3,574	,000
Fachinteresse **	0,280	0,093	0,175	3,005	,003
Autonomie *	0,161	0,068	0,140	2,345	,020

* auf einem Niveau von <0,05 signifikant; ** auf einem Niveau von <0,01 signifikant

Zur weiteren Untersuchung dieser unterschiedlichen Ergebnisse wurden hierarchische Regressionen durchgeführt, wobei jeweils in separaten Analysen die *Diskrepanz-Werte der Praxisrelevanz* und die *Autonomie* zu den drei oben dargestellten stabilen Prädiktoren (*Wissenschaftsverständnisdiskrepanz, Lehrkompetenz* und *Fachinteresse*) hinzugenommen wurde und in einem dritten Schritt die restlichen Variablen. Es zeigte sich, dass die Hinzunahme der *Autonomie* die Prädiktion über die drei anderen Variablen hinaus um 2,1 Prozentpunkte von 36,0% auf 38,1% verbesserte (*p=0,007*). Die Hinzunahme der *Diskrepanz-Werte der Praxisrelevanz* verbesserte die Prädiktion der drei stabilen Variablen um 4,6 Prozentpunkte von 36,0% auf 40,4% *(p<0,001)*. Beide Variablen scheinen daher für die Vorhersage der Studienzufriedenheit über die drei stabilen Prädiktoren hinaus relevant.

Zur gezielten Hypothesenprüfung und Stabilitätstestung wurden weitere hierarchische Regressionsanalysen durchgeführt, wobei die Erklärungssteigerung folgender Modelle getestet wurde: Modell 1 beinhaltete die klassischen Prädiktoren *Autonomie, Lehrkompetenz, Fachinteresse* und *Praxisrelevanz*. Modell 2 nahm zusätzlich das *Wissenschaftsverständnis* auf, während Modell 3 darüber hinaus die Interaktion von *Fachinteresse* und *Wissenschaftsdiskrepanz beinhaltete*. Modell 4 schloss die *Offenheits*variablen ein und Modell 5 prüfte, ob darüber hinaus die Kontrollvariablen einen Einfluss aufzeigten. Hierbei wurde lediglich der Unterschied zwischen Modell 1 und 2 signifikant (*p<0,001*), wobei die *Wissenschaftsdiskrepanz* zusätzliche 9,9 Prozentpunkte an Varianz erklärte (der Erklärungsbeitrag stieg somit von 33,5% auf 41,6%). Die Hinzunahme der Interaktion verfehlte die Signifikanz mit *p=0,092* knapp. Weder die *Offenheit* (*p=0,618*) noch die Kontrollvariablen (*p=0,378*) verbesserten die Erklärungsleistung.

Bei der Analyse der einflussreichen Datenpunkte fielen 4 Wertemuster ins Auge (s. Anhang D): TN 959 mit einem DfFITS-Wert von 1,51, TN 288 mit einem Wert von 1,22, TN 1487 mit 1,12 und TN 322 mit einem Wert von 1,0. Auffällig bei allen 4 Datenpunkten war die geringe Studienzufriedenheit, welche diese Probandinnen teilten. Allerdings schienen diese Einschätzungen zwar extrem, aber realistisch zu sein – sie waren also vermutlich nicht auf ein „Durchklicken" oder Ähnliches zurückzuführen. Einzig TN 288 legt einen möglichen

Ausschluss nahe, da diese Teilnehmerin angab, dass ihre Einschätzungen „irrelevant" sein könnten, da sie das folgende Semester einen Studiengangswechsel anstrebe. So ist nicht auszuschließen, dass für die Subgruppe der „Studiengangswechslerinnen", der diese Probandin angehörte, andere Mechanismen gelten als für die übrigen Psychologiestudierenden und ihr Antwortmuster aufgrund dessen so drastisch abwich. Eine erneute Analyse ohne diese Probandin ergab im Vergleich zur oben dargestellten Einschlussmethode einen signifikanten Einfluss der Interaktion von Fachinteresse und Wissenschaftsverständnis ($p=0{,}013$), wobei das Fachinteresse selbst nun knapp keinen signifikanten Einfluss mehr aufwies ($p=0{,}100$). Auch diese Ergebnisse sollten bei der Interpretation der Befunde berücksichtigt werden.

Binär logistische Regression

Bei der Durchführung der binär logistischen Regression zeigten sich unter Einbezug aller relevanten Variablen extrem hohe Werte der Parameterschätzung und extrem hohe Standardschätzfehler bei der Dummyvariable, welche das Land Schweiz mit Deutschland verglich. Eine Analyse ergab, dass hier eine Nullzellenkonstellation vorlag, die sich „vollständige Separierbarkeit" nennt (Eid et al., 2013). Diese Konstellation ergibt sich, wenn alle Personen mit Werten unterhalb eines spezifischen Wertes die eine Kategorie der abhängigen Variablen wählen und alle Personen mit Werten oberhalb dieses spezifischen Wertes die andere Kategorie wählen. Dies war insofern der Fall, als dass keine schweizerische Studierende auf der unzufriedenen Seite lag (mit n=4 war die schweizerische Stichprobe zudem äußerst klein). Daher wurde eine erneute Analyse durchgeführt ohne den Ländervergleich von Deutschland und der Schweiz. Es ergab sich ein hochsignifikanter Test der Modellkoeffizienten ($Chi^2(14)=69{,}96$, $p<0{,}001$). Dem Hosmer-Lemeshow-Test zufolge lag eine gute Modellanpassungsgüte vor ($Chi^2(8)= 3{,}84$, $p=0{,}871$) und Nagelkerkes R^2 betrug 0,566. Allerdings wiesen lediglich die Lehrkompetenz ($p=0{,}008$) und die Diskrepanz des Wissenschaftsverständnisses ($p=0{,}016$) signifikante Werte auf. Dies mag neben der insgesamt kleineren Stichprobengröße daran liegen, dass sich nur n=25 als eher unzufrieden zeigten und n=168 als eher zufrieden und somit eine deutliche Asymmetrie vorlag. Analysen mittels Vorwärtsselektion und Rückwärtselimination anhand des Likelihood-Ratio-Werts ergaben zusätzlich einen signifikanten Einfluss des Ist-Zustands der Praxisrelevanz ($p=0{,}008$). Gemeinsam ergaben diese drei Variablen ein Nagelkerkes R^2 von 0,516 (Omnibustest der Modellkoeffizienten: $Chi^2(3)=64{,}25$, $p<0{,}001$; Hosmer-Lemeshow-Test: $Chi^2(8)= 3{,}42$, $p=0{,}906$).

Weitere Analysen zum Moderatoreffekt des Wissenschaftsverständnisses

Verschiedene Befunde legen die genauere Untersuchung des Moderatoreffekts von der Wissenschaftsverständnisdiskrepanz auf den Zusammenhang von Fachinteresse und Studienzufriedenheit nahe. So verfehlte dieser Interaktionseffekt sowohl im Modell mit als auch ohne Klinische Psychologie die Signifikanz eher knapp (mittels Einschlussmethode beim Modell mit Klinische Psychologie mit $p=0,121$, ohne dieses Fach $p=0,088$; mittels schrittweiser Methode jeweils $p=0,070$ bzw. $p=0,110$ und mittels hierarchischer Regression mit $p=0,085$ bzw. $p=0,092$). Zudem führte im Modell mit Klinische Psychologie der Ausschluss der zwei einflussreichen Datenpunkte, die möglicherweise durch ein „Durchklicken" der Items zum Wissenschaftsverständnis auffielen, zu einem signifikanten Beitrag der Interaktion von Fachinteresse und Wissenschaftsverständnisdiskrepanz ($p=0,015$). Auch der Ausschluss einer einflussreichen Probandin im Modell ohne Klinische Psychologie, welche nach eigenen Angaben einen Fachwechsel anstrebte, führte zu einem signifikanten Interaktionseffekt ($p=0,015$).

Auf Grund dieser Befunde wurden weitere grafische bzw. korrelative Analysen in der gesamten Stichprobe – inklusive der einflussreichen Datenpunkte – durchgeführt (s. Abbildung 9). So ergab sich innerhalb der Studierenden mit einer geringen Diskrepanz zwischen universitärem und eigenem Wissenschaftsverständnis (dem unteren Drittel der Diskrepanz-Werte) ein Zusammenhang von $r=0,288$ zwischen dem Fachinteresse und der Studienzufriedenheit, was sich signifikant von 0 unterschied ($p<0,001$). Innerhalb der Studierenden mit einer mittelgroßen Diskrepanz des Wissenschaftsverständnis zeigte sich eine Korrelation von $r=0,228$ zwischen dem Fachinteresse und der Studienzufriedenheit (mit $p<0,001$ von 0 verschieden). Innerhalb der Probandinnen mit einer großen Diskrepanz zwischen dem eigenen und universitären Wissenschaftsverständnis sank die Korrelation zwischen Fachinteresse und Studienzufriedenheit hingegen auf $r=0,145$. Das war zwar immer noch signifikant von 0 verschieden ($p=0,013$), unterschied sich aber ebenfalls signifikant von der Korrelation innerhalb der Studierenden mit einer geringen Diskrepanz ($p=0,036$; überprüft mittels Fisher-Z-Transformation nach Bortz, 1993). Auch wird die Regressionsgerade der Gruppe mit einer großen Diskrepanz des Wissenschaftsverständnisses nicht vom 95%-igen Konfidenzintervall der anderen Regressionsgeraden eingeschlossen. Die Korrelation der Studierenden mit einer mittelgroßen vs. einer großen Diskrepanz unterschieden sich hingegen nicht signifikant voneinander ($p=0,152$), ebenso wenig die Korrelation der Studierenden mit einer kleinen vs. einer mittelgroßen Diskrepanz ($p=0,223$). Diese Befunde verstärken die Annahme eines Moderatoreffekts von der Diskrepanz des Wissenschaftsverständnisses auf den Zusammenhang von Fachinteresse und Studienzufriedenheit.

Zusammenfassung der Modelle der Studienzufriedenheit

Sowohl innerhalb der Studierenden mit dem Fach Klinische Psychologie als auch innerhalb der Subgruppe ohne dieses Fach erwies sich die *Diskrepanz des Wissenschaftsverständnisses* als erklärungsstärkster Prädiktor für die Studienzufriedenheit. Außerdem stabil über die verschiedenen Modelle zeigten sich die Prädiktoren *Lehrkompetenz, Fachinteresse, Autonomie* und die *Diskrepanz-Werte der Praxisrelevanz*. Mit dem Fach Klinische Psychologie war zusätzlich die *Diskrepanz der Verfahrensbewertungen* relevant, die innerhalb der Studierenden ohne dieses Fach nicht erhoben wurde.

Abbildung 9: Sunflowerplots und einfache lineare Regressionen der Studienzufriedenheit auf das Fachinteresse für 3 verschiedene Subgruppen.

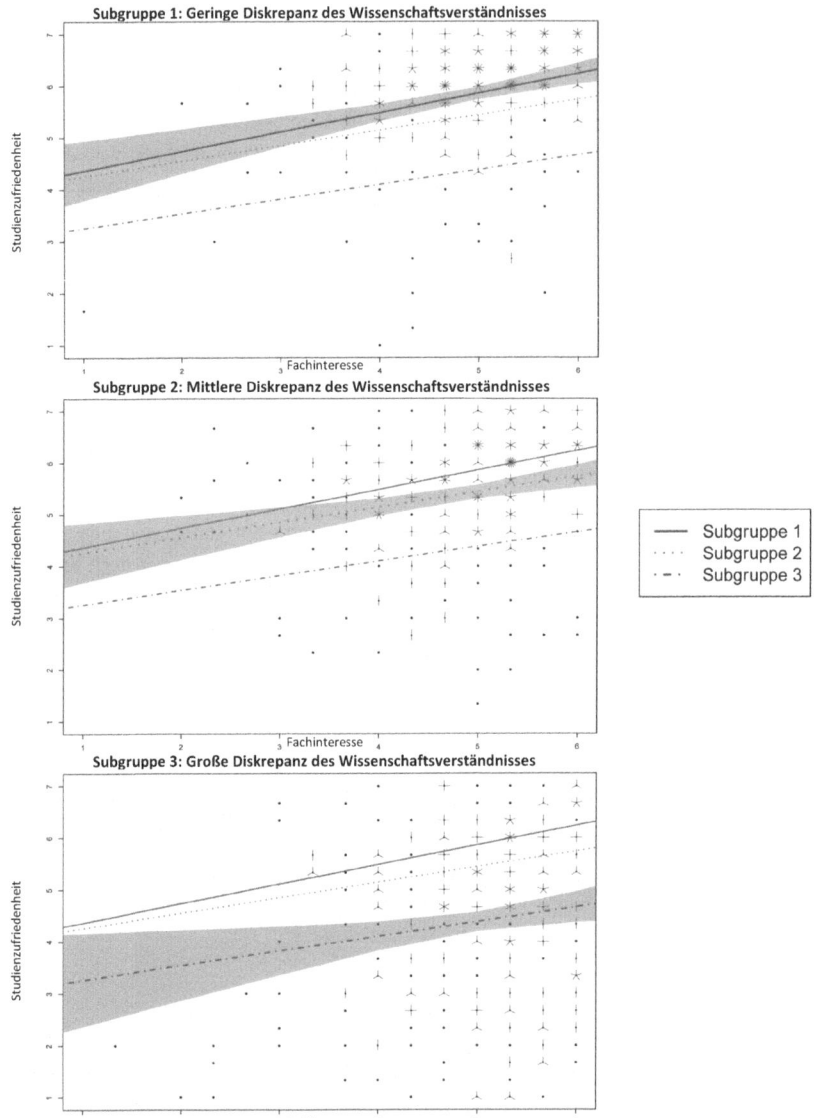

In jedem Subgruppenplot wurden die jeweils anderen beiden Regressionsgeraden zur besseren Vergleichbarkeit hinzugefügt. Subgruppe 1: unteres Drittel der Diskrepanz-Werte des Wissenschaftsverständnisses; Subgruppe 2: mittleres Drittel der Diskrepanz-Werte; Subgruppe 3: oberes Drittel der Diskrepanz-Werte; Grau schattiert: 95%iges Konfidenzintervall um die Regressionsgeraden. Die Datenpunkte des Streudiagramms werden für die jeweils hervorgehobene Regressionsgerade dargestellt, die Anzahl der sich überlagernden Datenpunkte wird durch die Anzahl der Striche um den Punkt verdeutlicht.

Der Unterschied zwischen der Schweiz und Deutschland in der Studienzufriedenheit war mit dem Fach Klinische Psychologie nach Kontrolle aller anderen Variablen weiterhin signifikant, ebenso bestand die Tendenz zu einem Unterschied zwischen der Schweiz und Österreich. Innerhalb der Studierenden ohne Klinische Psychologie zeigten sich keine solchen Länderunterschiede, allerdings war die schweizerische Stichprobe mit n=4 auch sehr klein. Zudem bestand sowohl innerhalb der Subgruppe mit als auch ohne Klinische Psychologie die Tendenz eines Interaktionseffekts der Wissenschaftsverständnisdiskrepanz mit dem Fachinteresse, der durch korrelative Analysen unterstützt wurde. Letzteren zufolge bestand ein signifikanter Unterschied zwischen dem Zusammenhang von Fachinteresse und Studienzufriedenheit innerhalb der Studierenden mit einer niedrigen Wissenschaftsverständnisdiskrepanz im Gegensatz zur Subgruppe mit einer großen derartigen Diskrepanz, wobei letztere einen wesentlich geringeren Zusammenhang aufwiesen.

Das Modell für die Studierenden mit dem Fach Klinische Psychologie erklärte für die gesamte Subgruppe und nur unter Berücksichtigung der signifikanten Einflussvariablen 45% der Varianz, dasjenige für die Subgruppe ohne das Fach Klinische Psychologie 42%. Die Ergebnisse der logistischen Regression in der Subgruppe mit dem Fach Klinische Psychologie sprechen für die Stabilität der Befunde der linearen Regression, wobei Nagelkerkes R^2 mit 0,444 in ähnliche Größen fiel wie die erklärte Gesamtvarianz der linearen Regression. Die logistische Regression in der Subgruppe ohne das Fach Klinische Psychologie wich insofern von der linearen Regression ab, als dass sich weder das Fachinteresse noch die Autonomie als signifikant erwiesen, außerdem anstelle der Diskrepanz-Werte der Praxisrelevanz deren Ist-Werte. Allerdings schien hier der durch die Dichotomisierung entstandene Informationsverlust höchst relevant, da lediglich 25 Studierende von den 193 auf der unzufriedenen Seite lagen. Nagelkerkes R^2 lag hier bei 0,516.

3.2 Untersuchung der Repräsentation der Therapieverfahren

3.2.1 Berufsvorstellungen und Wahl einer Therapieausbildung

Berufsvorstellungen

78,2% der Befragten bejahten die Frage, ob sie schon wüssten, in welchem Bereich sie später tätig sein möchten. Von diesen 673 Probandinnen wollten die mit Abstand meisten im therapeutisch-beratenden Bereich tätig sein (in 75,0% der Fälle genannt, Mehrfachnennungen waren möglich), gefolgt von Forschung und Lehre (29,9%), dem pädagogischen Bereich (21,1%), Forensik und Strafvollzug (20,7%), Wirtschaft und Industrie (18,7%) und mit großem Abstand dem verkehrspsychologischen Bereich (2,7%). Unter „Sonstige" (12%) wurde mit n= 12 am häufigsten der neuropsychologische Bereich genannt, gefolgt von einer Tätigkeit im Bereich Gesundheitswesen und Prävention (n=9), Sportpsychologie (n=9), Coaching/ Beratung/Mediation (n=7) und einer Vielzahl an weiteren (Unter-) Bereichen.

Von den 504 Teilnehmerinnen, die später im therapeutisch-beratenden Bereich tätig sein möchten, strebten 92,9% eine Therapieausbildung an (n=468), wobei sich keine Unterschiede zwischen den Ländern oder Hochschularten zeigen. Davon gaben 85,7% an, ihre Ausbildung in Deutschland absolvieren zu wollen, 8,1% in Österreich, 4,9% in der Schweiz und 1,3% in einem anderen Land. Hier wurden Schweden, Tschechien, England, USA und Südkorea genannt sowie eine Aufteilung von Ausbildungsinhalten in Österreich und Deutschland.

Ausbildungswahl innerhalb der kassenzugelassenen Therapieverfahren

Deutschland

Von den 401 Studierenden, die eine Therapieausbildung in Deutschland anstreben, wählten innerhalb der kassenzugelassenen Ausbildungsrichtungen 51,1% eine kognitiv-verhaltenstherapeutische Ausbildung, 14% eine tiefenpsychologische (TP), 3,5% eine psychoanalytische (PA) und 11,5% eine verklammerte Ausbildung in analytischer und tiefenpsychologische fundierter Therapie (s. Abbildung 10). Damit wählten insgesamt 29% eine psychodynamische Ausbildungsrichtung (PA+TP). 20% wussten noch nicht, für welche Richtung sie sich entscheiden werden. Die genannten Prozentzahlen wichen signifikant von einer Gleichverteilung ab (*p<0,001*). Während in Deutschland an öffentlichen Hochschulen mit 53,6% eher die Verhaltenstherapie gewählt wurde als an privaten (*15,4%; p<0,05*), wurde an privaten Hochschulen mit 46,2% häufiger die verklammerte Ausbildung (TP und PA) gewählt als an öffentlichen (*9,1%, p<0,05*). Es bestanden keine Unterschiede zwischen den Hochschularten bezüglich der reinen PA oder TP und auch nicht bei denen, die es noch nicht wussten.

Österreich

Bei den Studierenden, die eine Ausbildung in Österreich anstreben (n=38), sah die Verteilung gleichmäßiger aus und wich nicht signifikant von einer Gleichverteilung ab (*p=0,643*). Hier wählten die Studierenden unter den kassenanerkannten Ausbildungen mit 21,1% eine humanistisch-existentielle Ausbildung, mit 18,4% eine psychoanalytische Ausbildung, mit 15,8% eine tiefenpsychologisch fundierte, mit 10,5% eine kognitiv-verhaltenstherapeutische und mit 10,5% eine systemische Ausbildung (s. Abbildung 10). Insgesamt kam hier auf die psychodynamischen Verfahren demnach ein Anteil von 34,2%. 23,7% wussten noch nicht, welche Ausbildungsrichtung sie wählen möchten. Es zeigten sich keine Unterschiede zwischen den Hochschularten (*Chi^2(5)=6,74, p=0,241*), wobei die Stichprobe mit n=38 auch relativ klein war.

Abbildung 10: Therapieausbildungswahl in Deutschland und Österreich (die Schweiz wird wegen der geringen Fallzahl nicht dargestellt)

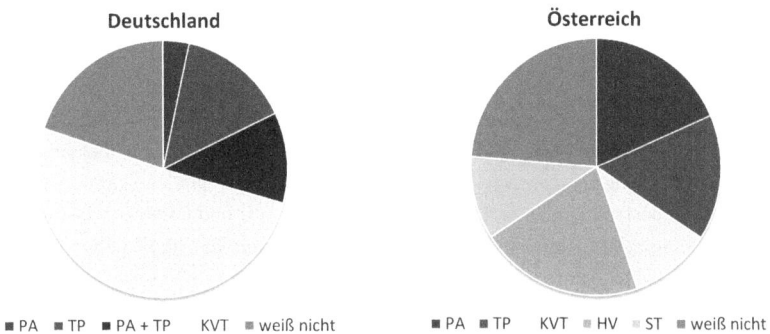

Deutschland   Österreich

■ PA ■ TP ■ PA + TP KVT ■ weiß nicht   ■ PA ■ TP KVT ■ HV ST ■ weiß nicht

PA = psychoanalytisch, TP = tiefenpsychologisch, KVT = kognitiv-verhaltenstherapeutisch, HV= humanistisch, ST = systemische

Schweiz

Auch bei den Studierenden, die eine Ausbildung in der Schweiz anstreben, war die Verteilung gleichmäßiger und wich nicht signifikant von einer Gleichverteilung ab ($p=0,118$). Hier wählten je 17,4% eine psychoanalytische/tiefenpsychologische Ausbildung und eine kognitiv-verhaltenstherapeutische, 4,3% eine humanistische, 4,3% eine systemische, 30,4% eine integrative, 4,3% „Sonstige" (in diesem Fall „Verhaltensmedizin") und 21,7% wussten es noch nicht. Allerdings war auch dies mit 23 Probandinnen eine sehr kleine Stichprobe, so dass die Verteilung teilweise auf nur einer Person beruhte (bei der humanistischen, systemischen und sonstigen Ausbildung).

Ausbildungswahl innerhalb aller Therapieverfahren

Über Länder und Hochschularten hinweg und unabhängig von der Kassenzulassung würden die Studierenden am häufigsten die kognitiv-verhaltenstherapeutische Ausbildung (26,7%, im Folgenden KVT) wählen, gefolgt von der psychoanalytischen bzw. tiefenpsychologisch fundierten mit 17,3% (im Folgenden PDT für psychodynamische Therapieverfahren), einer integrativen Ausbildung (14,5%), der systemischen (14,3%, im Folgenden ST) und humanistischen Ausbildung (12%; im Folgenden HV). 1,1% wählten die Kunst- oder Musiktherapie und 1,7% sonstige. 12,4% wussten es nicht. Die Nennungshäufigkeit der Verfahrensrichtungen wich dabei signifikant von einer Gleichverteilung ab ($p<0,001$). Unter „Sonstige" wurden die Tanztherapie, Verhaltensmedizin, Körperpsychotherapie/ körperorientierte Psychotherapie (n=2), transpersonale Psychotherapie, Psychedelische/Psycholytische Therapie und zweimal die hypnosystemische bzw. Hypnosetherapie genannt. Innerhalb derjenigen, die eine integrative Therapie bevorzugten (n=68) wurde eine Vielzahl an unterschiedlichen Schwerpunktmustern genannt. Am häufigsten wurde hierbei die Integration aller vier genannten Therapierichtungen gefordert (n=12), gefolgt von der Kombination von Tiefenpsychologie mit der KVT sowie der Kombination von KVT, HV und ST mit jeweils 5 Nennungen.

Während an öffentlichen Hochschulen mit 27,3% am häufigsten die Verhaltenstherapie genannt wurde, wählten Studierende an privaten Hochschulen mit 47,2% am häufigsten die psychodynamische Ausbildung. Diese wurde an öffentlichen Hochschulen lediglich von 14,8% gewählt. Außerdem nannten Studierende an öffentlichen Hochschulen mit 15,7% am zweithäufigsten eine integrative Ausbildung, welche an privaten gar nicht genannt wurde. Zudem bestand ein Unterschied zwischen der Schweiz und Österreich bezüglich der Wahl einer integrativen Therapieausbildung, die in der Schweiz von 30,4% und in Österreich von nur 9,2% gewählt wurde (p<0,05).

Vergleich der Ausbildungswahl innerhalb der kassenzugelassenen Verfahrensrichtungen und innerhalb aller Therapieverfahren

In Deutschland wurde sowohl die PDT als auch die KVT signifikant häufiger als Ausbildungsrichtung gewählt, wenn die Auswahl auf die innerhalb Deutschlands zugelassenen Verfahren beschränkt wurde (PDT: 28,9%; KVT: 51,1%) im Vergleich zur Wahl innerhalb aller Verfahren (PDT: 16,2%; KVT: 28,7%; jeweils p<0,001). In Österreich hingegen zeigten sich weder bei der PDT (p=0,375), noch der KVT (p>0,999), der HV (p>0,999) oder der ST (p=0,625) Unterschiede der Wahl innerhalb der kassenzugelassenen oder innerhalb aller Verfahren.

Zusammenfassung der Ausbildungswahl

Während innerhalb der zugelassenen Verfahren in Deutschland die kognitive Verhaltenstherapie mit über 50% deutlich dominierte (knapp 30% wählten eine psychodynamische Ausbildung), war die Verteilung besonders in Österreich, aber auch in der Schweiz deutlich homogener. Über alle Verfahren hinweg – unabhängig von der Kassenzulassung – zeigten sich hingegen keine bedeutenden Länderunterschiede. Die psychodynamischen Verfahren wurden an privaten Hochschulen deutlich häufiger gewählt als an öffentlichen, während an öffentlichen eher die verhaltenstherapeutischen als die psychodynamischen Verfahren genannt wurden.

Vornehmliche Vertretung eines Therapieverfahrens

Auf die Frage, welche Psychotherapieverfahren an der Hochschule vornehmlich durch die Lehrkräfte vertreten werden, antworteten über Länder und Hochschularten hinweg 80,9% *kognitiv-verhaltenstherapeutische Verfahren*, 12% *psychoanalytische oder tiefenpsychologische Verfahren*, 2,3% *humanistische* und 2,3% *systemische Verfahren*. Diese Verteilung wich hochsignifikant von einer Gleichverteilung ab (*p<0,001*). Unter den 2,6%, die „Sonstige" angekreuzt hatten, wurden jeweils sowohl PDT als auch KVT und eine Mischung aus allen genannt, des Weiteren jeweils einmal „keine", „Behandlung mit Medikamenten" und „Plananalyse". Die restlichen gaben an, keine Angabe machen zu können.

In Deutschland wurde mit 91,1% am häufigsten die KVT genannt, signifikant häufiger als in Österreich mit 10,5% und der Schweiz mit 78,8%, wo die KVT jedoch auch die am häufigsten genannte Richtung darstellte (jeweils *p<0,05*; s. Abbildung 11). Dafür wurde in Österreich mit 76,3% überwiegend die PDT angegeben, signifikant häufiger als in Deutschland mit 3,5% und in der Schweiz mit 5,8% (jeweils *p<0,05*). Dieser Länderunterschied bestand allerdings nicht innerhalb der privaten Hochschulen. Bezüglich der HV unterschieden sich die Länder nicht voneinander, während bei der ST lediglich Unterschiede zwischen Deutschland (1,5%) und Österreich bestanden (7,9%; *p<0,05*; s. Abbildung 11). Während an privaten Hochschulen mit 47,2% am häufigsten die PDT genannt wurden (und damit signifikant häufiger als an den öffentlichen mit 10%; *p<0,05*), wurde an den öffentlichen Hochschulen mit 83,5% am häufigsten die KVT genannt, ebenfalls signifikant öfter als an den privaten Hochschulen mit 36,1% (*p<0,05*). Zudem wurden an privaten Hochschulen mit 13,9% eher die ST genannt als an öffentlichen mit nur 1,6% (*p<0,05*).

Abbildung 11: Verteilung der *Vornehmlichen Vertretung eines Therapieverfahrens* in Abhängigkeit der Studienländer über Hochschularten hinweg

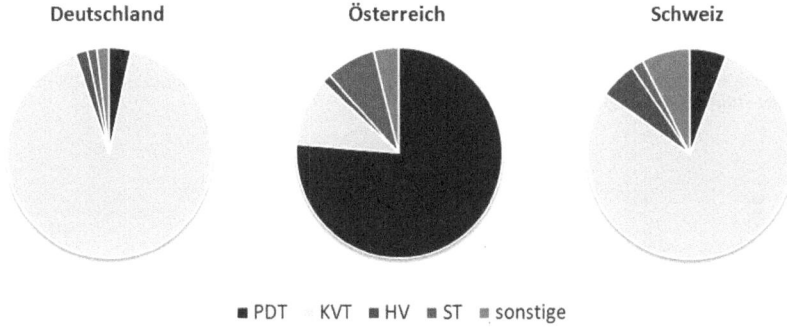

PDT = psychodynamische Therapieverfahren, KVT = kognitiv-verhaltenstherapeutische Verfahren, HV = humanistische Verfahren, ST = systemische Verfahren

Menge der vermittelten Informationen

Auf die Frage, wie viele Informationen die Dozentinnen durchschnittlich zu den *psycho-dynamischen Therapieverfahren* vermittelten (1=gar keine Informationen bis 6=sehr viele Informationen), ergab sich über Länder und Hochschularten hinweg bei den 666 befragten Probandinnen ein Mittelwert von 2,98 *(Std=1,48)*. Dabei gaben deutsche Studierende mit einem Mittelwert von 2,66 eine geringere diesbezügliche Informationsmenge an als sowohl die Schweiz mit 3,23 *(p=0,004)* wie auch Österreich mit 5,03 *(p<0,001,* s. Abbildung 12). Auch der Unterschied zwischen Schweiz und Österreich wurde signifikant *(p<0,001).* Zudem wurden in Deutschland an öffentlichen Hochschulen mit 2,55 im Schnitt drastisch weniger Informationen zur PDT gegeben als an privaten mit einem Mittelwert von 4,71 *(p<0,001).* Die durchschnittliche Informationsmenge bei der *kognitiven Verhaltenstherapie* lag über Länder und Hochschulen hinweg bei 5,12 *(Std=1,16).* Dabei bestand ein Unterschied zwischen Österreich mit 3,70 und sowohl Deutschland *(M=5,30; p<0,001)* als auch der Schweiz *(M=5,31; p<0,001,* s. auch hier Abbildung 12). Zudem wurden diesbezüglich in Deutschland an öffentlichen Hochschulen mit 5,37 mehr Informationen gegeben als an privaten *(M=3,96; p<0,001).* Die durchschnittliche Informationsmenge bei den *humanistischen Verfahren* betrug 2,62 *(Std=1,32),* wobei in Deutschland mit 2,49 weniger Informationen gegeben wurden als in Österreich mit 3,37 *(p<0,001,* s. Abbildung 12). Bei der *systemischen Therapie* lag die durchschnittliche Informationsmenge bei 2,63 *(Std=1,35).* Dabei wurden diesbezüglich in Österreich mit 3,70 mehr Informationen gegeben als sowohl in Deutschland *(M=2,46; p<0,001)* wie auch der Schweiz *(M=2,81; p<0,001,* s. Abbildung 12). Zudem bestand die Tendenz, dass an privaten Hochschulen mit 3,22 mehr Informationen zur ST gegeben werden als an öffentlichen mit 2,59 *(p=0,063).*

Die Informationsmenge zwischen den Verfahren wich hochsignifikant voneinander ab *(F (2,4, 1615,5)=691,12, p<0,001).* Demnach werden in der studentischen Wahrnehmung über die KVT signifikant am meisten Informationen vermittelt, gefolgt von der PDT, wo die Informationsmenge ebenfalls signifikant höher lag als bei den HV oder ST *(jeweils p<0,001).* Die beiden letztgenannten unterschieden sich nicht signifikant voneinander *(p>0,999).*

Abbildung 12: Durchschnittliche Informationsmenge pro Therapieverfahren in Abhängigkeit der Studienländer über Hochschularten hinweg

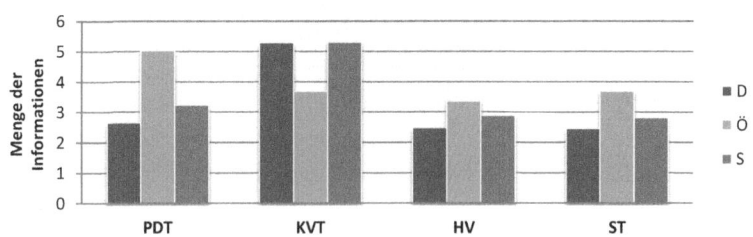

D=Deutschland, Ö = Österreich, S = Schweiz

Ausgewogenheit der Darstellung der Therapieverfahren

Über Länder und Hochschularten hinweg verneinten 76% der 666 Probandinnen die Frage, ob die verschiedenen therapeutischen Verfahren im Studium inhaltlich ausgewogen und weitgehend „objektiv" dargestellt würden (n=506). Demnach wurde die Frage von 24% bejaht (n=160). Dabei zeigten österreichische Studierende eine 4-mal höhere Chance, die Objektivität zu bejahen (47,4%) im Vergleich zu deutschen, von denen nur 19% diese Frage bejahten (*p<0,001*). Auch Studierende in der Schweiz bejahten mit 42,3% eher die Frage nach der Objektivität als diejenigen in Deutschland (*p<0,001*). Länderübergreifend bestand an privaten Hochschulen (50%) eine 4,1-mal höhere Chance, die Frage zu bejahen als an öffentlichen Hochschulen *(22,5%; p<0,001*).

Zufriedenheit mit der Vermittlung der Therapieverfahren im Studium

Bei der Frage nach der Zufriedenheit mit der Vermittlung der verschiedenen Therapieverfahren im Studium lag der Mittelwert über die Antworten der 666 Probandinnen auf der 7-stufigen Ratingskala (1=sehr unzufrieden, 7=sehr zufrieden) über Länder und Hochschulart hinweg bei 3,66 (*Std=1,71*). Wie das Balkendiagramm in Abbildung 13 und die Standardabweichung verdeutlichen, handelt es sich hierbei um eine relativ breite Verteilung mit 45,2%, die eher unzufrieden sind und 37,7% eher Zufriedenen. Dabei waren die österreichischen Studierenden mit einem Mittelwert von 4,71 deutlich zufriedener als ihre deutschen (*M=3,49; p<0,001*) und schweizerischen Kommilitoninnen (*M=3,83; p=0,009*). Zudem bestand in Deutschland ein großer Unterschied in der Zufriedenheit zwischen öffentlichen (*M=3,43*) und privaten Hochschulen (*M=4,61; p<0,001*).

Abbildung 13: Prozentuale Darstellung der Zufriedenheit mit der Darstellung der Therapieverfahren

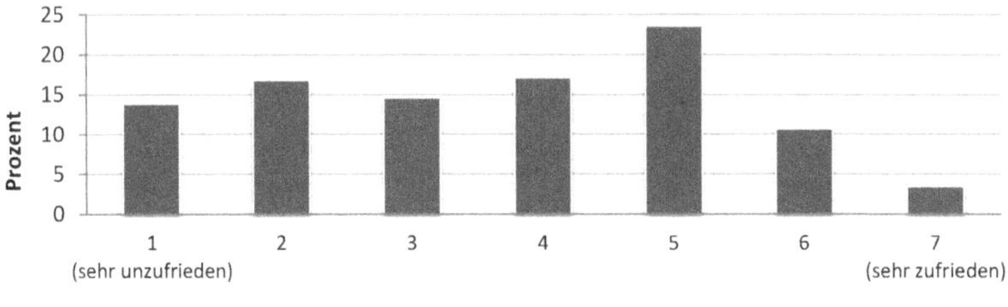

82,6% der 666 der Probandinnen mit dem Fach Klinische Psychologie bejahten die Frage, ob sie sich wünschen, dass bestimmte Therapierichtungen verstärkt im Studium behandelt würden, wobei weder Länder- noch Hochschulartunterschiede auftraten. Diese 550 Studierende wünschten sich in 79,6% der Fälle eine verstärkte Behandlung der systemischen, in 76,5% der humanistischen und in 60,7% der psychodynamischen Verfahren. 31,5% wünschten sich eine intensivere Behandlung der Verhaltenstherapie. Dabei zeigten nur ST und HV keinen signifikanten Unterschied in der Nennungshäufigkeit (*p=0,207*), zwischen den anderen Verfahren bestanden deutliche Unterschiede (*p<0,001*).

In 12% der Fälle (n=63) wurden „Sonstige Verfahren" gewählt. Hier wurden Kunsttherapie (n=16), körperorientierte Verfahren (n=15) und Musiktherapie (n=14) am häufigsten genannt, gefolgt von hypnotherapeutischen Verfahren (n=9), Schematherapie (n=3) und Tanztherapie (n=3). Von jeweils 2 Probandinnen wurden Entspannungsverfahren, Traumatherapie, transpersonale Therapie, tiergestützte Therapie und die Psychotherapie von Kindern und Jugendlichen genannt. Während 16 weitere spezifische Therapieverfahren je einmal gewünscht wurden, sprachen sich 3 Probandinnen für die gleichberechtigte Behandlung aller (wissenschaftlich anerkannten) Therapieformen aus und 2 weitere für eine allgemeine integrative Psychotherapie fern vom „*Denken in Therapieschulen*" (TN 311). Zudem konnten die Probandinnen pro übergeordneter Verfahrensrichtung ein Therapieverfahren nennen, was sie spezifisch vertiefen möchten, wobei eine große Bandbreite an einzelnen Verfahren genannt wurde. Aus Platzgründen werden diese hier nicht weiter erörtert, die Liste dieser Vertiefungsverfahren kann von der Autorin angefordert werden.

Hinsichtlich der PDT bestand in Deutschland mit der Nennung in 66,3% der Fälle eine 5-mal höhere Chance im Vergleich zu Österreich (*30,0%; p<0,001*) und eine 2,3-mal höhere als in der Schweiz (*46,7%; p=0,007*), sich deren verstärkte Behandlung zu wünschen. Ebenso bestand die Tendenz, dass sich Studierende an öffentlichen Hochschulen mit 61,5% eher die verstärkte Behandlung der PDT wünschten als Studierende an privaten Hochschulen (46,2%; *p=0,070*). Zudem zeigte sich die Tendenz, dass sich deutsche (*77,4%; p=0,007*) und schweizerische Studierende (*86,7%; p=0,013*) häufiger eine intensivere Behandlung der HV wünschten als österreichische (61,8%). Auch wiesen deutsche Studierende mit 81,6% tendenziell einer 2,6-mal größere Chance auf, sich die verstärkte Behandlung der ST zu wünschen als österreichische mit 63,6% (*p=0,002*). Andersherum stellte es sich bei dem Wunsch nach „mehr KVT" dar, wo sich tendenziell österreichische Studierende mit 45% häufiger dafür aussprachen als deutsche mit 29,2% (*p=0,024*).

Zusammenfassung der Repräsentation der Therapieverfahren im Studium

Die kognitive Verhaltenstherapie wurde auf die Frage, welche Psychotherapieverfahren an der Hochschule vornehmlich durch die Lehrkräfte vertreten würden, über Länder und Hochschularten mit über 80% am häufigsten genannt. Allerdings zeigten sich hier bedeutsame

Länderunterschiede: Während in Deutschland und der Schweiz die Verhaltenstherapie am häufigsten genannt wurde, wurden in Österreich mit über Dreiviertel am häufigsten die psychodynamischen Verfahren genannt. Ebenso wurden Hochschulartunterschiede in dem Sinne deutlich, dass zwar an öffentlichen Hochschulen die Verhaltenstherapie als die dominante Therapierichtung wahrgenommen wurde, an privaten hingegen die psychodynamische. Bei den humanistischen Verfahren zeigten sich hingegen weder Unterschiede zwischen den Ländern noch Hochschularten, während die systemische Therapie in Österreich öfter genannt wurde als in Deutschland, ebenso eher an privaten als an öffentlichen.

Auch die Menge der vermittelten Informationen unterschied sich drastisch zwischen den Therapieverfahren, wobei über die kognitive Verhaltenstherapie in der Studierendenwahrnehmung mit Abstand am meisten Informationen vermittelt werden, mit weitem Abstand gefolgt von den psychodynamischen, systemischen und humanistischen Verfahren. Hier zeigten sich ebenfalls durchweg große Unterschiede zwischen den Ländern, wobei bei allen Therapieverfahren außer der Verhaltenstherapie mehr Informationen in Österreich als in Deutschland vermittelt wurden (bei dieser stellte sich der Sachverhalt andersherum dar). Die Schweiz glich hierbei Deutschland mit der Ausnahme, dass hier über die psychodynamischen Verfahren mehr Informationen vermittelt wurden als in Deutschland. Bei den psychodynamischen und kognitiv-verhaltenstherapeutischen Verfahren zeigten sich große Unterschiede zwischen öffentlichen und privaten Hochschulen, wobei an öffentlichen Hochschulen über die Länder hinweg mehr Informationen über die verhaltenstherapeutischen und weniger über die psychodynamischen Verfahren vermittelt wurden als an privaten. Allerdings war dies primär auf Deutschland zurückzuführen, da sich in Österreich keine Unterschiede zwischen privaten und öffentlichen Hochschulen zeigten.

Dreiviertel der Probandinnen verneinten die Frage, ob die Therapieverfahren weitgehend ausgeglichen und objektiv dargestellt würden, wobei dies in Deutschland mit 81% deutlich häufiger verneint wurde als in der Schweiz und in Österreich. Auch an öffentlichen Hochschulen wurde dies weit eher verneint als an privaten.

Im Mittel zeigten sich die Studierenden weder zufrieden noch unzufrieden mit der Vermittlung der Therapieverfahren, wobei sich mehr Studierende als unzufrieden (45%) denn als zufrieden (38%) beschrieben. Die österreichischen Studierenden erwiesen sich als deutlich zufriedener als ihre deutschen und schweizerischen Kommilitoninnen. Knapp 83% aller Probandinnen wünschten sich, dass bestimmte Therapieverfahren verstärkt im Studium behandelt würden. Hierbei wurden die systemischen und humanistischen Verfahren am häufigsten genannt, gefolgt von den psychodynamischen und zuletzt den verhaltenstherapeutischen Verfahren. Auch hier unterschieden sich die Länder in dem Sinne, dass sich die Studierenden in Deutschland deutlich häufiger eine verstärkte Behandlung der psychodynamischen Verfahren wünschten als ihre Kommilitoninnen in der Schweiz oder Österreich. Bezüglich der anderen Therapieverfahren wurden lediglich knapp nicht signifikante Tendenzen deutlich, wobei sich Studierende in Deutschland und der Schweiz häufiger eine verstärkte Behandlung der humanistischen und systemischen Verfahren wünschten als Studierende in Österreich. Letztere hingegen wünschten sich im Vergleich zu Deutschland tendenziell eher den intensiveren Einbezug der kognitiven Verhaltenstherapie.

3.2.3 Bewertung der Therapieverfahren

Bewertung der Therapieverfahren mit dem Fach Klinische Psychologie

Diejenigen Studierenden, die bereits das Fach Klinische Psychologie belegten (n=666), wurden sowohl nach ihrer eigenen Bewertung der Therapieverfahren befragt als auch danach, wie sie die Bewertung ihrer Dozentinnen einschätzten. Die Bewertungsskala reichte von 1=sehr schlecht bis zu 6=sehr gut sowie einem Antwortanker „Weiß nicht".

Studentische Bewertung

10,2% gaben an, zu wenig Wissen zu besitzen, um die *psychodynamischen Verfahren* zu bewerten, ohne dass hierbei Unterschiede zwischen den Ländern oder Hochschularten auftraten. Die durchschnittliche Bewertung der PDT durch die übrigen 598 Probandinnen lag bei 3,93 (*Std=1,39*, s. Abbildung 14). Dabei gaben sowohl die deutschen (*M=3,79; p<0,001*) als auch die schweizerischen Studierenden (*M=3,88; p<0,001*) eine hochsignifikant schlechtere Bewertung ab als die österreichischen Probandinnen (*M=4,92*). Zudem fiel in Deutschland die Bewertung an privaten Hochschulen mit 4,50 deutlich besser aus als an öffentlichen mit 3,75 (*p=0,007*), was zu einem signifikanten Interaktionseffekt führte (*p=0,015*).

5,9% der Studierenden gaben an, zu wenig Wissen über die *kognitive Verhaltenstherapie* zu haben, um diese zu bewerten. Dabei war die Chance, eine Bewertung zur KVT abzugeben, in der Schweiz (mit *98,1%* Bewertungen; *p=0,041*) und Deutschland (mit 95% Bewertungen; *p=0,002*) deutlich größer als in Österreich (85,5% Bewertungen). Die durchschnittliche Bewertung der KVT lag bei den restlichen 627 Studierenden bei 4,89 (*Std=0,99*, s. Abbildung 14). Dabei gaben die deutschen Studierenden mit 4,95 eine signifikant bessere Bewertung der KVT ab als die österreichischen Studierenden mit 4,49 (*p<0,001*). Zudem wurde sie von den deutschen Studierenden an öffentlichen Hochschulen mit 4,98 deutlich bessere bewertet als von denjenigen an privaten (*M=4,36; p=0,022*).

Bezüglich der *humanistischen Verfahren* gaben 28,5% der Teilnehmerinnen an, zu wenig Wissen für eine Beurteilung zu besitzen. Dabei wurde in Deutschland signifikant häufiger „Weiß nicht" angegeben als in der Schweiz (*p=0,042*) und in Österreich (*p=0,013*). Der Gesamtmittelwert der Bewertung der restlichen 476 Probandinnen betrug 4,64 (*Std=1,05*; s. Abbildung 14) ohne signifikante Unterschiede zwischen den Ländern oder Hochschularten.

24,2% gaben an, die *systemische Therapie* auf Grund mangelnden Wissens nicht bewerten zu können. Dabei war die Chance, eine Bewertung zur ST abzugeben, in Österreich mit nur 9,2% „Weiß-nicht"-Antworten um 3,8-mal größer als in Deutschland (26,8% „Weiß nicht"-Antworten; *p=0,013*). Der Gesamtmittelwert der Bewertungen der restlichen 505 Studierenden betrug 4,96 (*Std=0,90;* s. Abbildung 14) ohne signifikante Länder- oder Hochschulartunterschiede.

Abbildung 14: Durchschnittliche Bewertung der Therapieverfahren und Bewertungsdiskrepanz

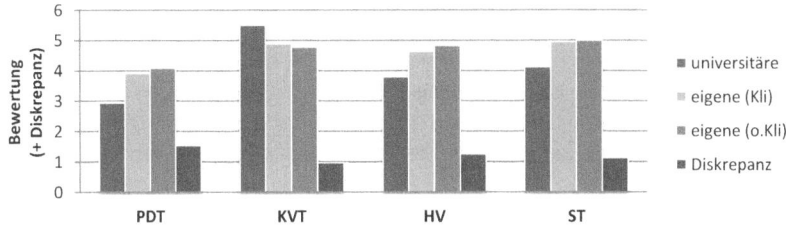

Kli = mit dem Fach Klinische Psychologie, o. Kli = ohne das Fach Klinische Psychologie, PDT = psychodynamische Verfahren, KVT = kognitiv-verhaltenstherapeutische Verfahren, HV = humanistische Verfahren, ST= systemische Verfahren

Hinsichtlich der „Weiß-nicht"-Rate unterschieden sich alle vier Verfahrensrichtungen signifikant voneinander (jeweils p<0,02), wobei bei der KVT am seltensten „Weiß nicht" genannt wurde (5,9%), gefolgt von den PDT (10,2%) und mit großem Abstand den ST (24,2%) und HV (28,5%). Auch bezüglich der Höhe der Bewertungen ergaben sich bei den 396 Probandinnen mit allen Bewertungen über Länder und Hochschularten hinweg hochsignifikant unterschiedliche Wertungen der vier Verfahren (F(2,2, 869,0)=61,39, p<0,001). Demnach wiesen die PDT (3,93) die signifikant schlechteste Bewertung auf (jeweils p<0,001). Dem folgte mit Abstand die Bewertung der HV (4,64), die ebenfalls signifikant niedriger war als die der KVT (4,89; p<0,001) und der ST (4,96; p<0,001). Letztere unterschieden sich nicht signifikant voneinander (p>0,999).

Wahrgenommene Dozentinnenbewertung

Bezüglich der psychodynamischen Verfahren gaben 9,8% der Studierenden mit dem Fach Klinische Psychologie an, nicht einschätzen zu können, wie ihre Dozentinnen diese durchschnittlich bewerten. Dabei wurden in Deutschland mit 8,9% tendenziell weniger „Weiß nicht"-Antworten gegeben als in der Schweiz mit 19,2% (p<0,05). Die 601 verbliebenen Probandinnen gaben über Länder und Hochschularten hinweg an, dass ihre Dozentinnen die PDT durchschnittlich mit 2,94 bewerten (Std=1,58, s. Abbildung 14). Dies wich hochsignifikant von der studentischen Bewertung der PDT ab (T(546)= 12,27, p<0,001). Dennoch bestand zwischen der studentischen und Dozentinnenbewertung ein Zusammenhang von r=0,302, der sich signifikant von Null unterschied (p<0,001). Bei der Bewertung der PDT ergaben sich teils drastische Unterschiede zwischen Deutschland (MW=2,59) und Österreich (M=5,29; p<0,001), Deutschland und der Schweiz (M=3,14; p=0,021) sowie zwischen Österreich und der Schweiz (p<0,001). Auch bewerteten in Deutschland die Dozentinnen an den öffentlichen Hochschulen die PDT deutlich schlechter (M=2,48) als ihre Kolleginnen an privaten Hochschulen (M=4,34; p=0,048). Auffallend war, dass die Wahrnehmung der Meinung der Dozentinnen an den öffentlichen Hochschulen deutlich homogener ausfiel als an den privaten. Insgesamt wurden 35% der Varianz der wahrgenommenen Dozentinnenbewertung durch Hochschulart und Land erklärt.

Bei der *kognitiven Verhaltenstherapie* gaben 11,1% an, nicht einschätzen zu können, wie ihre Dozentinnen diese bewerten, wobei sich keine signifikanten Unterschiede zwischen den Ländern oder Hochschularten zeigten. Die durchschnittliche Dozentinnenbewertung bei den verbliebenen 592 Probandinnen lag bei 5,51 (*Std=0,87*, s. Abbildung 14), was signifikant höher war als die studentische Bewertung der KVT ($T(569)=13,41$, $p<0,001$). Dozentinnen- und eigene Meinung wiesen eine hochsignifikant von Null abweichende Korrelation von $r=0,214$ auf ($p<0,001$). Es zeigte sich, dass die Dozentinnenbewertung in Österreich mit einem Mittelwert von 4,58 sowohl niedriger lag als die in Deutschland ($M=5,64$; $p<0,001$) als auch die der Schweiz ($M=5,44$; $p<0,001$). In Deutschland bestand zudem ein deutlicher Unterschied zwischen den öffentlichen ($M=5,72$) und privaten Hochschulen ($M=4,20$; $p<0,001$). Die Varianzerklärung betrug 26%.

Bei den *humanistischen Verfahren* konnten 33,8% nicht einschätzen, wie ihre Dozentinnen diese bewerten, wobei sich keine Unterschiede zwischen den Ländern oder Hochschularten ergaben. Die durchschnittliche Dozentinnenbewertung der restlichen 441 Probandinnen lag bei 3,79 (*Std=1,31*, s. Abbildung 14), was hochsignifikant niedriger war als die studentische Bewertung ($T(379)=9,90$, $p<0,001$). Die signifikant von Null abweichende Korrelation zwischen studentischer und Dozentinnenbewertung lag bei $r=0,190$ ($p<0,001$). Es zeigte sich, dass die österreichischen Dozentinnen die HV mit einem Mittelwert von 4,64 deutlich besser bewerteten als die deutschen ($M=3,66$; $p<0,001$) und schweizerischen ($M=3,81$; $p<0,009$). In Deutschland wurden die HV zudem an den privaten Hochschulen besser bewertet ($M=4,47$) als an den öffentlichen ($M=3,62$; $p=0,008$).

Bei der *systemischen Therapie* konnten 32,7% nicht einschätzen, wie ihre Dozentinnen diese bewerten. Dabei bestand in Österreich mit 85,5% Bewertungen eine 3,3-mal höhere Chance, eine wahrgenommene Meinung der Dozentinnen abzugeben („Weiß nicht"-Antworten: 14,5%) als in Deutschland mit 35,9% „Weiß nicht"-Antworten (p<0,001). Die durchschnittliche Dozentinnenbewertung der übrigen 448 Probandinnen lag bei 4,12 (*Std=1,24*, s. Abbildung 14), was hochsignifikant niedriger war als die studentische Bewertung ($T(404)=11,63$, $p<0,001$). Die Korrelation betrug $r=0,209$ und wich hochsignifikant von Null ab ($p<0,001$). Es zeigte sich, dass die Dozentinnen in Österreich mit einem Mittelwert von 4,75 die ST besser bewerteten als die deutschen ($M=3,99$; $p<0,001$) und tendenziell auch die schweizerischen Dozentinnen ($M=4,21$; $p=0,085$).

Bezüglich der „Weiß nicht"-Antworten wiesen sowohl die KVT (11,1%) als auch die PDT (9,8%) eine signifikant geringere Anzahl auf als die HV (33,8%) und ST (32,7%; jeweils $p<0,001$). Auch bei der Höhe der Bewertungen bestanden bei den 357 Probandinnen mit allen Bewertungen zwischen allen Verfahren hochsignifikante Unterschiede ($F(2,19, 778,7)=268,81$, $p<0,001$), wobei die KVT die mit Abstand höchste Dozentinnenbewertung erhielt ($M=5,48$), gefolgt von den ST ($M=4,09$), den HV ($M=3,78$) und zuletzt den PDT ($M=3,05$; jeweils $p<0,001$).

Über alle Verfahren hinweg ergab sich bei den gültigen n=619 Probandinnen eine mittlere Differenz von 1,22 zwischen den eigenen Verfahrensbewertungen und den wahrgenommenen der Dozentinnen (*Std=0,83; Skala von 0 –5*). Das Minimum lag bei einer Differenz von 0, das Maximum bei 4,25. Dabei unterschied sich Österreich mit einer mittleren Diskrepanz von 0,91 von sowohl Deutschland (*M=1,25; p=0,004*) als auch der Schweiz (*M=1,30; p=0,035*).

Bei der *psychodynamischen Therapie* lag die durchschnittliche Differenz zwischen studentischer und Dozentinnenbewertung bei den 547 Probandinnen bei 1,54 (*Std=1,29*, s. Abbildung 14). Österreich wies mit einer mittleren Differenz von 0,83 eine erheblich geringere Diskrepanz auf als Deutschland mit 1,64 (*p<0,001*) und die Schweiz mit 1,68 (*p=0,002*). Zudem war in Deutschland die Differenz mit 1,68 an den öffentlichen Hochschulen signifikant größer als an den privaten (*M=0,92; p<0,001*).

Die mittlere Differenz bei der *kognitiven Verhaltenstherapie* betrug bei den gültigen 570 Probandinnen 0,97 (*Std=0,92*, s. Abbildung 14), wobei sich weder Länder- noch Hochschulart- oder Interaktionseffekte zeigten. Bei den *humanistischen Verfahren* betrug die mittlere Differenz über die 380 gültigen Probandinnen 1,25 (*Std=1,11*, s. Abbildung 14). Auch hier bestanden weder Länder- noch Hochschulart- oder Interaktionseffekte. Die mittlere Differenz bei der *systemischen Therapie* lag bei den 405 Probandinnen bei 1,13 (*Std=1,06*, s. Abbildung 14). Dabei bestand in Österreich mit 0,84 eine signifikant geringere Diskrepanz als in Deutschland mit 1,20 (*p=0,044*).

Der inferenzstatistische Vergleich der Höhe der Diskrepanzen der vier Verfahren zeigte einen hochsignifikanten Unterschied auf (*F(2,85, 780,90)=21,30, p<0,001*), wobei die PDT die signifikant größte Diskrepanz aufwies (jeweils *p<0,001* zu den anderen Verfahren) und die KVT die signifikant niedrigste (jeweils *p<0,04*). HV und ST unterschieden sich hierbei nicht (*p=0,100*).

Bewertung der Therapieverfahren ohne das Fach Klinische Psychologie

Nach ihrer eigenen Bewertung der Therapieverfahren wurden auch diejenigen gefragt, die prinzipiell Interesse an Klinischer Psychologie, dieses Fach jedoch (noch) nicht in ihrem Stundenplan haben. Die Analyse, wie viele der 177 befragten Probandinnen pro Verfahren die Antwort „Weiß nicht" ankreuzten, ergab 15,8% bei der Bewertung der psychodynamischen Verfahren, 18,1% bei der Verhaltenstherapie, 27,1% bei der Bewertung der humanistischen und 21,5% bei der systemischen Therapie. Dabei wurde lediglich der Unterschied zwischen den HV und PDT (*p=0,002*) sowie zwischen den HV und der KVT signifikant (*p=0,018*) mit jeweils deutlich höherer „Weiß nicht"-Rate bei den HV. Bei keinem der Therapieverfahren zeigten sich Unterschiede zwischen den Ländern oder Hochschularten bezüglich der Häufigkeit der „Weiß nicht"-Antworten.

Der Mittelwert der Bewertung der *psychodynamischen Therapieverfahren* betrug 4,09 (*Std=1,45*, s. Abbildung 14). Hierbei bestand innerhalb Deutschlands ein deutlicher Unterschied zwischen der Bewertung an privaten (*M=5,50*) und derjenigen an öffentlichen Hochschulen (*M=3,90; p<0,001*). Der Gesamtmittelwert der Bewertung der *kognitiven Verhaltenstherapie* lag bei 4,77 (*Std=1,12*, s. Abbildung 14), wobei sich innerhalb Deutschlands ein umgekehrter Effekt zeigte mit einer besseren Bewertung an öffentlichen (*M=4,85*) im Vergleich zu privaten Hochschulen (M=3,88; p=0,016). Bei der Bewertung der *humanistischen Verfahren* betrug der Gesamtmittelwert 4,83 (*Std=1,05*, s. Abbildung 14), wobei weder Haupt- noch Interaktionseffekte bestanden. Der Gesamtmittelwert der Bewertung der *systemischen Therapie* lag bei 5,0 (*Std=0,92*, s. Abbildung 14), erneut ohne signifikante Haupt- oder Interaktionseffekte.

Demnach wiesen die ST mit einem Mittelwert von 5,0 die beste Bewertung auf, gefolgt von den HV mit 4,83, der KVT mit 4,77 und zuletzt den PDT mit 4,09. Dabei bestand bei den 99 Probandinnen, die zu allen vier Verfahren eine Bewertung abgaben, lediglich ein signifikanter Unterschied zwischen der Bewertung der PDT (4,09) und den anderen drei Verfahren (*F (2,56, 250,41)=11,13, p<0,001*).

Vergleich der Bewertungen mit und ohne Klinische Psychologie

Während bei der Bewertungshöhe keine signifikanten Unterschiede in Abhängigkeit davon bestanden, ob die Studierenden das Fach Klinische Psychologie hatten oder nicht, bestand sowohl bei den PDT als auch der KVT ein signifikanter Unterschied diesbezüglich bei der Rate der „Weiß Nicht"-Nennungen: Ohne das Fach Klinische Psychologie wurde bezüglich der PDT (15,8%) und der KVT (18,1%) deutlich häufiger „Weiß nicht" angekreuzt als mit dem Fach Klinische Psychologie (PDT: 10,2%; $Chi^2(1)=4,36, p=0,037$; KVT: 5,9%; $Chi^2(1)=27,09, p<0,001$). Weder bezüglich der HV noch der ST bestand hier ein Unterschied. Außerdem ergab sich eine unterschiedliche Rangreihenfolge der Verfahrensbewertungen, wobei ohne Klinische Psychologie die ST und HV die besten Bewertungen erhielten, mit diesem Fach hingegen die KVT und ST.

Zusammenfassung der Bewertungen der Therapieverfahren

Am häufigsten „Weiß nicht"-Antworten erhielten sowohl bei den eingeschätzten Dozentinnenbewertungen der verschiedenen Therapieverfahren als auch den studentischen Bewertungen mit und ohne Klinische Psychologie die humanistischen und systemischen Verfahren. Mit dem Fach Klinische Psychologie schienen die eigenen Bewertungen differenzierter, da sich hier lediglich die Bewertungen der am bestbewerteten verhaltenstherapeutischen und systemischen Verfahren nicht signifikant voneinander unterschieden, während ohne dieses Fach lediglich die psychodynamischen Verfahren eine signifikant niedrigere Bewertung als die anderen Verfahren erhielten. Zudem änderte sich Rangreihenfolge der

Bewertungen: Während mit dem Fach Klinische Psychologie die systemischen und verhaltenstherapeutischen Verfahren die besten Bewertungen erhielten, waren es ohne dieses Fach die systemischen und humanistischen Verfahren. Die eingeschätzten Dozentinnenbewertungen unterschieden sich alle signifikant voneinander, wobei die kognitive Verhaltenstherapie mit Abstand „führte" und auch das einzige Verfahren war, bei dem die wahrgenommene Dozentinnenbewertung besser ausfiel als die studentische. Bei den Diskrepanzen zeigten sich große Unterschiede zwischen den Verfahren, wobei die psychodynamischen die größte Diskrepanz aufwiesen. Dennoch bestand auch bei allen Verfahren ein signifikanter Zusammenhang zwischen den beiden Bewertungen, besonders bei den psychodynamischen und verhaltenstherapeutischen Verfahren.

Mit dem Fach Klinische Psychologie ergaben sich vor allem deutliche Länderunterschiede: Bei den psychodynamischen Verfahren fielen sowohl die studentischen als auch die Dozentinnenbewertungen in Deutschland und der Schweiz jeweils deutlich geringer aus als in Österreich, die Diskrepanz in Österreich hingegen deutlich kleiner als in den anderen beiden Ländern. Der Hochschularteffekt wurde wegen der Interaktionseffekte in keinem der Fälle signifikant, da lediglich in Deutschland die privaten Hochschulen die psychodynamischen Verfahren besser bewerteten und eine geringere Diskrepanz aufzeigten, während in Österreich keine Unterschiede zwischen öffentlichen und privaten Hochschulen bestanden. Bei der Verhaltenstherapie wurde sowohl bei den studentischen als auch den Dozentinnenbewertungen der Ländereffekt signifikant, mit der jeweils besseren Bewertung in Deutschland im Vergleich zu Österreich. Die Schweiz nahm hier eine Mittelposition ein, ähnelte tendenziell aber eher Deutschland. Die Effekte der Hochschulart wurden über die Länder hinweg nicht signifikant. Allerdings wurde in Deutschland die Verhaltenstherapie an den öffentlichen Hochschulen besser bewertet als an den privaten, während in Österreich erneut kein Unterschied bestand. Bei den humanistischen Verfahren zeigten sich bei den wahrgenommenen Dozentinnenbewertungen der Therapieverfahren deutliche Länderunterschiede, wobei die Dozentinnen in Österreich diese Richtung besser bewerteten als die in Deutschland und der Schweiz. Bei den systemischen Verfahren bestanden erneut erhebliche Länderunterschiede, sowohl bei den Dozentinnenbewertungen als auch den Differenzwerten, wobei sich Deutschland mit geringeren Bewertungen und einer größeren Diskrepanz von Österreich und der Schweiz abhob.

Bei den Teilnehmerinnen ohne das Fach Klinische Psychologie ergaben sich bei keiner der Bewertungen Unterschiede zwischen den Ländern oder Hochschularten. Einzig bei den psychodynamischen und verhaltenstherapeutischen Verfahren zeigte der Interaktionseffekt einen Unterschied zwischen Deutschland und Österreich auf: Während in Deutschland an den privaten Hochschulen die psychodynamischen Verfahren besser und die verhaltenstherapeutischen schlechter als an den öffentlichen bewertet wurde, zeigten sich in Österreich keine Unterschiede zwischen den Hochschularten.

3.2.4 Wissen über die Therapieverfahren

Psychodynamische Therapieverfahren

Ihr Wissen bezüglich der psychodynamischen Verfahren schätzten die 666 Probandinnen mit dem Fach Klinische Psychologie über die Länder und Hochschularten hinweg folgendermaßen ein: 22,1% gaben an, *kein oder kaum Wissen* diesbezüglich bzw. *nur mal davon gehört* zu haben. 64% schätzen ein, ein *Grundwissen* zu besitzen und 14% ein *fundiertes Wissen* (s. Tabelle 18 und Abbildung 15). Diese Verteilung wich hochsignifikant von einer Gleichverteilung ab *(p<0,001)*.

Tabelle 18 zeigt ebenfalls die Verteilung nach Ländern auf, wobei über die Hochschularten hinweg in Deutschland und der Schweiz signifikant öfter *kein Wissen* und seltener ein *fundiertes Wissen* angegeben wurde als in Österreich und in Deutschland auch signifikant öfter *Grundwissen* als in Österreich *(jeweils p<0,05)*. Innerhalb der privaten Hochschulen zeigten sich hingegen keine signifikanten Unterschiede zwischen Deutschland und Österreich (wenngleich die Stichprobe mit n=36 hier auch recht klein war). An öffentlichen Hochschulen wurde mit 64,9% am häufigsten angegeben, ein *Grundwissen* über die PDT zu besitzen, gefolgt von *keinem Wissen* (22,5%) und zuletzt einem *fundierten Wissen* mit 12,5%. An privaten Hochschulen wurde mit 47,2% ebenfalls am häufigsten *Grundwissen* genannt, gefolgt jedoch von *fundiertem Wissen* mit 38,9% und zuletzt mit 13,9% *keinem Wissen*. An öffentlichen wurde im Vergleich zu privaten Hochschulen demnach eher *kein Wissen* als *fundiertes Wissen* angegeben *(p<0,001)* und eher *Grundwissen* als *fundiertes Wissen* *(p<0,001)*.

Tabelle 18: Wissen der psychodynamischen Verfahren differenziert nach Ländern (über Hochschularten hinweg)

Land	kein Wissen	Grundwissen	Fundiertes Wissen
Deutschland	23,4%	66,9%	9,7%
Österreich	6,6%	47,4%	46,1%
Schweiz	30,8%	57,7%	11,5%
Gesamt	22,1%	64%	14%

Gründe für das fehlende Wissen

Am häufigsten nannten die 147 Probandinnen, die angegeben hatten, kein/kaum Wissen über die psychodynamischen Verfahren zu besitzen, keine Gelegenheit (55,8%) und keine Zeit als Grund (51,7%, Mehrfachnennungen waren möglich). Dem folgten mit 32% kein Interesse, mit 30,6% sonstige Gründe, mit 21,1% der mangelnde Glauben an die Wirksamkeit der PDT und mit 10,9% keine Informationsquelle. Es bestanden keine Unterschiede zwischen den Ländern oder Hochschularten.

Insgesamt 44 Probandinnen gaben weitere Gründe für ihr fehlendes Wissen an. Darunter nannten 31 als Grund, dass diese Verfahrensrichtung nicht oder kaum im Studium thematisiert würde, wovon 4 weiter ausführten, über nicht genügend Zeit zu verfügen, sich neben dem Studium zusätzlich mit dieser Richtung auseinanderzusetzen. Ein Beispiel hierfür ist: *„fundiertes Wissen kommt im Studium kaum vor und es gibt viele Richtungen, aber wohin mit dem Interesse???"* (TN 439). Weitere 5 legten dar, dass die psychodynamischen Verfahren im Studium schlecht dargestellt würden, wie *„wenige Veranstaltungen dazu an der Universität, Omnipräsenz der VT, wenig positive Anmerkungen der Dozenten über PA, TP"* (TN 1438) oder *„es wird in Vorlesungen immer nur als schlecht dargestellt, aber nie von jemandem, der vielleicht davon überzeugt ist eine Meinung angeboten"* (TN 1645). 5 führten aus, wenig Interesse an dieser Richtung zu haben, teilweise auch, da sie *„zu wenig empirisch fundiert sei"* (TN 471). Ein anderes Beispiel hierfür gibt TN 282: *„Halte zukunftsgerichtete, lösungsorientierte Verfahren für sinnvoller & auch schöner, aber letztlich würde ich mich wohl mit diesen oben genannten Themen mehr beschäftigen, wäre ich an einer anderen Uni gelandet (mit anderen Schwerpunkten & Klima)"*. Weitere 6 bemerken, dass die Behandlung psychotherapeutischer Verfahren noch ausstehe, eine hatte keinen Platz im Seminar erhalten und eine weitere kein Interesse an Psychotherapie allgemein.

Abbildung 15: Prozentwerte der Probandinnen bzgl. der Höhe ihres Wissens über die Therapieverfahren über Studienländer und Hochschularten hinweg

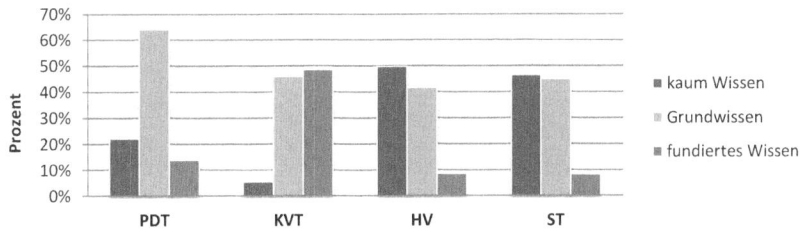

PDT = psychodynamische Therapieverfahren, KVT = kognitiv-verhaltenstherapeutische Verfahren, HV = humanistische Verfahren, ST = systemische Verfahren

Wissensquellen

Als Hauptquellen für ihr Wissen benannten die 519 Studierenden, die über Grund- oder fundiertes Wissen über die psychodynamischen Verfahren verfügten, Vorlesungen an der Hochschule (in 72,8% der Fälle, Mehrfachnennungen waren möglich), das Selbststudium (49,3%) und Gespräche mit Kommilitoninnen/Freundinnen (46,1%). Dem folgten mit 28,5% vertiefende Seminare an der Hochschule, mit 25,4% Praktika, Nebenjobs o.Ä., mit 17% eigene Therapien oder welche aus dem Bekanntenkreis und mit 13,3% externe Veranstaltungen, Seminare o.Ä. Sonstige Wissensquellen (5,6%) und selbstinitiierte Studienkreise (3,5%) bildeten

115

das Schlusslicht. Insgesamt gaben 54,1% an, ihr Wissen primär im Rahmen der Studienordnung erlangt zu haben, demnach befanden sich 45,9% der Wissensquellen außerhalb der Hochschule. Unter den 28 Probandinnen, die „Sonstige" angegeben hatten, wurde mit n=8 am häufigsten die Beschäftigung mit diesem Verfahren im Rahmen der Schule genannt, gefolgt von Gesprächen mit Praktikerinnen (n=5) und Veranstaltungen an anderen Hochschulen (beispielsweise während des Auslandsemesters oder an einer früheren Hochschule, n=5). 3 Teilnehmerinnen gaben an, sich auch im Rahmen von Vorlesungen intensiver damit beschäftigt zu haben, 2 besuchten externe Veranstaltungen. Außerdem wurden noch Selbsterfahrung, Film und Fernsehen, Eigenstudium und eine Therapie im Bekanntenkreis genannt.

Während an den öffentlichen Hochschulen die deutschen (79,9%) und schweizerischen Studierenden (80,6%) ihr Wissen über die PDT im Gegensatz zu den österreichischen (39,1%) primär aus der Behandlung in Vorlesungen bezogen (jeweils $p<0,001$), erlangten die österreichischen Studierenden es eher über vertiefende Seminare an der Hochschule (79,7%; jeweils $p<0,001$). Allerdings dienten auch Praktika den deutschen Studierenden an öffentlichen Hochschulen (27,3%) eher als Wissensquelle als den österreichischen (12,5%; $p<0,001$). Dementsprechend gaben auch deutlich mehr Studierende in Deutschland (51,5%; $p<0,001$) und der Schweiz an (38,9%; $p=0,002$), ihr Wissen extern und nicht an der Hochschule erlangt zu haben als in Österreich (16,9%). Bezüglich der Hochschulart bestand hier ein signifikanter Interaktionseffekt: Innerhalb Deutschlands erlangten Studierende an den öffentlichen Hochschulen mit 53,1% ihr entsprechendes Wissen eher extern als an den privaten (25%), innerhalb Österreichs war dies andersherum (an öffentlichen 10,9%; an privaten 71,4%; *jeweils* $p<0,05$). Weitere Interaktionseffekte sind Anhang E zu entnehmen.

Kognitiv-verhaltenstherapeutische Verfahren

Bezüglich der Verhaltenstherapie gaben 5,4% an, *kein/kaum Wissen* zu besitzen, 45,9% besaßen nach eigenen Angaben *Grundwissen* und 48,6% ein *fundiertes Wissen* (s. Tabelle 19 und Abbildung 15). Auch diese Verteilung wich hochsignifikant von einer Gleichverteilung ab ($p<0,001$).

Tabelle 19: Wissen der verhaltenstherapeutischen Verfahren differenziert nach Ländern (über Hochschularten hinweg)

Land	kein Wissen	Grundwissen	Fundiertes Wissen
Deutschland	3,9%	42,4%,	53,7%
Österreich	18,4%	67,1%	14,5%
Schweiz	1,9%	51,9%	46,2%
Gesamt	5,4%	45,9%	48,6%

Wie ebenfalls in Tabelle 19 abzulesen, bestanden signifikante Länderunterschiede zwischen Deutschland und Schweiz auf der einen und Österreich auf der anderen Seite bezüglich der Häufigkeit des Nicht-Wissens (in Österreich größer) und der Häufigkeit des fundierten Wissens (in Österreich seltener; *p<0,05*). Hinsichtlich des Grundwissens zeigten sich Unterschiede zwischen Deutschland und Österreich (*p<0,05*), nicht aber zur Schweiz. Innerhalb der privaten Hochschulen bestand allerdings kein Unterschied zwischen Deutschland und Österreich. An den öffentlichen Hochschulen wurde mit 49,7% am häufigsten ein *fundiertes Wissen* angegeben, gefolgt von *Grundwissen* mit 45,9% und nur 4,4%, die *kein Wissen* angaben. An privaten Hochschulen wurde mit 47,2% am häufigsten *Grundwissen* angegeben, gefolgt von 30,6% mit *fundiertem* und 22,2% mit *keinem Wissen*. An öffentlichen Hochschulen bestand also seltener kein Wissen, dafür öfter ein fundiertes Wissen als an privaten (jeweils *p<0,05*). Dabei war dieser Unterschied zwischen den Hochschularten nur innerhalb Deutschlands signifikant (*p<0,05*), nicht aber in Österreich.

Gründe für das fehlende Wissen

Als Hauptgründe für ihr fehlendes Wissen über die Verhaltenstherapie gaben die 36 betroffenen Personen mangelnde Gelegenheit (in 58,3% der Fälle) und fehlende Zeit an (in 44,4% der Fälle) an. Dem folgten mit 36,1% sonstige Gründe, mit 30,6% kein Interesse, mit 13,9% keine adäquate Informationsquelle und zuletzt mit 11,1% der fehlende Glaube an die Wirksamkeit der Verhaltenstherapie. Es bestanden keine Unterschiede zwischen den Ländern oder Hochschularten. Unter „Sonstigen Gründen" (n=13) nannten 8 Teilnehmerinnen, dass es nicht in ihrem Studium behandelt würde (*„zu einseitige Ausrichtung der Hochschule"* TN 673), 2 kein Interesse (*„habe mich kaum damit beschäftigt, da ich denke, dass die Verhaltenstherapie kaum auf Hintergründe der Symptome achtet, sondern eher nur die Symptome selbst behandelt."* TN 1218), weitere 2, dass Therapieverfahren noch nicht im Studienplan vorgesehen seien und eine, dass sie die Vorlesung nicht besucht habe.

Wissensquellen

Als Hauptquellen des Wissens dienten den 630 Probandinnen mit Grund- oder fundiertem Wissen über die Verhaltenstherapie Seminare (in 73,5% der Fälle) und Vorlesungen an der Universität (49,2%). Auch Praktika stellen häufige Wissensquellen dar (in 45,2% der Fälle), gefolgt von Gesprächen mit Freundinnen/Kommilitoninnen (41,4%) und dem Selbststudium (38,7%). Mit großem Abstand folgte mit 13,3% eigene Therapien oder im Bekanntenkreis als Wissensquelle, mit 7% externe Veranstaltungen, mit 2,9% sonstige Wissensquellen und zum Schluss mit 1% eigeninitiierte Studienkreise. Insgesamt gaben 87,3% an, ihr Wissen primär im Rahmen der Studienordnung erlangt zu haben. Als sonstige Wissensquellen (n=18) wurde 7-mal die intensivere Behandlung im Rahmen einer Vorlesung genannt, 3-mal die Beschäftigung damit an einer anderen Hochschule und jeweils 2-mal die Behandlung in der Schule bzw. im Rahmen einer Haus-/Diplomarbeit. Außerdem wurden externe Veranstaltungen, eigene Therapieerfahrung und Anekdoten von Dozentinnen erwähnt.

Während die deutschen und schweizerischen Studierenden ihr Wissen im Vergleich zu den österreichischen eher über vertiefende Seminare (*D: 78,1%; S: 74,5% vs. Ö: 33,9%*), Praktika (*D: 48,5%; S: 37,3% vs. Ö:24,2%*) und Gespräche mit ihren Kommilitoninnen (*D: 42,4%; S: 51,0% vs. Ö:25,8%*) erlangten, bezogen es die österreichischen eher über Vorlesungen (*Ö: 72,6% vs. D: 46,6%; S: 47,1%*; jeweils *p<0,001*). Diese Effekte galten allerdings auch wieder nur bedingt für die privaten Hochschulen, wo sich Deutschland und Österreich nicht unterschieden, die Stichprobe aber sehr klein war. Tendenziell erlangten die Studierenden in Österreich ihr Wissen häufiger extern als in den anderen beiden Ländern (mit *p=0,109* im Omnibustest, aber *p=0,013* im nachfolgender Ländervergleich).

Bezüglich der Hochschulart bestanden deutliche Interaktionseffekte, wobei sich bei Vorlesungen, Seminaren und Praktika lediglich signifikante Unterschiede innerhalb Österreichs zeigten, in dem Sinne, dass hier an öffentlichen Hochschulen (76,8%) im Gegensatz zu privaten (33,3%; *p=0,023*) das Wissen eher über Vorlesungen erlangt wurde, während es an privaten eher über Seminare (*83,3% vs. 28,6% an öffentlichen; p<0,05*) und Praktika bezogen wurde (*83,3% vs.17,9% an öffentlichen; p<0,05*).

Humanistische Verfahren

Von den humanistischen Verfahren hatten 49,7% *nur mal gehört* bzw. *kein/kaum Wissen*, 41,7% gaben an, *Grundwissen* und 8,6% *fundiertes Wissen* zu besitzen (s. Abbildung 15). Diese Verteilung wich hochsignifikant von einer Gleichverteilung ab (*p<0,001*). Dabei zeigte sich tendenziell ein Unterschied zwischen Deutschland und Österreich bezüglich *kein Wissen* (*p<0,05*), was in Deutschland von 52,6% angekreuzt wurde und in Österreich lediglich von 35,5%. Allerdings bestand dieser Unterschied erneut nicht in der Substichprobe der privaten Hochschulen.

Gründe für das fehlende Wissen

Die 331 Teilnehmerinnen mit wenig Wissen über die humanistischen Verfahren gaben am häufigsten keine Gelegenheit (69,5%) und keine Zeit an (52,3%). Dem folgten mit Abstand sonstige Gründe (17,2%), keine Informationsquelle (16,9%), kein Interesse (16%) und kein Glaube an die Wirksamkeit (4,2%). Es bestanden keine Unterschiede zwischen den Ländern oder Hochschularten (jeweils *p>0,05*). Insgesamt gaben 58 Probandinnen weitere Gründe an, hierunter der Großteil (n=44), dass dieses Verfahren nicht oder kaum im Studium thematisiert würde. Hiervon hatten 4 noch nie von den HV gehört und 6 gaben an, zu wenig Zeit zu haben, ihr Wissen neben dem Studium zu vertiefen bzw. dass über die kurze Behandlung im Studium wenig Anreiz hierzu gegeben wurde (*„Dozent hat humanistische Verfahren kaum erwähnt, nur sehr mangelnde Kenntnisse vermittelt (die Therapieform nicht interessant wir-*

118

ken lassen haben" TN 409). 5 bemerkten, dass die Behandlung der Therapieverfahren noch anstehe und 2 gaben die fehlende Kassenzulassung als Grund an. Des Weiteren wurde zweifach wenig Interesse an Psychotherapie allgemein genannt, einmal wurde angegeben, nicht in die Vorlesung gegangen zu sein und 4 Probandinnen nannten weitere Gründe.

Wissensquellen

Hauptwissensquellen waren für die 335 Probandinnen, die angaben, Grund- oder fundiertes Wissen über die humanistischen Verfahren zu haben, Vorlesungen (71,3%), mit größerem Abstand gefolgt vom Selbststudium (36,7%), Seminaren (31,9%) und Gesprächen mit Freundinnen (29,6%). Dem folgten Praktika (15,8%), externe Veranstaltungen (11,9%), eigene Therapien oder im Bekanntenkreis (9,3%), sonstige Wissensquellen (6,0%) und eigeninitiierte Studienkreise (3,3%). 64,8% lokalisierten die Hauptbezugsquelle des Wissens uni-intern, demnach erlangten 35,2% ihr Wissen eher außerhalb der Hochschule. Unter sonstigen Quellen (n=19) wurde fünf Mal eine externe Ausbildung erwähnt, 6-mal die Beschäftigung damit an einer anderen Hochschule und je 3-mal Gespräche mit Praktikerinnen bzw. die Beschäftigung damit in der Schule. Außerdem wurden Berichte von Dozentinnen und Seminare genannt.

Sowohl deutsche (73,7%) als auch schweizerische Studierende (80,6%) erlangten ihr Wissen über die HV deutlich häufiger als ihre österreichischen Kommilitoninnen (53,1%) über Vorlesungen *(p=0,014 bzw. p=0,023),* während letztere ihr Wissen eher aus Seminaren *(Ö: 55,1%; D: 29,8%, p=0,002; S: 12,9%, p<0,001)* und im Vergleich zu Deutschland häufiger aus eigener Therapieerfahrung *(Ö: 20,4% vs. D: 7,8%; p=0,007)* gewonnen. Diese Länderunterschiede traten allerdings nicht innerhalb der privaten Hochschulen auf. Dahingegen bestanden nur innerhalb der privaten Hochschulen insofern Unterschiede, dass die österreichischen Studierenden (100%) deutlich häufiger ihr Wissen aus Gesprächen bezogen als die deutschen (31,3%; *p=0,007).* Auch innerhalb Österreichs zeigen sich hier deutliche Unterschiede zwischen den öffentlichen (27,3%) und den privaten Hochschulen in der Häufigkeit der Gespräche über die HV *(p<0,001).*

Systemische Therapieverfahren

Von der systemischen Therapie besaßen 46,5% *kein bzw. kaum Wissen*, 45% kreuzten an, *Grundwissen* diesbezüglich zu besitzen und 8,4% ein *fundiertes Wissen* (s. Tabelle 20 und Abbildung 15). Diese Verteilung wich hochsignifikant von einer Gleichverteilung ab *(p<0,001).* Ebenfalls entsprechend Tabelle 20 bestand ein signifikanter Unterschied zwischen Deutschland und der Schweiz auf der einen und Österreich auf der anderen Seite hinsichtlich der Nennung von *kein Wissen* und *Grundwissen* (jeweils *p<0,05).* Innerhalb der privaten Hochschulen zeigte sich allerdings kein Unterschied zwischen Deutschland und Österreich.

Tabelle 20: Wissen der systemischen Verfahren differenziert nach Ländern (über Hochschularten hinweg)

Land	kein Wissen	Grundwissen	Fundiertes Wissen
Deutschland	50%	41,4%	8,4%
Österreich	19,7%	68,4%	11,8%
Schweiz	46,2%	50%	3,8%
Gesamt	46,5%	45%	8,4%

Gründe für das fehlende Wissen

Auch bei der systemischen Therapie gaben die meisten der 310 Studierenden mit fehlendem Wissen mangelnde Gelegenheit (68,7%) und fehlende Zeit als Hauptgründe an (57,4%). Darauf folgten mit Abstand sonstige Gründe (19,7%), keine Informationsquellen (15,8%), kein Interesse (12,3%) und kein Glaube an die Wirksamkeit dieser Richtung (1,3%). Es bestanden keine Unterschiede zwischen den Ländern oder Hochschularten. 59 Probandinnen gaben weitere Gründe an, wobei wieder mit n=44 am häufigsten die fehlende Behandlung im Studium genannt wurde und die fehlende Zeit (n=2) oder andere Prioritätensetzung, die verhinderten, es sich nebenher selber anzueignen (n=2). 6 gaben an, dass es *noch* nicht behandelt wurde, eine erwähnte die fehlende Kassenzulassung als Grund, 2, dass sie nicht in das erwünschte Seminar hineingekommen wären und erneut 2 ihr fehlendes Interesse an der Psychotherapie im Allgemeinen.

Wissensquellen

Als Hauptquellen des Wissens nannten die 356 Probandinnen mit Grund- oder fundiertem systemischen Wissen Vorlesungen (in 65,4% der Fälle), Gespräche mit Freundinnen/ Kommilitoninnen (37,4%), Seminare (36%), das Selbststudium (32,6%) und Praktika (26,7%). Mit Abstand folgten mit 15,4% externe Veranstaltungen, eigene Therapien oder welche im Bekanntenkreis (6,2%), sonstige Quellen (5,3%) und zuletzt eigeninitiierte Studienkreise (2,2%). 61,8% gaben an, ihr Wissen primär im Rahmen der Studienordnung erlangt zu haben, demnach erlangten 38,2% ihr Wissen eher auf uni-externem Wege. Am häufigsten wurde von den 18 Probandinnen, die weitere Quellen angaben, die Beschäftigung mit der systemischen Therapie in der Schule genannt (n=5), 4 weitere nannten andere Hochschulen als Quelle (besonders im Ausland), 3 Gespräche mit Praktikerinnen und 2 (Neben-) Jobs. Außerdem wurde eine externe Ausbildung genannt, ein Workshop an den „Psychotagen", ein Seminar und die kurze Behandlung im Studium.

Die österreichischen Studierenden erlangten mit 59% ihr Wissen eher als die deutschen (32,6%) und schweizerischen (17,9%) aus Seminaren (jeweils *p<0,001*), dafür bezogen die deutschen mit 30% im Vergleich zu Österreich (16,4%) mehr Wissen aus Praktika (*p=0,019*). Dem entspricht auch, dass Studierende in Deutschland mit 43,4% deutlich häufiger als diejenigen in Österreich angaben (19,7%), ihr Wissen außerhalb der Hochschule bezogen zu haben (*p<0,001*). Diese Unterschiede trafen erneut nicht innerhalb der privaten Hochschulen zu. Zudem bestand die Tendenz, dass Studierende in Österreich ihr Wissen über die ST eher aus eigener Therapieerfahrung erlangten als diejenigen in Deutschland (*p=0,043*).

Vergleich der Höhe des Wissens zwischen den Verfahren

Wie oben und in Abbildung 15 dargestellt, wiesen die Probandinnen über Länder und Hochschularten hinweg das signifikant meiste Wissen über die Verhaltenstherapie auf (94,6% mit Grund- oder fundiertem Wissen), gefolgt von den psychodynamischen Verfahren (77,9%), die sich ebenfalls signifikant von den systemischen (53,5%) und humanistischen Verfahren (50,3%) unterschieden (*jeweils p<0,001*). Zwischen den beiden letztgenannten bestand kein Unterschied (*p=0,158*).

Zusammenfassung des Wissens um die Therapieverfahren

Das mit Abstand meiste Wissen besaßen die Probandinnen über Länder und Hochschularten hinweg über die Verhaltenstherapie, bei der mit 95% fast alle ein Grund- oder fundiertes Wissen angaben, gefolgt von den psychodynamischen Verfahren (knapp 80%). Die österreichischen Studierenden wiesen jedoch eine spiegelbildliche Verteilung auf, wobei mit knapp 82% weniger Probandinnen ein Grund- bzw. fundiertes Wissen über die Verhaltenstherapie angaben und mit 94% deutlich mehr Studierende Wissen über die psychodynamischen Verfahren besaßen. Studierende an privaten Hochschulen zeigten eine ähnliche Verteilung wie die österreichischen auf (mit 77,8% verhaltenstherapeutischem und 86,1% psychodynamischem Wissen). Von den humanistischen und systemischen Verfahren hingegen gab jeweils die Hälfte aller Probandinnen an, kein bzw. kaum Wissen zu besitzen. Allerdings wiesen erneut die österreichischen Studierenden mit 80% erheblich häufiger ein Grund- oder fundiertes Wissen über die systemischen Verfahren auf als die Studierenden der anderen Länder.

Während bezüglich der *Gründe* für das fehlende Wissen keine Unterschiede zwischen den Ländern und Hochschularten bestanden, variierten die *Quellen* des Wissens vor allem zwischen den Ländern stark. So wurden die psychodynamischen und humanistischen Verfahren an öffentlichen Hochschulen in Deutschland und der Schweiz im Vergleich zu den österreichischen und öffentlichen Hochschulen eher in Vorlesungen behandelt, während sie an letzteren eher in Seminaren thematisiert wurden. Genau andersherum stellte es sich bei der Verhaltenstherapie dar, die an öffentlichen deutschen und schweizerischen Hochschulen eher in Seminaren thematisiert wurde, an privaten Hochschulen in Deutschland und österreichischen insgesamt hingegen eher in Vorlesungen. Auch ihr Wissen über die systemischen

Verfahren erlangten österreichische Studierende eher als die deutschen und schweizerischen aus Seminaren, dafür bezogen die deutschen im Vergleich zu österreichischen mehr Wissen aus Praktika. Die deutschen und schweizerischen Studierenden an öffentlichen Hochschulen erlangten im Vergleich zu den anderen ihr Wissen über die psychodynamischen Verfahren (und die Deutschen auch über die systemischen) eher außerhalb der Hochschule (wie bspw. über Praktika), während die österreichischen Studierenden ihr Wissen über die verhaltenstherapeutischen Verfahren eher als die der anderen Länder außerhalb der Hochschule bezogen.

3.3 Neugestaltung der psychologischen Ausbildungssituation

3.3.1 Wahl eines Studiengangs Psychotherapiewissenschaft

Die Frage, ob sie, wenn sie bei ihrer Studienfachwahl die Möglichkeit gehabt hätten, sich für einen Direktstudiengang Psychotherapiewissenschaft (PTW) entschieden hätten anstelle der Psychologie, bejahten 40,6% derjenigen, die prinzipiell Interesse an Klinischer Psychologie hatten (325 von n=800). Entsprechend wurde diese Frage von 59,4% verneint. Dabei zeigten deutsche Studierende mit 42% Ja-Antworten eine 2,1-mal größere Chance, eher PTW zu wählen als schweizerische Studierende mit nur 26% (*p=0,028*). Es bestanden keine Unterschiede zu den österreichischen Probandinnen (*p=0,562 bzw. 0,144*).

3.3.2 Gründe für die Wahl eines Studiengangs Psychotherapiewissenschaft

Als Gründe für die Wahl des Fachs PTW wurde in 82,2% der Fälle das Berufsziel Therapeutin genannt (Mehrfachnennungen waren möglich), in 80,6% der Fälle das Ziel, eine stärker praxisorientierte Ausbildung nach dem Studium zu besitzen, in 74,2% der Wunsch, Ausbildungszeit zu sparen, in 68,3% der Fälle die Ansicht, dass das reine Psychologiestudium zu wenig anwendungsorientiert sei und in 65,2% das Interesse für unterschiedliche Verfahrensrichtungen mit der Hoffnung, dass diese ausgeglichener im PTW-Studium vermittelt würden. In 34,8% der Fälle wurde eine Unzufriedenheit mit dem derzeitigen Psychologiestudium genannt und in 13,5% sonstige Gründe.

Unter den sonstigen Gründen wurden 20 Mal finanzielle Gründe genannt sowie 5 Mal eine Unzufriedenheit mit der derzeitigen Ausbildungssituation (abgesehen vom finanziellen Aspekt) bzw. die Hoffnung auf deren Verbesserung. Ein Beispiel hierfür ist: *„Die derzeitige Ausbildungssituation ist eine Katastrophe. PiAs werden wie Sklaven behandelt, haben kaum Rechte und müssen viel Geld für die Ausbildung zahlen. Das ist Ausbeutung und gehört abgeschafft!!"* (TN 1190).

14 Studierende führten ihre Unzufriedenheit mit dem derzeitigen Psychologiestudium weiter aus. Diese Kommentare bezogen sich u.a. auf die naturwissenschaftlich-

statistische Einseitigkeit der an den Universitäten vermittelten Psychologie, die Forschungs-orientierung und den Mangel an klinischen Inhalten und Spezialisierung. Beispiele sind: *„Man sollte die Psychologie als (Natur-) Wissenschaft von der Psychologie als Wissenschaft über die Seele und Menschen entweder voneinander trennen, oder besser miteinander ver-weben!!!!"* (TN 508), *„Meiner Meinung nach bringt mich mein aktuelles Masterstudium zwar was das wissenschaftliche Arbeiten angeht weiter, inhaltlich aber nur wenig. Wünschenswert wäre ein Master, der forschungsorientiert ist und einer, der psychotherapeutische Dinge vermittelt"* (TN 746) oder auch *„Das Psychologiestudium verliert sich in Unübersichtlichkeit und demotiviert absolut, da es nicht menschennah, sondern menschenfern ist."* (TN 1173).

6 Teilnehmerinnen führten ihre zeitlichen Gründe weiter aus bzw. nannten als Grund, dass sie *„schon immer direkt Therapeutin werden"* wollten (TN 700) und *„alle zusätzlichen The-men [...] nur Umwege, auf dem Weg zum Ziel"* seien (ebd.) oder wie TN 1434 es formulierte: *„Ich möchte keine Wissenschaftlerin werden und wusste das bereits zu Beginn meines Studi-ums."*

3.3.3 Sinnhaftigkeit eines Studiengangs Psychotherapiewissenschaft

Der Mittelwert der Aussage „Ich halte die Einrichtung eines Direktstudiengangs Psycho-therapiewissenschaft an den staatlichen Hochschulen für sinnvoll" lag bei einer 6-stufigen Antwortskala (1=trifft gar nicht zu, 6=trifft völlig zu) bei 4,34 (*SD=1,57*, s. Abbildung 16). Da-bei hielten 25,3% die Einrichtung für eher nicht sinnvoll und 74,7% lagen auf der „sinnvolle-ren" Seite. Es zeigten sich hierbei weder Haupt- noch Interaktionseffekte.

Abbildung 16: Prozentuale Verteilung der Antworten auf die Frage nach der Sinnhaftigkeit der Einrichtung eines Direktstudiengangs Psychotherapiewissenschaft über Studienländer und Hochschulart hinweg

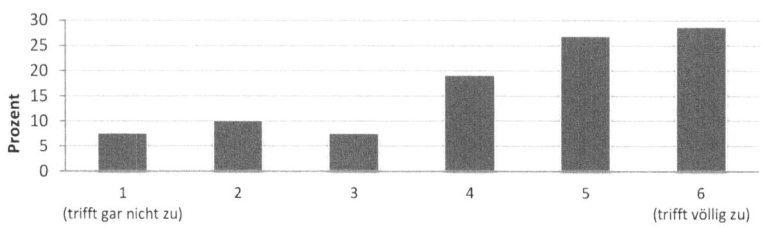

3.3.4 Direktausbildung Österreich

Die Frage aus dem Therapieausbildungsfragenblock, ob die Probandinnen an einer österrei-chischen Privatuniversität ein Direktstudium gewählt hätten, wenn dieser Abschluss und

123

damit die Zulassung zur Psychotherapeutin auch in Deutschland bzw. der Schweiz anerkannt würde, bejahten 60,9% der 468 Teilnehmerinnen, die eine Therapieausbildung anstrebten. Dabei spielte weder das Land noch die Hochschulart eine signifikante Rolle.

3.3.5 Mögliche Inhalte eines Studiengangs Psychotherapiewissenschaft

Die in Abschnitt 3.1.2 dargestellten Inhalte des Studiums bzw. des Fachs Klinische Psychologie können als Anregungen für potentielle Inhalte eines (Direkt-) Studiengangs Psychotherapiewissenschaft interpretiert werden. Hierbei konnten die Studierenden sowohl die genannten Inhalte in ihrer Wichtigkeit bewerten als auch selber relevante Inhalte angeben, worauf im Folgenden explizit eingegangen werden soll[11]. Am wichtigsten von den gelisteten Inhalten waren den Probandinnen Items, die sich auf den Praxisbezug des Studiums bezogen bzw. auf die Vielfalt der behandelten therapeutischen Verfahrensrichtungen: die Berufsrelevanz, die Therapieausbildung der Dozentinnen, der Praxisbezug und der therapeutische Pluralismus. Doch auch das Diskutieren kontroverser Standpunkte und die Kritik vorherrschender Lehrmeinungen erzielten Mittelwerte von > 5 (Skala 1–6).

Vorschläge bzw. Wünsche der Studierenden ohne das Fach Klinische Psychologie

Insgesamt 45 Studierende und damit mehr als jede Fünfte der 195, die (noch) nicht das Fach Klinische Psychologie belegten, gaben sonstige erwünschte Inhalte an (22,6%). Hierbei war den meisten (n=13) die kritische Diskussion und (Selbst-) Reflexion wichtig anstelle bloßen Auswendiglernens. Auch der größere Praxisbezug (n=12) und der Fokus auf Klinische Psychologie sowie Psychotherapie waren den Teilnehmerinnen sehr wichtig (n=10), wie beispielsweise TN 1469 es formulierte: *„praxis, praxis, praxis - (die meisten hier sind noch nicht mal 20 Jahre alt!)"*. 7 Probandinnen wünschten sich eine verstärkte Verknüpfung mit anderen Fachbereichen, insbesondere den Geistes- und Sozialwissenschaften – Philosophie, Religion, Soziologie, Anthropologie –, aber auch zu medizinischen Themen oder der Psychosomatik. Weitere 7 sprachen sich für größere Wahlmöglichkeiten und ein breiteres Spektrum an Inhalten aus, während eine Probandin lieber wenige Bereiche intensiver bearbeiten würde. 4 Probandinnen wünschten die verstärkte Behandlung der Psychoanalyse, die wie TN 1571 es ausdrückte von *„Fachpersonen (Psychoanalytikern) richtig dargestellt"* werden sollte.

In Bezug auf die Ausrichtung der Psychologie wurde sich sowohl eine verstärkte geisteswissenschaftliche Betonung gewünscht (n=2) als auch der Schwerpunkt auf den Naturwissenschaften (n=1). Verschiedene Wissenschaftsverständnisse sollten thematisiert werden (TN 1571). Von jeweils 3 Probandinnen wurde die Behandlung der interkulturellen bzw. kulturvergleichenden Psychologie gewünscht, die Thematisierung der Geschichte, Entwicklung und Ethik der Psychologie/Psychotherapie und das verstärkte statistische, diagnostische und

---

[11] Die Originalkommentare können von der Autorin angefordert werden (a.plischke@gmail.com).

wissenschaftliche Arbeiten. 2 Teilnehmerinnen wünschten sich die Behandlung der kritischen Psychologie. Weitere erwünschte Inhalte waren qualitative Methoden und Forschung, vermehrtes Literaturstudium, Grundlagen wie Sozialpsychologie, Allgemeine, etc., das DSM-V, *„neueste Forschungsergebnisse statt überholter Theorien"* (TN 618), Neuropsychologie bzw. neurobiologische Aspekte, forensische und Wirtschaftspsychologie.

Bezüglich der Rahmenmerkmale wurde sich in jeweils 2 Fällen eine engagiertere Lehre gewünscht, eine Vernetzung der Module bzw. ein roter Faden und dass Prüfungen und ein großer Teil des Studiums in dem Verfassen von psychologischen Texten und der direkten Umsetzung des Wissens in Projekte bestehen solle. Auch gewünscht wurde, dass es Repertorien zur Aufbereitung klausurrelevanten Stoffes gäbe und die Veranstaltungen *„machbar auf den viel zu knappen Bachelor-Plan angepasst"* würden (TN 1540).

Vorschläge bzw. Wünsche der Studierenden mit dem Fach Klinische Psychologie

Von den 666 Studierenden mit dem Fach Klinische Psychologie gaben 145 sonstige erwünschte Inhalte an, was erneut knapp 22% entspricht. Mit Abstand am häufigsten und mit 77 Nennungen von mehr als der Hälfte gewünscht, wurde ein verstärkter Praxisbezug, Praxisinformationen und das konkrete Einüben von praktischen Fähigkeiten, wie beispielsweise mittels Fallstudien, einer integrierten Psychotherapieausbildung, Rollenspiele und anderer praktischer Übungen. 25 Mal wurde der Wunsch nach einer psychotherapeutischen Verfahrensvielfalt bzw. einer Transparenz der Dozentinnenmeinungen geäußert, ebenso wie mehr Offenheit und ein verstärktes Diskutieren der verschiedenen therapeutischen Menschenbilder. Dementsprechend wurde 28 Mal die intensivere Behandlung einzelner Therapierichtungen gefordert, davon mit n=21 am häufigsten der psychoanalytischen bzw. tiefenpsychologischen Verfahren. Die systemischen Verfahren wurden hier dreifach und die humanistischen zweimal genannt. Ebenfalls genannt wurde hier die transpersonale Psychologie/ Psychotherapie und die Vermittlung neuer Therapieverfahren wie der Schematherapie. Zudem wünschten sich 8 Probandinnen die Behandlung von dezidiert klinischer und psychotherapeutischer Forschung, um *„empirische Evidenz zu verschiedenen Positionen"* (TN 360) zu erlangen und Wirksamkeitsstudien kritisch bewerten zu können (TN 1083). Auch mehr Selbsterfahrung und die Reflexion eigenen Denkens und Handelns wurden insgesamt 7 Mal gefordert. 12 Probandinnen nannten den Wunsch nach der verstärkten Behandlung von Störungsbildern, deren Ursachen und Therapiemöglichkeiten, sowohl allgemein als auch von spezifischen selteneren Störungsbildern. 5 Probandinnen wünschten sich eine ausgewogenere Behandlung von Kinder- und Erwachsenenpsychotherapie.

In Bezug auf die universitäre Diskussionskultur wünschten sich 7 Probandinnen verstärkt kritische Diskussionen, beispielsweise in *„Debattierclubs"* (TN 1466), extra dafür ausgewiesenen Vorlesungen (TN 1452) und ganz allgemein bezüglich des Selbstverständnisses der Psychologie (TN 293). 8 Probandinnen thematisierten eine Veränderung der Forschungsart, wobei 3 mehr qualitative Forschung verlangten und 4 mehr quantitative. Auch die verstärkte Behandlung von Erkenntnistheorie/Methodologie wurde hier gewünscht. Zudem äußerten sowohl 4 Versuchspersonen den Wunsch nach einer Verknüpfung der einzelnen psychologischen Disziplinen untereinander als auch weitere 4 die verstärkte Vernetzung mit anderen Fachbereichen, z. B. Philosophie, Soziologie, Humanmedizin, Pflege- und Rehabilitationswissenschaften.

Hinsichtlich weiterer Inhalte wünschten sich 7 Probandinnen eine verstärkte Behandlung der (klinischen) Neuropsychologie, 5 der Forensik, 5 von medizinischen/ biologischen Aspekten, 4 der Psychopharmakologie, 3 der kritischen Psychologie, 2 der interkulturellen Psychologie, 2 der möglichen Nebenwirkungen von Psychotherapie und ebenfalls 2 der geschichtlichen Entwicklung der Psychotherapie bzw. von Störungsbildern. Des Weiteren wurde eine Vielzahl an weiteren Inhalten genannt, wie ethische und gesellschaftskritische Aspekte, Alltags-/ Trauer-/ Theater-/ Religions-/ Verkehrs- und Wirtschaftspsychologie sowie *„Sub- und nichtpathologische Aspekte des Lebens mit hohem Bezug zu Therapie (Trauer, Tod, Scheidung etc.)"* (TN 610).

Bezüglich der Rahmen- und Dozentinnenmerkmale wurde sich zweifach mehr Freiraum für eigene Schwerpunktsetzungen bzw. Wahlmöglichkeiten gewünscht, zudem größere didaktische Fähigkeiten der Dozentinnen, mehr Gruppenarbeiten und die Unterteilung der Lehre in Forschung und Praxis. Außerdem, dass die *„Klausuren in gewisser Form auch die spätere berufliche Eignung (testen), indem sowohl Wissen als auch Anwendung dieses Wissens geprüft wird"* (TN 1545), dass mehr Möglichkeiten für Studierende mit Bachelorabschluss geschaffen würden (TN 1256), die Entwicklung von eigenen Ideen/Theorien unterstützt würde (TN 868) und wissenschaftliches Arbeiten *„nicht nur theoretisch vermittelt, sondern auch ausreichend praktisch erprobt"* würde (TN 469).

3.4.6 Offene Anmerkungen zum Studiengang Psychotherapiewissenschaft

Da die Fragen zum Bereich Psychotherapiewissenschaft im Sinne einer ersten Exploration sehr allgemein gestellt waren, sind die Kommentare der insgesamt 77 Probandinnen, die ihre Meinung diesbezüglich detaillierter darstellten, sehr interessant und hilfreich[12]. Insgesamt 16 Studierende sprachen sich explizit für die Kombination von einem allgemeinen psychologischen Bachelorstudiengang mit einem Masterstudiengang mit dem Schwerpunkt Psychotherapie aus, der die anschließende Ausbildungszeit verkürzt, wie beispielsweise TN 616 es formulierte: *„Ich würde eher einen generellen Bachelor für alle empfehlen und einen klinischen Master, der schon Punkte der Ausbildung vorausgreift, aber die Ausbildung nicht ersetzt, sondern vllt [sic] auf 2 Jahre verkürzt - die praktische Ausbildung & Supervision halte ich unbedingt für notwendig"*.

Ebenfalls 16 Probandinnen begrüßten explizit einen Direktstudiengang Psychotherapiewissenschaft, wie TN 600 formulierte: *„Die Akademisierung der Psychotherapie ist wichtig, um sie von den Disziplinen der Psychologie und vor allem der Medizin klarer abzu-*

---

[12] Auch diese Originalkommentare können von der Autorin angefordert werden (a.plischke@gmail.com).

grenzen und ihr einen wissenschaftlicheren und mehr ernstzunehmenden Anstrich zu verlei-
hen."* Die meisten fügten hier den Zusatz an, *„dass er HAUPTSÄCHLICH praxisorientiert (d.h.*
Selbsterfahrung, Supervision und Übungen)" sein müsse, wie TN 1122 formulierte. Weitere 5
knüpfen ihre Zustimmung zu einem Direktstudiengang PTW an die Bedingung, dass kein
Qualitätsverlust oder Verlust von Grundlagenwissen entstehen dürfe, wie beispielsweise TN
700: *„Auch wenn ich mich für ein direktes Psychologie-Therapiestudium eingeschrieben hät-*
te, bin ich skeptisch, ob das der Wissenschaft und der therapeutischen Qualität nicht eher
einen Abbruch tut. Es führt zu verkürzten Studienzeiten und die meisten würden das aus
pragmatischen Gründen machen. Ich vermute die Qualität in der Psychotherapie würde da
aber drunter leiden."

17 Probandinnen sprachen sich explizit für die Ausbildung *nach* dem 5-jährigen Studium aus. Dies wurde in 9 Fällen damit begründet, dass man nach einem Direktstudiengang
noch nicht die nötige Reife für den Beruf erlangt habe, beispielsweise: *„Wer möchte denn*
bitte 22 bis 23-Jährige Psychotherapeuten haben? Ich glaube nicht, dass man in diesem Alter
bereits eine derartige Reife hat diesen Beruf auszuführen. Hat man doch gerade erst seine
eigene Selbstfindung beendet oder steckt sogar noch mittendrin." (TN 273). 12-mal wurde
bemerkt, dass die im Psychologiestudium vermittelten (inhaltlichen wie auch methodischen)
Grundlagen essentiell seien: *„Wer die Welt nur auf einem Auge sieht... hat schwere Orientie-*
rungsprobleme. Warum also Psychotherapie explizit studieren, wenn man die weite Welt der
Psychologie nicht mit dem anderen Auge gesehen hat?" (TN 718) oder *„Ich glaube es ist gut*
ein breites Basiswissen auch nichtklinischer Psychologie zu haben. Die Menschen leben näm-
lich nicht im luftleeren Raum bis sie mal in einer Klinik oder Therapie landen" (TN 385). 2 weitere fürchteten den Qualitätsverlust einer solchen Direktausbildung: *„Bloß keine Direktaus-*
bildung! Qualität statt Quantität in diesem Fall" (TN 1352).

Weitere 5 sprachen sich nicht explizit gegen einen solchen Studiengang aus, zeigten
aber Angst, dass er *„trotzdem noch viel zu sehr von dem naturwissenschaftlichen, theoreti-*
schen, forschungsorientierten Uniwissen geprägt wär und die wichtige anwendungs-
orientierte und praktische Erfahrung der Therapieausbildung verloren ginge" (TN 375) oder
„die Schulen möglicherweise nicht so gut verschiedene Richtungen arbeiten können [sic]" (TN
1297). Oder wie Teilnehmerin 1403 bemerkte: *„Das Studium der Psychologie ist mir zu wis-*
senschaftlich orientiert. Wenn nun die Uni auch die Ausbildung zum Psychotherapeuten
übernimmt, würde das, aus meiner Perspektive, in einer Katastrophe enden. Ich fühle mich
schon jetzt überhaupt nicht auf den Patienten vorbereitet."

4 Teilnehmerinnen gaben zu bedenken, dass sich die Präferenz für Psychotherapie oder die
allgemeine Psychologie im Laufe der Studienjahre häufig ändere bzw. zu Beginn des Studiums zu wenig Wissen über die verschiedenen Bereiche bestehe, um eine solche Wahl zu
treffen. 2 sprachen sich dafür aus, nicht den Studiengang zu ändern, sondern die Bedingungen der Therapieausbildung, wie bspw. Teilnehmerin 1624 betonte: *„Ich würde mich daher*
freuen wenn man sich in Deutschland nicht für einen Direktstudiengang einsetzen würde,
sondern dafür, Psychologen in Ausbildung anständig für ihre Tätigkeit zu bezahlen!!". TN
1059 sah *„das Problem weniger darin, dass es keinen Direktstudiengang für Psychotherapeu-*
ten gibt, sondern dass im Bachelor-Master-System jegliche Wahlmöglichkeit genommen

wird". Eine Probandin regte an: *„falls der neue Studiengang Psychotherapiewissenschaft ein-geführt werden sollte, wären ein national einheitlicher Standard und Zugangsmöglichkeiten angemessen"* (TN 1639).

3.4.7 Zusammenfassung der Neugestaltung der psychologischen Ausbildungssituation

Gut 40% der Studierenden, die prinzipiell Interesse an Klinischer Psychologie aufwiesen, hätten sich bei entsprechender Möglichkeit für das Studium der Psychotherapiewissenschaft entschieden anstelle der Psychologie. Als Hauptgründe für diese Wahl wurden das Berufsziel Psychotherapeutin und die fehlende Praxisorientierung und Berücksichtigung verschiedener Therapieverfahren im Psychologiestudium genannt sowie der Wunsch, die Ausbildungszeit zu verkürzen. In Deutschland würden mehr Studierende ein PTW-Studium wählen als in der Schweiz. Die Einrichtung eines Direktstudiengangs Psychotherapiewissenschaft wurde tendenziell als sinnvoll erachtet, ungeachtet vom Land oder der Hochschulart. Von denjenigen, die prinzipiell eine Therapieausbildung anstreben, würden sich 61% für ein Direktstudium der Psychotherapiewissenschaft entscheiden, wenn dies die Approbation beinhalten würde. Dies hing weder vom Studienland noch der Hochschulart ab.

Als Anregungen für die Gestaltung eines solchen Direktstudiengangs können die studentischen Bewertungen der gegenwärtigen und gewünschten Studieninhalte genommen werden. Sowohl die Studierenden mit dem Fach Klinische Psychologie als auch diejenigen ohne wünschten sich eine deutlich größere Praxisrelevanz der Inhalte sowie die Abdeckung und Reflexion verschiedenster psychotherapeutischer Verfahrensrichtungen und Menschenbilder. Bezüglich der verstärkten Behandlung einzelner Richtungen wurden bei den qualitativen Bemerkungen am häufigsten die psychodynamischen Verfahren gewünscht. Auch eine verstärkte kritische Diskussion und (Selbst-) Reflexion der Inhalte und Ausrichtung der Psychologie trat durchweg als hochrelevantes Anliegen zu Tage. Zudem wurde eine stärkere Vernetzung sowohl der Teildisziplinen der Psychologie als auch der Psychologie mit anderen Fachbereichen gewünscht und generell eine größere Einbettung der Inhalte in gesellschaftliche, historische, ethische und interkulturelle Dimensionen gefordert. Die Psychologie sollte sowohl geistes- und sozial- als auch naturwissenschaftlich orientiert sein und neben den quantitativen auch aus den qualitativen Methoden schöpfen.

Viele der Probandinnen, die qualitative Kommentare zu dem Thema Psychotherapiewissenschaft abgaben, befürchteten einen Verlust von Qualität, Grundlagenwissen und Praxisbezogenheit für den Fall, dass das Direktstudium Psychotherapiewissenschaft das Psychologiestudium plus Ausbildung ersetzen sollte – sowohl durch die verkürzte Ausbildungszeit und das dadurch jüngere Alter der Absolventinnen als auch durch ein befürchtetes Abfärben der ausgeprägten Forschungslastigkeit der Hochschule auf die Therapieausbildung. Viele Teilnehmerinnen sprachen sich für einen breit orientierten Bachelorstudiengang aus, gefolgt von einem Master mit Psychotherapieschwerpunkt, der die Ausbildungszeit verkürzt. Davon abgesehen forderten so gut wie alle eine verstärkte Praxisbezogenheit des Studiums und eine Reform der derzeitigen Ausbildungsbedingungen.

128

4. Diskussion

4.1 Zusammenfassung und Implikationen der wichtigsten Ergebnisse

Im Folgenden werden die wichtigsten Ergebnisse gegliedert nach den Themen Studienzufriedenheit, Wissenschaftsverständnis, Repräsentation der Psychotherapieverfahren und
Neugestaltung der psychologischen Ausbildungssituation dargestellt und ihre Implikationen
sowie weitergehende Überlegungen diskutiert. Wenngleich die vier Bereiche deutliche Überschneidungen aufweisen, wurde diese Gliederung der Übersichtlichkeit wegen gewählt.
Mögliche Wiederholungen wurden weitestgehend vermieden. Die explorativen Fragestellungen zu den Unterschieden zwischen Ländern und Hochschularten werden dabei in den
jeweiligen Abschnitten beleuchtet. Während inhaltliche Kritikpunkte bzw. Limitationen der
Studie im jeweils betreffenden Abschnitt erscheinen, werden methodische Limitationen und
mögliche Weiterentwicklungen separat in Abschnitt 4.2 thematisiert. Der letzte Abschnitt
schließt die Arbeit mit einem Fazit und Ausblick ab.

4.1.1 Zur Studienzufriedenheit

Zur Höhe der inhaltlichen Studienzufriedenheit

Die inhaltliche Studienzufriedenheit liegt über Länder und Hochschularten hinweg mit einem
Mittelwert von 5,17 (Skala 1–7) über den Befunden anderer einschlägiger Untersuchungen
zu Psychologiestudierenden (Handerer, 2011; Schiefele & Jacob-Ebbinghaus, 2006; Malleck,
2009). Dennoch sind mit 17,3% mehr Psychologiestudierende unzufrieden als Studierende
anderer Fachgruppen, bei denen der Anteil eher Unzufriedener in verschiedenen Untersuchungen zwischen 6,8% und 11,4% liegt (Schwaiger, 2003; Lück, 2012; Damrath, 2006). Das
gilt insbesondere für die Psychologiestudierenden in Deutschland, bei denen der Anteil Unzufriedener über die Hochschularten hinweg auf 19,0% steigt und innerhalb der öffentlichen
Hochschulen weiter auf 20,1%. Damit zeigt sich gut jede fünfte deutsche Studierende an den
öffentlichen Hochschulen eher unzufrieden mit dem Psychologiestudium.

 Bei der Interpretation dieser Ergebnisse gilt zu berücksichtigen, dass – wie in Einleitungsteil 1.2.1 dargelegt – die berichteten Zufriedenheitsurteile systematisch überschätzt
sein könnten. Aus Kapazitätsgründen konnten die differenziellen (Un-) Zufriedenheitsformen
nach Bruggemann et al. (1975) in der vorliegenden Studie nicht erhoben werden. Allerdings
zeigt die Studie Handerers (2011) auf, dass der Anteil der unzufriedenen Psychologiestudie-

renden um 10 (bei der Zufriedenheit mit den Inhalten) bzw. 27,6 Prozentpunkte (bei der Gesamtzufriedenheit) steigt, wenn man die resignativ „Zufriedenen" nach Bruggemann et al. (1975) in der Messung berücksichtigt und ebenfalls zu den Unzufriedenen rechnet. So scheinen insbesondere bei Psychologiestudierenden die Anpassung der Erwartungen an die vorgefundenen Bedingungen und das Vertrösten auf die Zukunft häufig eingesetzte Mechanismen zur Reduktion der bestehenden Unzufriedenheit zu sein (Handerer, 2011; Ottersbach et al., 1990). Im Licht dieser Befunde stellen die berichteten 20% unzufriedenen Psychologiestudierenden an öffentlichen Hochschulen in Deutschland möglicherweise lediglich eine untere Grenze der Zufriedenheitsschätzung dar mit potentiell erheblichem Spielraum nach oben.

Zur Erklärungsleistung des Gesamtmodells der Studienzufriedenheit

Die folgenden Befunde beziehen sich – sofern nicht anders spezifiziert – auf sowohl das Modell der Studienzufriedenheit in der Subgruppe der Studierenden mit dem Fach Klinische Psychologie als auch auf das Modell in der Subgruppe ohne dieses Fach. Auf abweichende Ergebnisse zwischen den Modellen wird explizit eingegangen.

Als erklärungsstärkster Prädiktor für die Studienzufriedenheit erweist sich wie auch bei Handerer (2011) die Diskrepanz zwischen studentischem und universitärem Wissenschaftsverständnis hinsichtlich der Positionierung der Psychologie zwischen den Polen der Natur- und Geisteswissenschaft. Je größer die Divergenz zwischen der studentischen Einschätzung und wahrgenommenen universitären Positionierung ausfällt, desto geringere Werte nimmt die Studienzufriedenheit an. Ebenfalls zentral sind in Übereinstimmung mit anderen Untersuchungen (Schiefele & Jacob-Ebbinghaus, 2006; Blüthmann, 2012; Damrath, 2006; Schwaiger, 2003; Sieverding et al., 2013; Heise et al., 1999) die wahrgenommene Lehrkompetenz, die berichtete Autonomie im Studium und das studentische Fachinteresse an der Psychologie, wobei höhere Werte dieser Einflussvariablen jeweils zu einer größeren Zufriedenheit führen. Hinsichtlich des Einflusses des Fachinteresses besteht jedoch die Tendenz zu einem Interaktionseffekt desselben mit der Diskrepanz des Wissenschaftsverständnisses. Dabei nimmt mit steigender Diskrepanz des Wissenschaftsverständnisses der Zusammenhang zwischen Fachinteresse und Studienzufriedenheit ab. Wie in anderen einschlägigen Studien (Schiefele & Jacob-Ebbinghaus, 2006; Heise et al., 1999; Apenburg, 1980) beeinflusst die Praxisrelevanz der Lehrinhalte ebenfalls maßgeblich die Studienzufriedenheit. So führt in der vorliegenden Analyse die steigende Diskrepanz zwischen dem wahrgenommenen Ist-Zustand der Praxisrelevanz und den diesbezüglichen studentischen Wunscherwartungen zu einer niedrigeren Zufriedenheit. In der Subgruppe der Studierenden mit dem Fach Klinische Psychologie wurde zudem der Einfluss der Diskrepanz zwischen den eigenen Bewertungen der Therapieverfahren und den eingeschätzten Bewertungen der Lehrenden untersucht. Es zeigt sich, dass die Studienzufriedenheit umso geringer ausfällt, je stärker die wahrgenommenen Dozentinnenbewertungen von den eigenen abweichen.

Des Weiteren besteht im Modell der Studierenden mit Klinische Psychologie nach Kontrolle der anderen Variablen weiterhin ein Unterschied in der Zufriedenheit zwischen Deutschland und der Schweiz sowie die Tendenz zu einem Unterschied zwischen der Schweiz und Österreich.

Das Modell für die Subgruppe der Studierenden mit dem Fach Klinische Psychologie erklärt unter Einbezug nur der signifikanten Einflussvariablen 45% der Gesamtvarianz der Studienzufriedenheit. Innerhalb der Subgruppe ohne Klinische Psychologie wird anhand der signifikanten Variablen 42% der Gesamtvarianz erklärt. Diese Varianzerklärungen liegen mit 5,7 – 24,1 Prozentpunkten (Modell mit Klinische Psychologie) bzw. 2,9 – 21,3 Prozentpunkten (ohne dieses Fach) deutlich über den Erklärungsleistungen der Modelle anderer Untersuchungen (Schwaiger, 2003; Heise et al., 1999; Spies et al., 1998; Handerer, 2011; Malleck, 2009; Spies et al., 1998). Bei den einzigen Studien, die eine höhere Varianzerklärung erzielten (Heise et al., 1997 mit 50% und Schiefele & Jacob-Ebbinghaus, 2006 mit 52%) bestand – wie eingangs erwähnt – auf Itemebene eine mögliche Konfundierung des Fachinteresses mit der inhaltlichen Studienzufriedenheit, was eine höhere Varianzerklärung zur Folge hätte. Diese Konfundierung wurde in der vorliegenden Untersuchung weiter reduziert durch die Umformulierung der Items und explizite Betonung, dass sie sich nicht *„auf das Psychologiestudium selbst, sondern allgemein auf [die] Einstellung zum Thema Psychologie (unabhängig von den im Studium vermittelten Inhalten)"* bezögen. So spricht die höhere Varianzerklärung der vorliegenden Untersuchung im Vergleich zu den Ergebnissen anderer Studien für die Wichtigkeit, die methodologische und inhaltliche Ausrichtung des Fachs Psychologie als Prädiktorvariable einzubeziehen – insbesondere hinsichtlich der diesbezüglichen Divergenzen zwischen den studentischen Vorstellungen und der erlebten Studienrealität.

Allerdings kann auch in der vorliegenden Studie nicht ausgeschlossen werden, dass zentrale Einflussfaktoren ausgelassen wurden und damit die Regressionsgewichte der eingeschlossenen Variablen verzerrt sind. Dementsprechend sollte die kausale Interpretation des Modells mit der üblichen Vorsicht geschehen. Auch wäre die Verwendung von Strukturgleichungsmodellen wünschenswert gewesen, um etwaige Messungenauigkeiten besser berücksichtigen zu können. Solch ein Unterfangen hätte den Rahmen dieser Arbeit jedoch weit überschritten. Zukünftige Studien könnten versuchen, die in der vorliegenden Untersuchung gefundenen Resultate unter Verwendung von Strukturgleichungsmodellen zu replizieren.

Ebenfalls zu diskutieren ist die Art des Einbezugs der Diskrepanz-Werte verschiedener Variablen. So zeigt Edwards (2001) auf, dass die Verwendung von Differenzwerten trotz ihres weitverbreiteten Gebrauchs diverse methodologische Probleme aufweist. Als Alternative schlägt er polynomiale Regressionen vor, wobei sowohl die einzelnen Komponenten der Differenzwerte in die Analyse eingehen als auch höherrangige Terme dieser Komponenten, um die interessierenden Beziehungen zwischen den Komponenten gezielter und differenzierter zu untersuchen (s. Edwards, 1993b für eine ausführliche Darstellung). Diese Methode wird wiederum von anderen Seiten kritisiert (s. Kristof, 1996, S. 16ff für eine Zusammenfassung dieser Kritik), weshalb Kristof (1996) schlussfolgert: „Thus, the longstanding debate regarding the usefulness of difference scores to measure fit continues." (S. 18). In einer weiteren Metaanalyse im Jahre 2005 gelangen Kristof-Brown, Zimmermann und Johnson zu der

Folgerung, dass in den meisten Fällen die Analysen mittels polynomialer Regression die Ergebnisse der „klassischen" Studien erweitern und differenzieren, nicht aber annullieren (S. 324). Dementsprechend raten die Autorinnen, dass die „klassischen" Verfahren mittels Diskrepanz-Werten ausreichend sein können, wenn der Fokus der Untersuchung auf der holistischen Bewertung von Passung liegt. Wenn hingegen beispielsweise die Symmetrieannahme nicht plausibel scheint, sollten polynomiale Regressionen verwendet werden, welche diese Einschränkung besser berücksichtigen können.

Da im vorliegenden Fall die Symmetrieannahme plausibel scheint und die holistische Bewertung der Passung im Vordergrund steht, scheint die Verwendung der klassisch verwendeten Differenz-Werte rechtfertigbar. Zudem wurden im Unterschied zu anderen Studien und entsprechend der Empfehlungen von Edwards (1993a) sowohl Skalen mit mehreren Items verwendet (anstelle von Ein-Item-Messungen) als auch die Ist- und Diskrepanz-Werte einbezogen, was den Vorwurf der „konzeptuellen Ambiguität", „missachteten Information" und „Insensivität hinsichtlich der Quellen der Differenzen" (Edwards, 1993a, S. 649) mildert. Nichtsdestotrotz wäre interessant, wenn zukünftige Studien die Fragestellungen der vorliegenden Arbeit unter Verwendung von polynomialen Regressionen untersuchen würden, um die in der vorliegenden Untersuchung gefundenen Ergebnisse möglicherweise zu erweitern und zu differenzieren.

Trotz dieser Kritikpunkte bieten die vorliegenden Befunde nach Erachten der Autorin wertvolle Anknüpfungspunkte, Hinweise und Anregungen für weitere Forschungsarbeiten sowie für die praktische hochschulpsychologische Ausbildung, die im Folgenden auszugsweise diskutiert werden.

Zum Einfluss von Wissenschaftsverständnis, Verfahrensbewertung und (Diskussions-) Offenheit der Lehre

In Übereinstimmung mit den Befunden von Handerer (2011) stellt die Diskrepanz zwischen dem studentischen und dem wahrgenommenen universitären Wissenschaftsverständnis den wichtigsten Prädiktor für die inhaltliche Studienzufriedenheit dar.[13] Dieser Befund kann nicht nur als Replikation, sondern auch Erweiterung der Studie Handeres (2011) verstanden werden. Denn anders als in seiner Arbeit wurden auch die in vergleichbaren Untersuchungen dominierenden Faktoren der Studienzufriedenheitsforschung einbezogen – das Fachinteresse, die Praxisrelevanz und die Autonomie. Dennoch erweist sich die Diskrepanz des Wissenschaftsverständnisses als zentraler und auch stärkerer Einflussfaktor als diese Prädiktoren. Damit wird Nullhypothese 1a) verworfen, nach der die Diskrepanz des Wissenschaftsverständnisses keinen Einfluss über die „klassischen" Prädiktoren hinaus aufweist. Die Ausrichtung des Fachs Psychologie ist somit ein hochrelevanter Faktor bei der Bewertung des Psychologiestudiums, der bislang in der Zufriedenheitsforschung ungerechtfertigterweise vernachlässigt wurde. Dabei stellt das (adaptierte) *Epistemische Differential* nach Kimble

---

[13] Eine detaillierte Analyse des studentischen sowie wahrgenommenen universitären Wissenschaftsverständnisses und der Verfahrensbewertungen wird in Abschnitt 4.1.2 und 4.1.3 vorgenommen.

(1984) ein sowohl ökonomisches wie auch reliables Instrument zur Erhebung dar, so dass aus methodischer Sicht nichts gegen den Einbezug des Wissenschaftsverständnisses in die Studienzufriedenheitsforschung der Psychologie zu sprechen scheint.

Zudem erweist sich die Diskrepanz zwischen den studentischen Verfahrensbewertungen und den wahrgenommenen Verfahrensbewertungen der Lehrenden ebenfalls als einflussreicher Prädiktor für die Studienzufriedenheit über die klassischen Einflussvariablen hinaus, womit auch Nullhypothese 1b) verworfen wird. Das bedeutet, dass auch die inhaltliche Ausrichtung des Fachs Klinische Psychologie einen maßgeblichen Einfluss auf die studentische Bewertung des Studiums zeigt. Dementsprechend sinkt die studentische Zufriedenheit mit dem Studium, wenn die Lehrenden – zumindest in der Studierendenwahrnehmung – die Therapieverfahren deutlich anders bewerten als die Studierenden selbst. Dieser Befund ist hoch relevant, da diese zentrale Einflussvariable bislang in der Studienzufriedenheitsforschung nicht thematisiert, geschweige denn in die empirische Untersuchung einbezogen wurde.

Die Untersuchung der Offenheit bzw. Perspektivenvielfalt der (klinischen) Lehre weist jedoch – anders als hypothetisiert und im Kontrast zu den Befunden von Handerer (2011) – keinen Einfluss auf die Studienzufriedenheit auf, der über den Einfluss der klassischen Prädiktoren, des Wissenschaftsverständnisses und der Repräsentation der Therapieverfahren hinausgeht. Somit wird Nullhypothese 1c) beibehalten. Dieser Befund relativiert jedoch nicht die Wichtigkeit einer (Diskussions-) Offenheit des Faches, welche sich vielfach und explizit von den Studierenden gewünscht wird – sowohl zufolge der quantitativen als auch der qualitativen Befunde dieser Studie (s. Abschnitt 4.1.4). Auch zeigt sich, dass nach Ausschluss von 2 einflussreichen Datenpunkten die Ist-Werte der Offenheit der klinischen Lehre die Signifikanz nur knapp verpassen. Zudem besagt das regressionsanalytische Ergebnis der gesamten Stichprobe lediglich, dass unter Berücksichtigung und somit Konstanthaltung des Einflusses von Wissenschaftsverständnis und Verfahrensbewertung die Offenheit keinen *zusätzlichen* Beitrag zur Zufriedenheit leistet. Das steht in Einklang mit dem eingangs hypothetisierten Zusammenhang der grundsätzlichen Ausrichtung der Psychologie mit einer zugrundeliegenden Offenheit der Lehre, da eine Einseitigkeit von Methodik und Inhalten notgedrungen im Kontrast zu einer Perspektivenvielfalt steht. Daher kann dieses Ergebnis als Erweiterung der Befunde von Handerer (2011) betrachtet werden, der die Einseitigkeit der klinischen Lehre nicht berücksichtigte. Möglicherweise blieb bei ihm einzig aus diesem Grund die Diskussionsoffenheit als relevanter Prädiktor für die Studienzufriedenheit bestehen.

Zum Moderatoreffekt von Wissenschaftsverständnis und Verfahrensbewertung

Darüber hinaus wurde untersucht, inwiefern die Größe der Diskrepanzen zwischen einerseits studentischem und wahrgenommenem universitären Wissenschaftsverständnis und andererseits die analoge Diskrepanz bezüglich der Verfahrensbewertungen den Zusammenhang von Fachinteresse und Studienzufriedenheit beeinflusst. Der Moderatoreffekt des Wissenschaftsverständnisses verfehlt nur knapp die Signifikanz. Er überschreitet jedoch die Signifikanzmarke, wenn im Modell der Subgruppe mit Klinische Psychologie zwei einflussreiche Datenpunkte ausgeschlossen werden (welche sich vermutlich durch die Items zum Wissenschaftsverständnis „durchklickten") und im Modell ohne Klinische Psychologie eine Person entfernt wird (die eventuell durch den angestrebten Fachwechsel nicht nur abweichende Wertekombinationen, sondern auch andere Zufriedenheitsmechanismen aufweist als die übrigen Studierenden). Zudem zeigen Eid et al. (2013) auf, dass die statistische Erklärungskraft von Interaktionseffekten im Allgemeinen (wie auch in der vorliegenden Untersuchung) recht gering ist, sie aber trotzdem von großer praktischer Bedeutung für die Vorhersage eines individuellen Kriteriums sein können. Und nicht zuletzt unterstützen auch die korrelativen und grafischen Analysen die Vermutung einer Moderation des Wissenschaftsverständnisses: So fällt die Korrelation von Fachinteresse und Studienzufriedenheit von r=0,29 innerhalb der Studierenden mit einer großen Diskrepanz des Wissenschaftsverständnisses auf r=0,15 in der Subgruppe mit einer niedrigen Diskrepanz. Entsprechend dieser Überlegungen scheint es wahrscheinlich, dass die Erklärungskraft des Fachinteresses für die Studienzufriedenheit davon abhängt, inwieweit das studentische und das wahrgenommene universitäre Wissenschaftsverständnis übereinstimmen. So kann Nullhypothese 2a), nach der die Höhe der Diskrepanz des Wissenschaftsverständnisses keinen Einfluss auf den Zusammenhang von Fachinteresse und Studienzufriedenheit hat, tendenziell verworfen werden.

Da die Konsequenzen dieses Befundes weitreichend sind und in der vorliegenden Studie lediglich Tendenzen berichtet werden können, sollte dieser Moderatoreffekt unbedingt in weiteren Studien mit anderen Stichproben replizierend untersucht werden. Sollte sich dessen Relevanz bestätigen, hieße das für die Zufriedenheitsforschung, dass mit dem Fachinteresse ein Konzept für zentral gehalten wird (vgl. die Schlussfolgerungen von Schiefele & Jacob-Ebbinghaus zum Fachinteresse als „dominierenden Faktor", 2006, S. 210), dessen Einfluss auf die Zufriedenheit maßgeblich von der Übereinstimmung der Ausrichtung des Faches mit dem Verständnis der Studierenden abhängt. Und damit würde die Höhe des Fachinteresses für einen Teil der Studierenden *keinen* wichtigen Einflussfaktor auf die Studienzufriedenheit darstellen, da das, was diese unter dem „Fach" verstehen, auf das sich ihr Interesse bezieht, nicht mit dem universitären Curriculum und Habitus übereinstimmt.

Die inhaltlichen Folgen dieser Vermutung sind aus zweierlei Hinsicht weitreichend: Zum einen muss es frustrierend für diejenigen Studierenden sein, die ein hohes Interesse am Fach Psychologie aufweisen, im Studium jedoch wegen des divergierenden akademischen Selbstverständnisses ihr Interesse nicht einbringen und verwirklichen können. Darüber hinaus muss sich die akademische Disziplin Psychologie fragen, ob sie es sich leisten kann, ihren interessierten Nachwuchs mit einem einseitigen Selbstverständnis zu frustrieren und damit möglicherweise von der akademischen Forschung abzubringen (s. auch Lipsey, 1974). Die Vermutung der (Selbst-) Selektion hinsichtlich der Forschungstätigkeit wird von den Ergebnissen der vorliegenden Untersuchung gestützt. So streben am ehesten die Studierenden eine Forschungstätigkeit an, deren eigenes Wissenschaftsverständnis mit dem universitären übereinstimmt bzw. sogar noch naturwissenschaftlicher als dieses ausfällt. Diejenigen hingegen, die ein deutlich abweichendes und geisteswissenschaftlicheres Selbstverständnis auf-

134

weisen im Vergleich zum universitären, ziehen ein klinisch-beratendes Berufsfeld einer Forschungstätigkeit vor. Auch hier wäre interessant, diese Zusammenhänge in weiteren Studien zu untersuchen, um mögliche Schlüsse bezüglich der Richtung des Zusammenhangs ziehen zu können.

Nullhypothese 2b), die gleichermaßen einen Moderatoreffekt der Diskrepanz der Verfahrensbewertungen auf den Zusammenhang von Fachinteresse und Studienzufriedenheit verneinte, wird hingegen nicht verworfen. Möglicherweise liegt das daran, dass der Einfluss der Diskrepanz des Wissenschaftsverständnisses durch die Überschneidung mit den Verfahrensbewertungen den Großteil der Varianzerklärung erzielt und die Verfahrensbewertungen keinen zusätzlichen Einfluss darüber hinaus aufweisen (s. Abschnitt 4.1.3 für eine theoretische Erörterung der Schnittpunkte von Wissenschaftsverständnis und Psychotherapieverfahren). Auch und zusätzlich denkbar wäre, dass der Moderatoreffekt deswegen nicht zustande kommt, da sich die Verfahrensbewertungen nur auf einen Bereich der Psychologie und damit auch des Fachinteresses beziehen – im Gegensatz zum Wissenschaftsverständnis, welches die grundlegende Ausrichtung des gesamten Faches betrifft. Etwaige Diskrepanzen können so vielleicht eher mit anderen Bereichen kompensiert werden.

Zum Einfluss der Studiendauer

Interessant ist des Weiteren, dass anders als in anderen Studien (Heise et al., 1999; Schwaiger, 2003; Schiefele & Jacob-Ebbinghaus, 2006; Handerer, 2011) die Studiendauer keinen Einfluss auf die Studienzufriedenheit aufweist. Dies könnte damit zu erklären sein, dass in anderen Studien die Studiendauer jeweils in einem ersten Schritt in die hierarchische Regressionsanalyse aufgenommen wurde (etwa bei Schiefele & Jacob-Ebbinghaus, 2006 oder Heise et al., 1999). In der vorliegenden Studie hingegen wurde die Studiendauer mittels Einschlussmethode eingeführt bzw. in der hierarchischen Analyse in einem letzten Schritt, um zu überprüfen, ob sie über die anderen Variablen *hinaus* noch einen Einfluss aufweist. Hintergrund war die Überlegung, dass die Studiendauer als unveränderliche Variable von geringerem Interesse war als veränderbare Faktoren, da letztere als Grundlage für potentielle Umgestaltungen dienen können. Aus diesem Grund wurden auch andere Kontrollvariablen wie das Land und die Hochschulart erst in einem letzten Schritt aufgenommen. Aus den Ergebnissen könnte man schlussfolgern, dass die Veränderungen der Studienzufriedenheit über die Dauer des Studiums durch andere Faktoren bedingt sein könnten – wie ein gewandeltes Fachinteresse oder Wissenschaftsverständnis bzw. damit verbundene frustrationsbedingte Verzögerungen des Studiums.

Ein anderer, wenn auch kritischer, da methodischer Grund für die fehlende Relevanz der Studiendauer könnte die Art der Erhebung gewesen sein. So wurde nach dem „Fachsemester im derzeitigen Studiengang" gefragt, in der Annahme, damit Bachelor-, Master- und Diplomstudierenden gerecht zu werden. Bei den Masterstudierenden wurde daher im Anschluss die durchschnittliche Dauer des Bachelorstudiengangs (nach Wentura et al., 2013) addiert. Nun kann jedoch nicht ausgeschlossen werden, dass einige Masterstudierende die

Frage missverstanden und anstelle der Anzahl ihrer Mastersemester ihre gesamte Semester-zahl angaben, was zu einer Erhöhung der durchschnittlichen Studiendauer führen würde. Die durchschnittliche Semesterzahl der vorliegenden Studie gibt hierüber wenig Auskunft, da sie zwar knapp über dem Durchschnitt der Studie Handeres (2011) liegt, aber niedriger als in der Studie von Schiefele und Jacob-Ebbinghaus (2006) ausfällt. Darüber hinaus ist der Fakt kri-tisch, dass in der implementierten Erhebungsmethode die Semesterzahl von größer/gleich 17 bereits in den Antwortoptionen auf „17+" zusammengefasst wurde. Auch dies könnte zur Verzerrung des Mittelwerts und des Einflusses der Studiendauer beigetragen haben.

Allerdings dürfte dies ebenso wie obiger Kritikpunkt kaum auf die Studierenden ohne das Fach Klinische Psychologie zutreffen. Diese weisen mit einem Mittelwert von 4 Semes-tern eine deutlich geringere Semesterzahl auf als die Studierenden mit dem Fach Klinische Psychologie (mit einem Mittelwert von 9) und sollten daher in der Regel unbeeinflusst von der möglicherweise missverständlichen Formulierung und informationsreduzierenden Ant-wortoption geblieben sein. Dennoch zeigt sich auch in diesem höchstwahrscheinlich unver-zerrten Modell kein Einfluss von der Studiendauer auf die Studienzufriedenheit. In diesem Sinne zeigt auch die Studie Handeres (2011) – der im Einschlussverfahren alle Prädiktoren gleichzeitig aufnahm und nicht die Studiendauer in einem ersten Schritt – nur einen äußerst geringen Einfluss der Studiendauer von β = -.07, der wahrscheinlich lediglich wegen der enormen Stichprobengröße von n = 1449 signifikant wurde.

Es scheint demnach plausibel, dass die Studiendauer wenig bis keinen Einfluss auf die Studienzufriedenheit hat, wenn andere Variablen wie das Wissenschaftsverständnis, die Ver-fahrensbewertung oder das Fachinteresse kontrolliert werden. Zukünftige Untersuchungen sollten diesen Befund jedoch weiter untersuchen und dabei neben der aktuellen Semester-zahl auch die der Gesamtsemester im Fach Psychologie erheben. Auch eine manuelle Einga-bemöglichkeit der entsprechenden Antworten ohne Zusammenfassung bestimmter Werte sollte im Fragebogen implementiert werden.

Zur Relevanz der Autonomie

Der aufgezeigte positive Einfluss der Variable *Autonomie* auf die Studienzufriedenheit steht im Einklang mit den Befunden anderer Studien (Spies et al., 1996; Sieverding et al., 2013) und ist im Zuge des Bologna-Prozesses und der damit verbundenen Umstellung von Diplom-auf Bachelor- und Masterstudiengänge gesondert zu diskutieren. So konnten Ottersbach et al. (1990) aufzeigen, dass die *nachträgliche* Bewertung des Diplomstudiums von Psychologie-absolventinnen positiver ausfiel als die Beurteilung während des laufenden Studiums, insbe-sondere hinsichtlich der persönlichen Entwicklung. Allerdings ist dies nach den Autorinnen primär auf den Freiraum im Studium zurückzuführen, den die Studierenden „für persönliche Auseinandersetzungen und Reflexionen [nutzten], wobei die persönliche Entwicklung eher indirekt etwas mit dem offiziellen Studienangebot zu tun" hatte (Ottersbach et al., 1990, S. 160). Dementsprechend bewerteten die Studierenden rückblickend folgende Faktoren am positivsten: die Gewährung von Unabhängigkeit, die Bereitstellung von Freiraum für persönliche Entwicklungen sowie von ,Zeit' und Chancen, persönliche Interessen und Neigungen herauszufinden und zu entwickeln (ebd., S. 164). Auch stellt Grubitzsch (1993) fest, dass, wenn im Psychologiestudium Freiräume gefunden werden, diese in das „positive Urteil (82% der Befragten) münden, wonach das Psychologiestudium einen großen Einfluss auf ihre persönliche Entwicklung gehabt habe" (S. 18).

Aktuelle Analysen legen jedoch nahe, dass in der derzeitigen Studiensituation – insbesondere durch die Umstellung auf die strukturierteren und standardisierteren Bachelor- und Masterstudiengänge – weit weniger solcher Freiräume und Gestaltungsspielräume gewährleistet sind als in den früheren Diplomstudiengängen (Sieverding et al., 2013; Mattes, 2008). So berichten Sieverding et al. (2013) von einem deutlich höheren Leistungsdruck bei Bachelorstudierenden im Vergleich zu Diplomstudierenden. Die Autorinnen führen dies nicht zuletzt auf die durchgängige Benotung von Leistungen im Bachelorstudium zurück, welche den Druck auf Studierende insbesondere dann erhöht, wenn diese einen zulassungsbeschränkten Masterstudienplatz erhalten möchten. Darüber hinaus konnten sie aufzeigen, dass sich die im Durchschnitt geringere Studienzufriedenheit von Psychologiestudierenden im Bachelorstudiengang verglichen mit der von Diplomstudierenden schwerpunktmäßig auf die nun geringeren Entscheidungsfreiräume sowie höheren Anforderungen zurückführen ließ.

Dafür sprechen auch einige der qualitativen Bemerkungen der Teilnehmerinnen dieser Studie. So moniert bspw. TN 1625: *„Was mich ganz besonders stört, ist dieser wahnsinnige Fokus auf Leistung, was viele Studenten davon abhält, Psychologie der Psychologie wegen zu studieren."* Und auch TN 1407 stellt fest: *„Ich habe überhaupt keine Zeit mich mit Inhalten zu beschäftigen, die nichts unmittelbar mit prüfungsrelevantem Stoff zu tun hat [sic]. würde [sic] gerne noch so viele interessante Dinge lesen..."* sowie TN 1540: *„Diplom war besser, Bachelor ist viel zu viel Stoff mit Bulemie-Lernen [sic]. Jeder der behauptet, man kann auf Langzeitgedächtnis lernen und gleichzeitig Arbeiten neben dem Studium, lügt bewusst."* In diesem Sinne zeichnet auch Mattes (2008) auf, was als Folge des Bologna-Prozesses für eine „Normalstudierende", die ihr Studium in der vorgegebenen Zeitspanne absolvieren möchte oder muss, auf der Strecke bleiben wird: „Sich-Umschauen in interessierenden, nicht zum Fach im engeren Sinne gehörenden Bereichen, inter- und transdisziplinäre Orientierungen [...], Aufenthalte an anderen Universitäten und kulturellen Institutionen, Lesen, was nicht Lernstoff ist – viel von dem, was in klassischem Sinne ,Bildung' ausmacht." (S. 5). Die Möglichkeit, sich diese Freiräume dennoch zu nehmen und das Studium dementsprechend zu verlängern, stellt für einen Großteil der Studierenden ein nicht realisierbares Privileg dar – bedingt durch die derzeitige Bafög-Regelung, welche die Unterstützung nach der Regelstudienzeit beendet.[14]

Es lässt sich demnach vermuten, dass die seit Jahrzehnten aufgezeigte Unzufriedenheit Psychologiestudierender noch verschärft wird, wenn ihnen nun die Gestaltungsräume genommen werden, welche ihnen bislang zumindest einen persönlichkeitsentwicklungsrelevanten Ausgleich für die anderweitigen Studienbedingungen ermöglichten. Die Konse-

---

[14] http://www.bafoeg-rechner.de/FAQ/fhd.php

quenzen tragen möglicherweise nicht nur die Studierenden, sondern (sofern sie im klinischen Bereich tätig werden) letztlich auch die späteren Hilfesuchenden – und zwar spätestens, wenn diese auf Helferinnen treffen, denen neben den Prüfungsanforderungen wenig Raum zur Persönlichkeitsentfaltung, Entwicklung einer Perspektivenvielfalt und Aneignung des „Wissens um die Wirklichkeit des Lebens der Menschen" (Grubitzsch, 1993, S. 25) gegeben wurde. Das gilt zumindest dann, wenn diese Inhalte nicht vom Curriculum selbst geleistet werden, was in Abschnitt 4.1.4 im Rahmen der Diskussion der Studieninhalte aufgegriffen wird.

Zu den Unterschieden zwischen den Hochschularten und Ländern

Hinsichtlich der Höhe der Studienzufriedenheit zeigt sich, dass Studierende an privaten Hochschulen deutlich zufriedener mit ihrem Studium sind als ihre Kommilitoninnen an öffentlichen Hochschulen. So beschreibt sich an privaten Hochschulen nicht eine Studentin als (eher) unzufrieden und knapp 92% der Studierenden als (eher) zufrieden. Dies schlägt sich auch in dem hohen Mittelwert der Studienzufriedenheit an privaten Hochschulen von knapp 6 Punkten nieder (im Vergleich zu dem Mittelwert von 5,1 an öffentlichen Hochschulen). Für diesen Befund kommen verschiedene mögliche Ursachen in Frage.

Eine Erklärung wäre eine größere Passung zwischen Studierenden und Hochschulumwelt an privaten Hochschulen, die infolge eines Selektionsprozesses entsteht und ihrerseits in der höheren Zufriedenheit resultiert. So wäre es beispielsweise möglich, dass angehende Studierende eingehender überlegen, ob sie sich an einer gegebenen Hochschule immatrikulieren, wenn sie die in der Regel an privaten Hochschulen bestehenden vergleichsweise hohen Studiengebühren bezahlen müssen. Gegen diese Argumentation spricht allerdings, dass in Österreich keine derartigen Unterschiede zwischen den Hochschularten bestehen (hier waren Studierende beider Hochschularten deutlich zufriedener als in Deutschland). Ein weiterer möglicher Erklärungsgrund wären Unterschiede in der Art, wie die Studierenden ihre (Un-) Zufriedenheit wahrnehmen bzw. darstellen. So wäre etwa zu vermuten, dass Studierende an privaten Hochschulen auf Grund der Studiengebühren ihre (Un-) Zufriedenheit im Sinne der kognitiven Dissonanztheorie (Festinger, 1957) ändern oder zumindest nicht berichten. Gegen diese Überlegungen spricht allerdings der Befund, dass die Hochschulart nach Kontrolle der Variablen *Diskrepanz des Wissenschaftsverständnisses und der Verfahrensbewertungen, Autonomie, Lehrkompetenz, Fachinteresse* und *Praxisrelevanz* keinen weiteren Einfluss auf die Studienzufriedenheit zeigt. Auch der fehlende Unterschied zwischen den Hochschularten innerhalb Österreichs spricht gegen diese Hypothese.

Die plausibelste Erklärung für die hohe Zufriedenheit deutscher Studierender an privaten Hochschulen liegt nach Vermutung der Autorin daher in tatsächlich bestehenden Unterschieden in den Hochschulgegebenheiten. Diese bestehen einerseits in der größeren Praxisrelevanz und Offenheit an privaten Hochschulen verglichen mit den öffentlichen Hochschulen. Dies resultiert nicht zuletzt in einer geringeren Diskrepanz zwischen den entsprechenden studentischen Ansprüchen und den vorgefundenen Gegebenheiten. Dabei fällt

138

auch das wahrgenommene universitäre Wissenschaftsverständnis an privaten Hochschulen deutlich geisteswissenschaftlicher aus als an öffentlichen Hochschulen in Deutschland und der Schweiz, was nicht zuletzt in einer geringen Diskrepanz des studentischen und akademischen Wissenschaftsverständnisses resultiert. Dementsprechend sind die Studierenden an privaten Hochschulen maßgeblich zufriedener mit sowohl dem universitären Wissenschaftsverständnis als auch dem Fach Klinische Psychologie. Dasselbe gilt auch für die Darstellung der Therapieverfahren im Studium. Es scheint plausibel, dass sich diese Zufriedenheit sowohl mit zentralen Teilbereichen des Fachs Psychologie als auch mit dessen übergeordneter Ausrichtung auf die Gesamtzufriedenheit niederschlägt.

Ein weiteres Argument für diese Vermutung stellen die Unterschiede in der Höhe der Studienzufriedenheit zwischen deutschen und österreichischen Studierenden dar, wobei letztere einen Mittelwert von 5,7 Punkten aufweisen und mit 9,1% weniger als die Hälfte an Unzufriedenen im Vergleich zu Deutschland. Denn auch dieser Ländereffekt ist nach Kontrolle der anderen Variablen nicht mehr relevant für die Studienzufriedenheit. So könnte das in Österreich berichtete größere Autonomiegefühl, die höhere Diskussionsoffenheit und Praxisrelevanz und die niedrigere Diskrepanz der Praxisrelevanz, der Verfahrensbewertungen und des Wissenschaftsverständnisses zu der gefundenen höheren Studienzufriedenheit führen. Dem entspricht, dass die österreichischen Studierenden deutlich zufriedener mit dem Wissenschaftsverständnis, dem Fach Klinische Psychologie und der Vermittlung der Therapieverfahren sind. Die Implikation dieser Überlegungen ist, dass eine Änderung der Studiengegebenheiten einen drastischen Einfluss auf die Höhe der Studienzufriedenheit haben könnte.[15]

Zu bemerken ist in dem Kontext, dass der Ländereffekt von Deutschland versus Schweiz (letztere mit einem Mittelwert von 5,7 Punkten und nur 9% Unzufriedenen) im Modell der Subgruppe von Studierenden mit Klinischer Psychologie auch nach Kontrolle der anderen Variablen weiter relevant für die Studienzufriedenheit bleibt. Dementsprechend bestehen zwischen Deutschland und der Schweiz nur geringe Unterschiede (außer dem höheren Fachinteresse der schweizerischen Studierenden, der umfassenderen Darstellung und wahrgenommenen positiveren Dozentinnenbewertung der psychodynamischen Therapieverfahren sowie der größeren Ausgewogenheit der Verfahrensdarstellung an schweizerischen Hochschulen). Daher stellt eine interessante Frage für zukünftige Forschungen dar, was den Unterschied in der Höhe der Studienzufriedenheit zwischen Deutschland und der Schweiz und tendenziell auch zwischen der Schweiz und Österreich verursacht. Zu diskutieren wären bspw. zugrundeliegende Unterschiede in der allgemeinen Lebenszufriedenheit, welche eng mit der Studienzufriedenheit verknüpft ist (s. Westermann, 2001) und die in der Schweiz in der Regel höher ausfällt als in Deutschland (s. Veenhoven, 2012). In dem Kontext

---

[15] Wenngleich bei der Verallgemeinerung der österreichischen Befunde zu berücksichtigen ist, dass knapp 90% der Studierenden an öffentlichen Hochschulen an der Universität Klagenfurt studierten und 95% der Studierenden von privaten Hochschulen an der Siegmund-Freud-Universität in Wien und daher nicht von einer repräsentativen Stichprobe zu sprechen ist, gilt die Implikation der Relevanz von veränderbaren Studiengegebenheiten nichtsdestoweniger.

wäre auch die Untersuchung allgemeiner Rahmenmerkmale der Lehre (wie Größe der Hochschule, Betreuungsangebot, Ausstattung, ...) aufschlussreich, da sich diese ebenfalls auf die inhaltliche Zufriedenheit auswirken könnten.

Zur Sonderstellung Psychologiestudierender

Nicht zuletzt stellt sich die Frage, wieso Psychologiestudierende diese im Vergleich zu anderen Fachbereichen geringe Zufriedenheit mit ihrem Studium aufweisen. Eine mögliche Antwort lautet, dass Psychologiestudierende lediglich kritischer, resignierter oder negativer eingestellt sind als Studierende andere Fachbereiche, d.h. die Unzufriedenheit weniger auf das Fach, als auf gewisse Merkmale der Studierenden zurückzuführen ist. Die Befunde verschiedener Untersuchungen sprechen jedoch gegen eine derartige Auffassung. So zeigt Krüger (1986) auf, dass die Psychologiestudierenden in anderen Fragen (bspw. zu Leistungsdruck, Reglementierung oder Überfüllung der Veranstaltungen) keine kritischere Einschätzung abgeben als andere Fachgruppen. Auch weisen sie im Vergleich zu anderen Studierenden geringere Pessimismuswerte in der Selbsteinschätzung auf (Weber, 2007) und zeigen in qualitativen Analysen (Ottersbach et al., 1990) durchaus positive Einschätzungen zur Arbeit einzelner Dozentinnen. Ottersbach et al. (1990) folgern daher: „Studenten können zwischen fade schmeckendem Kuchenteig und süßen Rosinen unterscheiden. Der Psychologenkuchen ist nur von wenigen Rosinen durchsetzt. Manchmal ist der Kuchenteig schwer verdaulich." (S. 105). Die vermehrte Kritik der Psychologiestudierenden scheint demnach nicht auf eine pessimistische oder kritische Grundeinstellung per se zurückzuführen zu sein. Dagegen spricht auch der deutliche Kontrast zwischen öffentlichen und privaten Hochschulen in Deutschland, wobei sich an privaten Hochschulen keine einzige Studierende als (eher) unzufrieden beschreibt. Da es sich hier ebenfalls um Psychologiestudierende handelt, lässt sich das Bild der „übermäßig kritischen Psychologin" nicht halten.

Vielmehr scheinen zwei Merkmale den Fachbereich der Psychologie und dessen Studierende von anderen Fächern zu unterscheiden und damit maßgeblich die Studienzufriedenheit zu beeinflussen: Zum einen besteht in der Psychologie im Vergleich zu anderen Fachbereichen eine deutlich ausgeprägtere Kontroverse über die methodologische Ausrichtung und damit auch Inhalte der Disziplin (Krüger, 1986; Jüttemann, 1983; Aschenbach, Billmann-Mahecha, Straub, & Werbik, 1984). Das schlägt sich in den gegensätzlichen „Lagern" der Natur- vs. Geisteswissenschaft nieder und wird im folgenden Abschnitt 4.1.2 zum Wissenschaftsverständnis eingehender beleuchtet. Auf Grund dieser „gespaltenen Identität" der Psychologie (Jüttemann, 1994, S. 89) besteht eine weitaus größere Bandbreite von Erwartungen, die an das Studium herangetragen werden und somit schon aus konzeptionellen Gründen ein deutlich größerer Spielraum an erlebten Diskrepanzen zur vorgefundenen Studienrealität als in anderen Fachbereichen. Diese ausgeprägteren Diskrepanzen wirken sich wiederum deutlich auf die Studienzufriedenheit aus, wie die Befunde der vorliegenden Studie nahelegen.

Neben diesen uneinheitlichen Antworten auf die Identitätsfrage der Psychologie besteht zum anderen vermutlich eine engere Verbindung der *persönlichen* Identität der Psychologiestudierenden mit ihrer Studienfachwahl als bei Studierenden anderer Fachbereiche. So ist wie verschiedene Analysen verdeutlichen die Studienwahl der Psychologie als „Neigungsfach" (BDP, 1991 zit. nach Grubitzsch, 1993) in stärkerem Maße als die anderer Fachgruppen durch „fachlich-intrinsische" Beweggründe beeinflusst (Mutz & Daniel, 2008; Hertwig & Stoltzke, 2001; Krüger, 1986; Hofmann & Stiksrud, 1993; Grubitzsch, 1993; Witte & Brasch, 1991). Und wie Grubitzsch (1993) aufzeigt, sind derartige „persönlich motivierte Studienentscheidungen [...] unmittelbarer Ausdruck von Identität" (S. 18). Daher sind die Folgen der aufgezeigten Divergenzen zwischen den studentischen Vorstellungen und der Studienrealität nicht nur hohe Abbruchquoten, Resignation, Enttäuschung und Kritik, sondern auch ein Verlust an Identität. Dieser Identitätsverlust erfolgt, wenn einem Individuum „dauerhaft etwas anderes abverlangt wird, als dies seinen subjektiven Möglichkeiten, Interessen und Verhaltenserwartungen entspricht" (Grubitzsch, 1993, S. 16) – und genau das scheint in der Psychologie der Fall zu sein (ebd.). Diese enge Verknüpfung der Studienfachwahl mit der individuellen Identität der Studierenden in Kombination mit der gespaltenen Identität der Psychologie selbst könnte das zentrale Unterscheidungsmerkmal zwischen Studierenden der Psychologie und denjenigen anderer Fachgruppen darstellen und folgerecht in der geringen Studienzufriedenheit resultieren.

Vor diesem Hintergrund scheint die Forderung von Witte und Brasch (1991) oder Fisch et al. (1970) nach einer besseren Vorabinformation zur „Korrektur" des studentischen Bildes der Psychologie in Richtung der akademischen Psychologie und dadurch Erhöhung der Studienzufriedenheit zu kurz und vor allem in die falsche Richtung gedacht. Denn selbst wenn die Studierenden realistischere Erwartungen an ihr künftiges Studium entwickeln, kann sich ihr Fachverständnis dennoch drastisch von dem als einseitig wahrgenommenen universitären unterscheiden und damit zu Unzufriedenheit führen, wie Witte und Brasch (1991) aufzeigen. In diesem Sinne weist auch die Studie Blüthmanns (2012) auf, dass eine bessere Informiertheit über Studieninhalte und -bedingungen nicht – wie hypothetisiert – zu einer höheren Studienzufriedenheit führt. Dem entspricht, dass Frank (1990) über die Psychologie feststellt, „dass die Bilder, die Studierende und Lehrende von der sozialen Wirklichkeit Universität haben, identisch sind, obwohl sich die ihnen zugrundeliegenden Interessen [...] häufig fast diametral gegenüberstehen." (S. 188). Die Studierenden *wissen* also um die soziale Realität des Psychologiestudiums – und sind dennoch teilweise unzufrieden und resigniert.

Eine fortführende Überlegung wäre, dass die angehenden Studierenden, die auf Basis der Vorabinformation nun wissen, dass sich ihre Vorstellungen des Psychologiestudiums nicht mit der Studienrealität decken, als Konsequenz ein anderes Studienfach wählen können oder sollen. Ein Studienfach, das möglicherweise eher ihren Vorstellungen entspricht. Das scheint vor dem Hintergrund der derzeitigen Ausbildungssituation zumindest im Bereich der Klinischen Psychologie jedoch nicht möglich. Denn mit dem Berufsziel Psychotherapie werden von den meisten Studierenden keine Alternativen zum Psychologiestudium gesehen (Ottersbach et al., 1990). Nicht zuletzt, da das Psychologiestudium die notwendige Bedingung für die Aufnahme einer kassenzugelassenen Ausbildung zur Erwachsenentherapeutin darstellt (neben der Medizin, die sich wegen ihrer biologischen Schwerpunktsetzung im Studium jedoch vermutlich noch weniger mit den studentischen Erwartungen deckt). Viele Psychologiestudierende müssen also das häufig als unbefriedigend erlebte Studium als „Durchgangsstation" (Ottersbach et al., 1990, S. 161) überwinden, um letztlich einen Beruf ausüben zu können, der sich mit ihren ursprünglichen Vorstellungen deckt. So entsteht durch die gegenwärtige Ausbildungssituation in Kombination mit der derzeitigen Ausrichtung der akademischen Psychologie ein Konflikt zwischen der psychologischen *Berufs*kultur, die von einem Gutteil der Studierenden verkörpert wird, und der psychologischen *Wissenschafts*kultur an den Hochschulen (Frank, 1990).

Die Leidtragenden sind zum einen die Studierenden selbst, von denen sich nach Kintzel "[ein] Großteil [...] eine Fassade aus resignierter Angepasstheit und Leistungsstreben entwickelt, nach dem Motto: ‚Nur schnell durch den Sumpf, bevor er uns verschlingt' " (1992, S. 70). Nach Ottersbach et al. (1990) verbergen sich jedoch „hinter der Maske der Gleichgültigkeit oder Apathie [...] viel Ärger und Empörung" (S. 71), was nicht zuletzt durch die qualitativen Kommentare der vorliegenden Untersuchung gestützt wird. Diese Unzufriedenheit und Distanzierung vom Studium und dessen Inhalten manifestiert sich nach Augenstein et al. (1987) u.a. „in einer Abkehr von jeglicher Wissenschaft" bis hin zu einer „wissenschaftsfeindlichen Haltung" (S. 17). Wenn nun die auf Grund einer einseitigen methodischen Ausrichtung des Studiums entstehende Frustration der Studierenden auf die quantitativen Methoden als solche übertragen wird – diese also schlimmstenfalls zum Feindbild werden –, könnte dies darüber hinaus auch das Anliegen der akademischen Psychologie unterminieren, einen gewissen Methodenstandard bei den angehenden Psychologinnen wirkungsvoll zu etablieren (s. bspw. Heckhausen, 1983, der dieses Ziel formuliert).

Eine Schlussfolgerung dieser Überlegungen ist, dass sich die vergleichsweise hohe Unzufriedenheit der Psychologiestudierenden nicht durch an der Oberfläche ansetzende „korrektive" Interventionen und Informationen zur Adaption ihres Fachverständnisses und ihrer Erwartungshaltung lösen lassen wird. Ebenso zielen rein didaktische Bemühungen am zugrundeliegenden Problem vorbei, wie Ottersbach et al. (1990) ausdrücken: „Ein saurer Drops wird nicht dadurch süß, dass das Einwickelpapier freundlicher gestaltet wird" (S. 88). Einen Ausweg aus diesem scheinbaren Dilemma zur Reduktion der vergleichsweise hohen Unzufriedenheit Psychologiestudierender zeichnet Kintzel (1992) mit der Forderung nach einer „Erneuerung des Psychologiestudiums" auf (S. 70). In welche Richtung eine derartige „Erneuerung" gedacht und diskutiert werden könnte, ist Thema der folgenden Abschnitte.

4.1.2 Zum Wissenschaftsverständnis

Zur Diskrepanz zwischen universitärem und studentischem Wissenschaftsverständnis

Neben der Studienzufriedenheit lag ein weiterer Fokus der Untersuchung auf dem eng damit verbundenen Wissenschaftsverständnis der akademischen Psychologie sowie der Studierendenschaft. Der Befund Handerers (2011) konnte repliziert und damit bestätigt werden: Während das wahrgenommene universitäre Wissenschaftsverständnis über Länder und Hochschularten hinweg auf der 7-stufigen Skala bei durchschnittlich 2,5 Punkten, also deutlich auf der naturwissenschaftlicheren Seite liegt, stufen die Studierenden ihr eigenes mit einem Mittelwert von 4,0 offenkundig geisteswissenschaftlicher ein. Die Diskrepanz zwischen eigenem und universitärem Selbstverständnis ist dementsprechend hoch (M=1,6). Das gilt insbesondere für die öffentlichen Hochschulen in Deutschland und der Schweiz, welche wesentlich naturwissenschaftlicher wahrgenommen werden (M=2,4) als die österreichischen Universitäten (M=3,7). Ebenfalls beträchtlich ist der Unterschied zwischen öffentlichen und privaten Hochschulen, wobei die Diskrepanz an öffentlichen Hochschulen auch über die Länder hinweg erheblich größer ausfällt (M=1,6) als an privaten (M=0,6). Insgesamt weisen 88,3% der Probandinnen eine positive Diskrepanz auf (d.h. ihr eigenes Selbstverständnis fällt geisteswissenschaftlicher aus als das wahrgenommene universitäre Wissenschaftsverständnis), 7,4% zeigen eine negative Diskrepanz und bei nur 4,3% stimmt das eigene mit dem universitären Wissenschaftsverständnis überein[16]. Auch hier treten Unterschiede zwischen den Länder- und Hochschularten auf, wobei in Österreich und an privaten Hochschulen im Vergleich zu Deutschland und der Schweiz bzw. öffentlichen Hochschulen eher keine oder eine negative Diskrepanz besteht. Nicht überraschend fällt die Zufriedenheit mit dem universitären Wissenschaftsverständnis mit durchschnittlich 4,5 Punkten deutlich niedriger aus als die Gesamtzufriedenheit. Diese Ergebnisse führen zur Verwerfung von Nullhypothese 3), wonach keine Diskrepanz zwischen dem studentischen und universitären Wissenschaftsverständnis vorliegt.

Nun lässt sich kritisch anmerken, dass als Grundlage für die vorliegende Studie das durch die Studierende wahrgenommene Wissenschaftsverständnis der Lehrenden diente, nicht das tatsächliche Wissenschaftsverständnis der Lehrenden. Das wiederum könnte zu einer Verzerrung der tatsächlichen universitären Haltung führen. Allerdings stehen zum einen die Einschätzungen der Studierenden im Einklang mit den in Abschnitt 1.2.2 dargestellten Studien und Analysen zur Ausrichtung der gegenwärtigen akademischen Psychologie. Zum anderen legt die Studienzufriedenheitsforschung nahe, dass in diesem Rahmen die subjektive Wahrnehmung einer Diskrepanz eine deutliche größere Rolle für die Zufriedenheit spielt als eine wie auch immer festzustellende „objektive" (s. Spies et al., 1996; Damrath, 2006; Apenburg, 1980). Dennoch wäre es in zukünftigen Arbeiten untersuchenswert, inwiefern die wahrgenommene studentische Einschätzung ihrer Lehrenden deren Selbstwahrnehmung entspricht. Sollten der Diskrepanzwahrnehmung tatsächlich unzutreffende bzw. verzerrte Einschätzungen der Studierenden zugrunde liegen, könnte diesem Problem mit einer verstärkten Kommunikation zwischen Studierenden und Lehrenden begegnet werden. Genau daran scheint es aber zu mangeln (Schorr, 1994; Bergold, 2008; Handerer, 2011; Witte & Strohmeier, 2013; Mack, 2002; Groeben, 2006), wie im Einleitungsteil 1.2.2 ausgeführt

---

[16] Die Begriffe der „positiven" und „negativen" Diskrepanz beziehen sich auf das Ergebnis der Differenzbildung von studentischem minus universitärem Wissenschaftsverständnis und sind demnach nicht wertend gemeint.

wurde und in Abschnitt 4.1.3 zur Repräsentation der Psychotherapieverfahren ausführlicher und unter Rückgriff auf die Ergebnisse der vorliegenden Untersuchung weiter erörtert wird.

Ein Grund für diese mangelnde Diskussionskultur mag sein, dass das akademische Selbstverständnis an den psychologischen Instituten „in den Bereich des Selbstverständlichen" gerückt ist (Ottersbach et al., 1990, S. 69), im Rahmen der „szientifisch-quantitativen Sozialisation" erlernt und als Automatismus angewendet wird (Groeben, 2006, S. 4). Dies deckt sich mit den Überlegungen des eingangs dargestellten Habituskonzepts (s. Abschnitt 1.2.5), wonach die mit dem vorherrschenden Habitus einhergehende Ausrichtung als „hidden curriculum" (Liebau & Huber, 1985, S. 323) im Unbewussten wirkt und als evident wahrgenommen, angenommen und übernommen wird. Inwiefern dies in der Psychologie der Fall ist und damit implizit die Studierenden beeinflusst bzw. prägt, wird im nächsten Abschnitt erörtert.

Zum Zusammenhang von universitärem und studentischem Wissenschaftsverständnis

Zur Beantwortung der Frage, inwiefern sich die fachspezifischen, impliziten Wahrnehmungs-, Denk- und Handlungsmuster (s. Huber, 1991) der Hochschule auf die der Studierenden auswirken, kann als Anhaltspunkt auf den Zusammenhang von eigenem und universitärem Wissenschaftsverständnis zurückgegriffen werden. Dieser weicht in der vorliegenden Studie überzufällig von 0 ab.

Dennoch stellt sich die Frage, wieso dieser Zusammenhang mit r = 0,12 eher gering ausfällt. Wenn der akademische Habitus in so hohem Maß prävalent ist und durch Sozialiations- und Selektionsprozesse stabilisiert wird (s. Abschnitt 1.2.5), sollte er sich auf die meisten studentischen Haltungen auswirken und zu einer deutlich größeren Übereinstimmung führen. Eine mögliche Antwort liegt im aktiven Mitwirken der Studierenden an ihrer Individuation und Sozialisation im Rahmen der Hochschule (s. Huber, 1991). So wird der universitäre Habitus laut Huber (1991) durch Praxis (= Mit-Tun) angeeignet (vgl. S. 422). Dieses „Mit-Tun" ist Folge einer mehr oder weniger bewussten Entscheidung des Individuums, das in Abhängigkeit seines Interesses und der schon bestehenden Identifikation mit der Norm wählt, sich mehr oder wenig stark einzulassen und damit auch beeinflussen zu lassen. Die Merkmale der Hochschulumwelt wirken sich somit nicht unmittelbar auf das Verhalten der Studierenden aus, sondern vorrangig, wenn sie in Interesse und damit auch Bemühung der Studierenden übersetzt sind (ebd., S. 427). Dem entsprechen die Ergebnisse der vorliegenden Studie, nach denen die wenigen Studierenden, die eine Karriere in der Forschung anstreben, das Wissenschaftsverständnis ihrer Hochschule am ehesten teilen (vgl. auch die ähnlichen Ergebnisse von Handerer, 2011 und Lipsey, 1974). Es scheint plausibel, dass hier vorher bestehende Persönlichkeitsmerkmale und Werte (s. Conway, 1992) zu einer stärkeren Involviertheit in die akademische Hochschulumwelt beitragen. Dadurch werden diese Studierenden vermutlich verstärkt im Sinn der akademischen Psychologie sozialisiert und bestehende Tendenzen könnten sich intensivieren.

Diejenigen hingegen, die eher ein geisteswissenschaftlicheres Fachverständnis und/oder ein nicht forschungsorientiertes Berufsinteresse aufweisen, setzen sich weniger der Hochschulumwelt aus und können so tendenziell ihre abweichende Haltung bewahren. Dem entspricht, dass in der vorliegenden Studie mit r=0,03 kein Zusammenhang zwischen der Studiendauer und der Diskrepanz des Wissenschaftsverständnisses bestand (s. auch Handerer, 2011 für äquivalente Ergebnisse). Nach Ottersbach et al. (1990) versuchen demnach die meisten Studierenden, sowohl an ihren persönlichen Vorstellungen als auch am Studium festzuhalten und sich mit dem entstehenden Widerspruch zu arrangieren. Dies gilt nicht zuletzt, da das Wissenschaftsverständnis der Studierenden aufs engste mit ihrer Identität verknüpft ist (s. Conway, 1992; Ottersbach et al., 1990; Handerer, 2011). Allerdings ähnelt diese „Balance der Studierenden [...] einem labilen Gleichgewicht, das kognitiv aufrechterhalten wird in dem Versuch, Strategien zu entwickeln, die es erlauben, sich gleichzeitig auf die Studienverhältnisse einzustellen und sich von ihnen zu distanzieren" (Ottersbach et al., 1990, S. 118). Dass sich dies nicht zuletzt wegen der Prüfungen, die durch das „Herausprüfen" von anders denkenden Studierenden zur Homogenisierung des Faches beitragen (s. Huber, 1991), als sehr schwierig, anstrengend und eine überaus „labile Studienstrategie" gestaltet (Ottersbach et al., 1990, S. 125), ist nicht verwunderlich und kann zur Erklärung der vergleichsweise hohen Unzufriedenheit vieler Psychologiestudierender beitragen. Zudem ist zu erörtern, inwiefern die naturwissenschaftliche Ausrichtung der Hochschulen den Studierenden durch die Einseitigkeit die Möglichkeit zur kritischen, diskursiven Auseinandersetzung mit den zahl- und facettenreichen Aspekten der „gesamten" Psychologie nimmt.

Nun ist jedoch diskutieren, inwiefern diese „Einseitigkeit" weniger Merkmal der Studienrealität ist als ein Artefakt des künstlich dichotomisierenden Studiendesigns. Diese Diskussion wird im folgenden Abschnitt aufgenommen.

Zur Dichotomisierung des Wissenschaftsverständnisses

Ein möglicher Kritikpunkt der vorliegenden Arbeit bezieht sich im Kontext des Wissenschaftsverständnisses auf dessen Dichotomisierung, das in der Darstellung der zwei gegensätzlichen „Kulturen" der Psychologie exemplifiziert wurde und methodisch in den Gegenpolen „Natur-" versus „Geisteswissenschaft" des *Epistemischen Differentials* Eingang fand. So bezeichnet beispielsweise Mayring (1994) das Reden von zwei Welten als „Rückfall" (S. 9) und Laucken (1994) versucht nicht nur die Unterscheidungsuntauglichkeit der beiden Dimensionen aufzuzeigen, sondern unterstellt Vertreterinnen der beiden Pole, „Lager" zu eröffnen, die gar nicht existieren (S. 15). Dadurch würde ein grundlegendes Missverstehen gefördert (ebd.).

Wenngleich „die Zahl Zwei [...] eine sehr gefährliche Zahl" ist, wie bereits der „Begründer" der zwei Kulturen Snow bemerkte (1965, S. 67) und die Dimensionen stark vereinfachend sind, haben sie nach Ermessen der Autorin dennoch einen heuristischen Wert, indem sie bestehende wissenschaftliche Herangehensweisen aufzeigen und in Worte fassen. Erst diese Verbalisierung – wenngleich auch in einer Form, die „einfacher [ist] als die rohe Wirklichkeit, die [dadurch] in ein Schema gebracht wird" (Snow, 1965, S. 68) – ermöglicht die

Bewusstmachung und folgende Auseinandersetzung mit der „diffusen" Unzufriedenheit, die so viele Studierende verspüren (Ottersbach et al, 1990). Zudem bestand durch das Wählen der Mittelkategorie in der vorliegenden Untersuchung sowohl beim eigenen wie beim wahrgenommenen universitären Wissenschaftsverständnis die Möglichkeit des „sowohl als auch". Die dargestellten Items ließen sich demnach nicht als sich ausschließende Dichotomien auffassen, sondern als Dimensionen (s. auch Conway, 1992), auf denen die Studierenden sich und ihre Hochschule einordnen konnten.

Nichtsdestotrotz wird hier Mayring (1994) zugestimmt, der anregte, dass die Überwindung der Dichotomisierung realistischer sei, wenn die Methodendiskussion weniger global als auf konkrete Gegenstandsfelder bezogen stattfindet. Allerdings sind, wie Fischer und Möller (2006) hervorhoben, für die Diskussion und Entscheidung darüber, welches Forschungsthema besser mit quantitativer oder qualitativer Methodik zu bearbeiten ist, notwendigerweise Kompetenzen und Wissen über *beide* Zugänge nötig. Dass derzeit keine derartige ausgewogene Informationslage an den (öffentlichen) Hochschulen besteht, konnte in der vorliegenden Untersuchung mit Hilfe der Dimensionen veranschaulicht und vor allem erst bewusst und greifbar gemacht werden – ein notwendiger erster Schritt zur kritischen Auseinandersetzung mit der Gegenstandsangemessenheit verschiedener Methoden.

Interessant ist in diesem Kontext, dass in vielerlei Hinsicht ein weitgehender Konsens darüber besteht, „dass die verschiedenen Ansätze Teil der Psychologie sind und nicht ausgeschlossen werden dürfen" (Bergold, 1994, S. 22; s. auch Sprung & Sprung, 1994; Westmeyer, 1994). Oder wie Fischer und Möller (2006) es bezüglich der Klinischen Psychologie ausdrücken: „Niemand vertritt heute mehr die Auffassung, dass Klinische Psychologie oder Psychotherapie allein auf einer natur- oder kulturwissenschaftlichen Grundlage zu betreiben seien [oder] dass relevante Forschungsergebnisse ausschließlich mit quantitativer oder ausschließlich mit qualitativer Methodik zu erzielen seien [...]" (S. 29). Dennoch sprechen beispielsweise die Empfehlungen der DGPs, die Abschlussbezeichnungen „B. Sc." und „M. Sc" zu verwenden, „um die „Zugehörigkeit [der Psychologie] zu den Naturwissenschaften" zu unterstreichen (DGPs, 2005, S. 2), dafür, dass die Positionierung der Psychologie entlang der Dimension „Natur-" bis „Geisteswissenschaft" *keine* überholte oder irrelevante Diskussion darstellt (wie Mayring 1994 konstatierte), sondern aktuellen Bezug zur derzeitigen hochschulpolitischen Lage aufweist (s. auch Baumann, 1995). Und auch die Ergebnisse der Studie von Witte und Strohmeier (2013), nach denen der quantitativ-hypothesentestende Forschungsansatz in der Psychologie stärker und homogener ausgeprägt ist als in allen anderen untersuchten Disziplinen, sprechen für tatsächlich bestehende Einseitigkeiten der akademischen Psychologie.

Daher stellt sich die Frage, warum es trotz dieser scheinbar vielerorts bestehenden Übereinkunft, dass die psychologische Forschung idealerweise sozial-, kultur-, natur- und geisteswissenschaftliche Aspekte vereinen sollte (s. Bergold, 2008) zu dieser festgestellten Einseitigkeit kommt. Warum sich nichts ändert, wenn auch die Studierenden und damit die jeweilige „Zukunft des Fachs" seit Jahrzehnten eine ausgewogenere Position bezieht. Eine Erörterung dieser Fragen wird in folgendem Abschnitt auszugsweise vorgenommen.

Eine Antwort auf die Frage nach dem (fehlenden) Veränderungspotential der Studierenden liegt möglicherweise nicht nur im mangelnden reflexiven Bewusstsein über grundsätzlich mögliche Ausrichtungen der Psychologie, sondern auch in der oben angeführten Überlegung, dass sich anders denkende Studierende weniger der Hochschulumwelt aussetzen und in der Regel keine akademische Karriere anstreben (s. Handerer, 2011; Lipsey, 1974). Vielmehr versuchen die meisten Studierenden, das enttäuschende Studium schnellstmöglich zu beenden, um sich dann dem von vornherein angestrebten praktischen Berufsfeld zu widmen (Ottersbach et al., 1990; Schiefele & Jacob-Ebbinghaus, 2006; Krüger, 1986; Frank, 1990). Doch wie Frank (1990) aufzeigt, werden auch seitens der Hochschule „[mit] der sozialen Nicht-Einbeziehung der meisten Studenten in den Wissenschaftsprozess [...] andere Inhalte, Wissensformen und Methoden ausgegrenzt dadurch, dass fehlende ‚Wissenschaftsorientierung' immer auch auf bestimmte Inhalte und Interessen bezogen wird" (S. 200). Durch diese (Selbst-) Selektionsprozesse wird die akademische Forschung lediglich von den Studierenden fortgeführt, deren Fachverständnis mit dem dort bestehenden übereinstimmt – was unter anderem zu der hohen Stabilität der Forschungsausrichtung führt (s. Frank, 1990; Liebau & Huber, 1985).

Darüber hinaus zeigt Bergold (1994) auf eindrückliche Weise, inwiefern die Auseinandersetzung um methodologische Ansätze nicht nur als *wissenschaftliche* Kontroverse verstanden werden kann, sondern als schwer durchschaubares Zusammenspiel von unterschiedlichen gesellschaftlichen Kräften, von denen die Wissenschaft nur eine darstellt (vgl. S. 26). Anstatt um grundsätzliche methodologische Unterschiede gehe es demnach eher um Macht und Einfluss in der Wissenschaftsorganisation im Sinne von Verfügungsmöglichkeiten über knapper werdende Ressourcen der Forschungsförderung, öffentlicher Anerkennung und dem Einfluss auf die universitäre Lehre: „Wenn es nicht darum ginge, dann könnte man miteinander darüber diskutieren, in welchen Situationen, bei welchen Gegenständen und bei welchen Fragestellungen welche methodischen Herangehensweisen erkenntnisträchtig sein könnten." (S. 26).

Dieser rationale Diskurs scheint jedoch nicht stattzufinden. So zeigt Bergold (1994) unter Rückgriff auf die Forschungsarbeiten von Elias und Scotson (1990) zu Ausgrenzungsprozessen von Gruppen auf, wie über die einseitige Besetzung von Vorstandsmitgliedern der „Deutschen Gesellschaft für Psychologie" und Gutachtern der „Deutschen Forschungsgemeinschaft" Schlüsselpositionen monopolisiert und als Machtquelle verwendet werden. Zur Abgrenzung werden dann der eigenen Position die besten Eigenschaften und der anomischen Minorität – im Falle der Psychologie bspw. den qualitativen, hermeneutischen oder psychoanalytischen Verfahren – die schlechtesten Eigenschaften zugesprochen (Bergold, 1994). So werden Nebenströmungen wie das qualitative Paradigma weiter marginalisiert, indem diesen implizit die Wissenschaftlichkeit abgesprochen wird (vgl. Groeben, 2006, S. 3). Wie Gergen (im Gespräch mit Mattes & Schraube, 2004) feststellt, wurde, „als dann Macht- und Prestigehierarchien etabliert waren, [...] das Veröffentlichen in den naturwissenschaftlich ausgerichteten Zeitschriften zum Schlüssel für Karrieren. Und als dann noch reichlich Gelder aus der staatlichen Forschungsförderung in das Unternehmen flossen, wurde das Ganze schließlich zu einem Selbstläufer" (S. 5). Die einzige Möglichkeit für eine wissenschaftliche Karriere besteht laut ihm nun darin, „experimentelle Arbeiten [zu] veröffentlichen oder unter[zu]gehen. Wer das Wissenschaftsverständnis des Faches in Frage stellt und andere Denk- und Forschungsweisen entdecken möchte, gefährdet sein berufliches Weiterkommen" (ebd.).

Diese sich selbst verstärkende Stabilität wird nach Gergen (in Mattes & Schraube, 2004) in Deutschland durch die ausgeprägte Wissenschaftshierarchie weiter intensiviert und von Interessenvertretern wie der Pharmaindustrie unterstützt. Auch die häufig einseitige Polemik beider Seiten trägt zu einer Zuspitzung bei, wie Herrmann (1991) bildlich beschreibt: „Viele Adepten unserer Zunft brauchen offenbar das hypnotische Klappern der von flinken Machern, ernsten Weisen, Erfolgsautoren und anderen Respektspersonen betriebenen Homogenisierungsmühlen. In jede dieser Mühlen füllt man oben die bunte Vielfalt faktischer psychologischer Arbeitsweisen und Arbeitsresultate hinein, und unten kommt die uns jeweils angesonnene Einheitspsychologie heraus." (S. 33). Und diese „Einheitspsychologie" ist in der Regel einseitiger und extremer als die „bunte Vielfalt psychologischer Arbeitsweisen" (ebd.). Nun ist nach Ermessen der Autorin eine gewisse empirisch basierte Selektion dieser unüberschaubaren Vielfalt sicher sinnvoll – auch im Hinblick auf das Patientinnenwohl in der Klinischen Psychologie. Allerdings zeigen die Ergebnisse der bereits zitierten Untersuchung von Simonton (2000), dass Autorinnen mit extremen Positionen des sowohl natur- als auch geisteswissenschaftlichen Poles die höchste Zitationsdichte aufweisen. Dem Autor zufolge mag die „Wahrheit" jedoch tatsächlich in der Mitte zwischen diesen Extremen liegen (S. 20). So hat die Extremität bzw. Polemik der Haltungen möglicherweise einen größeren Einfluss auf den Inhalt der „Einheitspsychologie" als die Ergebnisse empirischer Studien selbst.

Als mögliche Ursache hierfür hypothetisiert Simonton (2000): [...] it seems that to attain durable fame (or notoriety) demands that a person stand [sic] out from the crowd by avoiding moderate views" (S. 20). Ein weiterer Grund für den teilweise drastischen Versuch der Durchsetzung und Behauptung des eigenen (naturwissenschaftlichen) Selbstverständnisses der akademischen Psychologie mag die Außenwahrnehmung des Faches sein, wie Frank (1990) aufzeigt. So sieht sich die akademische Psychologie häufig mit Vorurteilen konfrontiert, „denen gegenüber sie ihre Wissenschaftlichkeit überhaupt erst aufweisen muss. D.h., obwohl sich die akademische Psychologie [...] methodisch am Ideal einer Naturwissenschaft orientiert, sieht sie sich in ihren expliziten Selbstbeschreibungen immer wieder dazu genötigt, mitzuteilen, dass sie all das, was ihr die [...] außerwissenschaftliche Öffentlichkeit zuspricht, **nicht** ist." (ebd., S. 147, Hervorh. i. O.). Ebenfalls in dem Kontext zu diskutieren ist, inwiefern die Hervorhebung und Verabsolutierung der mathematisch-naturwissenschaftlichen Methodik auf das Auseinanderdriften verschiedener psychologischer Strömungen und einen fehlenden einheitlichen Gegenstand zurückzuführen sein könnte (Jüttemann, 1983). Dadurch stellt die Methodenfrage möglicherweise „das einzig mögliche verbindende Element" dar (Billmann-Mahecha, 2001, S. 118) und erlangt folglich eine „identitätsstiftende Funktion" (ebd., S. 124).

Einen interessanten Aspekt hinsichtlich der Diskussionen an den jeweils extremen Endpolen bringt Herrmann (1991) ins Spiel. Er gewinnt der „Polemik" und Verabsolutierung der eigenen Art, Psychologie zu betreiben, als der einzig wahren und richtigen, etwas Nützliches ab, da dies zu Wettbewerb, Reflexion und Artikulationsbemühungen zwischen den Forschungsprogrammen führe: „Und da kommt Dynamik auf. Da gibt es Krisenliteratur und Wendeliteratur, Symposien werden organisiert, Forschungsschwerpunkte werden gegründet, usf." (S. 36). Wenngleich dem in der Theorie sicher zuzustimmen ist, stellt es sich im Bereich der universitären Lehre nach Ermessen der Autorin jedoch anders dar. Denn hier wird – wenn überhaupt – ein derartiger Diskurs lediglich *innerhalb* des eigenen Paradigmas geführt. Die Krisen- und Wendeliteratur erreicht die Studierenden in der Regel nicht oder nur durch eigene Initiative. Da letzteres aber wegen der hohen zeitlichen Anforderungen und des (auch finanziellen) Drucks des Bachelor- und Masterstudiums selten möglich ist (s.o. zur Autonomie), erreicht die Studierenden nicht das „Nützliche" der „Verabsolutierer" (Herrmann, 1991, S. 34), sondern lediglich der Effekt der Verabsolutierung selbst, die als gesetzt genommen wird (s. Ottersbach et al., 1990). Die Folge sind möglicherweise stark einseitig sozialisierte Studierende, deren kritisches Potential verloren geht und mehrheitlich Desillusionierung zurücklässt (s. Kintzel, 1992). Das könnte nicht zuletzt zu einer Abwendung von der akademischen Forschung und damit, wie oben aufgezeigt, zur Stabilisierung der bestehenden Habitusform führen (s. Frank, 1990).

Bei genauerer Betrachtung wird deutlich, dass neben den oben beschriebenen Faktoren einige weitere zu dieser stabilen naturwissenschaftlichen Dominanz beitragen. So zeigt Groeben (2006) auf, dass die „weitgehende Irrelevanz des qualitativen Paradigmas in der psychologischen Forschung wie Lehre" (S. 1) nicht nur durch das „Hegemonialstreben des quantitativen Paradigmas" (ebd.) zustande komme, sondern ebenso durch eine inhärente Zersplitterung der qualitativen Richtung selbst. Historisch ist in diesem Kontext laut Groeben (2006) die Zeit des Nationalsozialismus relevant, in der sich die geisteswissenschaftliche Psychologie „völlig desavouiert hat, indem sie sich selbst mit maximaler Anbiederung ‚gleichgeschaltet' hat" (S. 5). Nach Ende des NS-Regimes zeigten sich die Psychologinnen „schuldbewusst bestrebt, sich ideologischen Einflüssen gegenüber zu immunisieren" (Grubitzsch, 1993, S. 199). Daher wurde dem Ideal der klassischen Naturwissenschaft der Vorzug gegeben und qualitative Methoden grundsätzlich erst wieder diskussionswürdig, als sie aus den USA (re-) importiert wurden (s. Groeben 2006, S. 5). Danach jedoch führte Groeben zufolge (2006) das Prinzip der größtmöglichen Anpassung der Methodik an den Gegenstand der qualitativen Ausrichtung zu einer großen Heterogenität und letztlich zur Zersplitterung auf Gegenstands- und Methodenebene. Hinzu kam innerhalb des qualitativen Paradigmas eine destruktive Konkurrenz, was selbst eine minimale Kohärenz verhinderte, um eine Gegenposition zum vorherrschenden quantitativen Paradigma aufzubauen. Der Ausweg aus dieser in großen Teilen selbstverschuldeten Irrelevanz der qualitativen Ausrichtung ist nach Groeben (2006) die „konstruktive Elaboration einer positiven Marginalität, die sich nicht scheut, in Kommunikation mit dem Mainstream zu treten, d.h. sich so weit anzupassen, dass man verstanden werden kann" (S. 7).

Eine Unterstützung auf diesem Weg zum vermehrten Austausch und damit einer Veränderung könnte die Öffentlichkeit darstellen, deren Anerkennung – wie oben dargelegt – einen wichtigen Faktor in der Auseinandersetzung um Macht und Einflussnahme darstellt (s. Bergold, 1994). Dementsprechend relativeren auch Liebau und Huber (1985) den unbestreitbaren Einfluss von Selbstproduktion und -reproduktion des wissenschaftlichen Habitus, da die „Disziplinen [...] nicht allein auf der Welt [existieren], sondern [...] systematisch in die verschiedenen Bereiche und Dimensionen gesellschaftlicher Herrschaft und damit in die gesellschaftlichen Konflikte einbezogen [sind]. Sie sind nicht ohne ihre Außenbeziehungen zu verstehen." (S. 337).

Und diese „Außenbeziehungen" – hier die Öffentlichkeit – stehen der psychologischen Forschung nicht unkritisch gegenüber. So zitiert Weinert (1987) einen Pressebeitrag aus der Mainzer Zeitung vom 9.10.1959 zum Heidelberger Kongress desselben Jahres, der mit dem Satz über die Psychologinnen endet: „Was bei ihrer Heringsseelenanatomie und psychologischen Spindkontrolle herauskommt, haben wir entweder – im günstigsten Fall – schon vorher gewusst, oder es ist dummes Zeug". An dieser harschen Bewertung scheint sich bis heute wenig geändert zu haben. So stellt Jaeggi (1987) fest, dass die „defizitäre Rolle der Akademischen Psychologie als Hilfe zum besseren Verstehen von Alltagsproblemen [...] schon häufig beschrieben, kritisiert und lächerlich gemacht" wurde (S. 133). Und Laucken (2003) diagnostiziert der naturwissenschaftlichen Ausrichtung den Verlust wichtiger Kompetenzbereiche: „Weil die Naturwissenschaften alles Semantische aus ihrem Realitätsentwurf ausschließen, ‚(kann) in diesem Bilde der Natur ... menschliche Kultur keine Stätte und keine Heimat finden' (Cassirer, 1980, S. 75). [Denn die] Sprache der Naturwissenschaften ist untauglich, so etwas wie Bedeutung, Sinn, Inhalt, Zeichen, Symbolgehalt und dergleichen mehr aufzufassen" (Laucken, 2003, S. 169). So werden nach Dörner (1983) bei wichtigen sozialen, kulturellen oder politischen Themen selten Vertreterinnen der akademischen Psychologie in der Presse zu ihrer Meinung befragt, sondern vielmehr „Psychoanalytiker und Ethologen" (S. 13).

Nun bedeutet nach Bergold (1994) öffentliche Anerkennung auch öffentliche Bereitschaft zur Finanzierung von Vorhaben, da sich Politikerinnen dieser öffentlichen Meinung nur schlecht entziehen können (vgl. S. 29). Und Mattes (2008) stellt fest, dass in der Öffentlichkeit prinzipiell ein großes Interesse an der Erkundung des Lebens von Menschen in ihren individuellen, sozialen und kulturellen Zusammenhängen bestehe, dem auch in einer Anzahl von Großforschungsprojekten in Deutschland nachgegangen werde, allerdings „ohne dass Psychologen aus der akademischen Psychologie darin eine bedeutende Rolle spielen – häufig sind sie nicht einmal beteiligt." (S. 6). Dem entspricht, dass nach Gergen (in Mattes & Schraube, 2004) die intellektuelle Welt außerhalb der Psychologie in Richtung eines sozialen Konstruktivismus in Bewegung geraten sei und die Isolierung der Psychologie dauerhaft kaum aufrechterhalten werden könne – oder sie werde „verschwinden wie die Dinosaurier" (S. 10). Folgerecht stellt auch Mattes (2008) fest, dass eine „geschlossene Paradigmatik" (S. 7) in der Vergangenheit immer Gegenbewegungen provoziert habe.

Offen bleibt, ob diese Gegenbewegungen in Kombination mit dem Einfluss der Öffentlichkeit zu einer *Veränderung* der akademischen Psychologie führen oder aber durch die

150

„institutionelle Verfestigung des herrschenden Paradigmas [...] ein Kampf gegen Windmüh-lenflügel" sind (Mattes, 2008, S. 8). Alternativ zeigt Mattes (2008) die Einrichtung im Bereich der „Cultural Studies" anstelle einer disziplinären Zukunft auf: „Produktives Wissen kann, aber muss nicht in den Fängen einer überkommenen akademischen Disziplin entstehen [...]. Arbeiten wir stattdessen dort, wo unser Wissen nachgefragt ist und frei weiterentwickelt werden kann. In den Kulturwissenschaften." (a.a.O, S. 8). Die Zukunft wird zeigen, inwiefern die Psychologie durch eine Veränderung ihrem Lehrbuchdefinitionsanspruch als Wis-senschaft „vom Verhalten und von mentalen Prozessen" (Myers, 2005, S. 9) auch in den Au-gen der Öffentlichkeit gerecht werden kann oder ob sie zersplittert bzw. durch alternative oder Nachbarfächer ersetzt wird (Mattes, 2008; Jüttemann, 1983). Dies scheint insbeson-dere für den Bereich der Klinischen Psychologie eine ernstzunehmende Möglichkeit, wie Abschnitt 4.1.4 genauer beleuchtet.

4.1.3 Zur Repräsentation der Therapieverfahren

Zusammenfassung der wichtigsten Ergebnisse

Zur Ausbildungswahl

Während bei der Ausbildungswahl innerhalb der kassenzugelassenen Verfahren in Deutsch-land die kognitive Verhaltenstherapie mit über 50% deutlich dominiert (knapp 30% wählen eine psychodynamische Ausbildung), ist die Verteilung besonders in Österreich, aber auch in der Schweiz deutlich homogener. Über alle Verfahren hinweg – unabhängig von der Kassen-zulassung – zeigen sich hingegen keine bedeutenden Länderunterschiede. Das mag darauf zurückzuführen sein, dass die deutschen Aspirantinnen ihre Wahl deutlich breiter fächern würden, wenn sie uneingeschränkt durch die Kassenzulassung die Möglichkeit dazu hatten. Innerhalb aller Verfahren wählen knapp 27% eine verhaltenstherapeutische Ausbildung, gut 17% eine psychodynamische, knapp 15% eine integrative, gut 14% eine systemische und 12% eine humanistische Ausbildung. Die psychodynamische Ausbildungsrichtung wird an privaten Hochschulen deutlich öfter gewählt als an öffentlichen, während an öffentlichen Hochschulen im Vergleich zu privaten häufiger die verhaltenstherapeutische Ausbildung ge-nannt wird.

Zur Darstellung der Therapieverfahren

An den öffentlichen Hochschulen in Deutschland und der Schweiz wird die kognitive Verhal-tenstherapie als vornehmlich von den Lehrkräften vertreten wahrgenommen, welche in Deutschland in 91% der Fälle und in der Schweiz in 79% als häufigste Richtung genannt wird. In Deutschland und der Schweiz werden mit einem Mittelwert von jeweils 5,3 (auf einer Skala von 1 – 6) auch die meisten Informationen über diese Therapierichtung vermittelt. An österreichischen Hochschulen dominieren hingegen die psychodynamischen Verfahren mit der vornehmlichen Vertretung durch die Lehrkräfte (76%) und den meisten Informationen (mit einem Mittelwert von 5,0). Die privaten Hochschulen zeigen ähnliche Verteilungen auf. Die psychodynamische Verfahrensrichtung wird in Deutschland nur in 3,5% der Fälle als dominante Therapierichtung genannt (und hier am ehesten an den privaten Hochschulen), über die mit einem Mittelwert von 2,6 auch nur wenige Informationen vermittelt werden. In ähnlichen Größen befinden sich die Informationsmengen bezüglich der humanistischen und systemischen Verfahren, die über Länder und Hochschularten hinweg ebenfalls Mittelwerte von 2,6 erzielen. Dabei werden jedoch erneut in Österreich und an privaten Hochschulen deutlich mehr Informationen über diese Verfahren vermittelt.

Insgesamt verneinen über 80% der deutschen Probandinnen die Frage, ob die Therapieverfahren ausgeglichen vermittelt werden, während dies in Österreich und der Schweiz jeweils 50 – 60% verneinen. Am zufriedensten mit der Vermittlung der Therapieverfahren sind die österreichischen Studierenden mit einem Mittelwert von 4,7 auf der 7-stufigen Skala, während die Zufriedenheit der deutschen Studierenden an öffentlichen Hochschulen mit einem Mittelwert 3,4 niedriger ausfällt als alle anderen Zufriedenheitsformen. Dabei sind über Länder und Hochschularten hinweg mit 45% mehr Studierende (eher) unzufrieden als (eher) zufrieden (38%). Die Länderunterschiede im Grad der Zufriedenheit wirken sich zwar nicht auf die Häufigkeit eines Veränderungswunsches aus, jedoch auf den Inhalt dieser Veränderung: So wünschen sich die deutschen Studierenden häufiger eine verstärkte Behandlung der psychodynamischen Verfahren als die Studierenden der anderen beiden Länder. Über Länder und Hochschularten hinweg wünschen sich jeweils 75 – 80% aller Studierenden eine verstärkte Behandlung der systemischen und humanistischen Verfahren, über 60% der psychodynamischen und etwa ein Drittel der kognitiven Verhaltenstherapie.

Zur Bewertung der Therapieverfahren

Während in der Subgruppe der Studierenden mit dem Fach Klinische Psychologie die systemischen Verfahren und die kognitive Verhaltenstherapie die besten Bewertungen erhalten, sind es in der Subgruppe ohne dieses Fach die humanistischen und systemischen Verfahren. Bei den wahrgenommenen Dozentinnenbewertungen liegt die kognitive Verhaltenstherapie mit Abstand vorne und stellt das einzige Verfahren dar, bei dem die Dozentinnenbewertung besser ausfällt als die studentische. Hinsichtlich der Diskrepanzen zeigen sich große Unterschiede zwischen den Verfahren, wobei die psychodynamische Richtung mit einem Mittelwert von 1,5 über Länder und Hochschularten hinweg die größte Divergenz aufweist. Dennoch besteht auch bei allen Verfahren ein überzufälliger Zusammenhang zwischen den beiden Bewertungen, der bei den psychodynamischen Verfahren mit einer Korrelation von $r=0{,}30$ am höchsten ausfällt und bei den anderen drei Verfahren um $r=0{,}2$ liegt.

Insgesamt zeigt sich bei den Bewertungen mit dem Fach Klinische Psychologie ein großer Unterschied zwischen Deutschland und Österreich, wobei die Schweiz in der Regel

152

eine Mittelposition einnimmt mit einer größeren Nähe zu Deutschland. Zusammenfassend werden in Österreich die psychodynamischen, humanistischen und systemischen Verfahren deutlich besser bewertet als in Deutschland (vor allem bei den wahrgenommenen Dozentinnenbewertungen), während die kognitive Verhaltenstherapie in Deutschland bessere Bewertungen erhält als in Österreich. Die Diskrepanz-Werte zwischen den studentischen und Dozentinnenbewertungen sind bei den psychodynamischen und systemischen Verfahren in Österreich wesentlich geringer als in Deutschland. Die Hochschulart hat in Abhängigkeit des Landes bei der psychodynamischen und der kognitiv-verhaltenstherapeutischen Richtung einen unterschiedlichen Einfluss: In Deutschland werden an den privaten Hochschulen die psychodynamischen Verfahren besser, die verhaltenstherapeutischen schlechter als an den öffentlichen Hochschulen bewertet, während in Österreich keine solchen Unterschiede bestehen. Hinsichtlich der humanistischen und systemischen Verfahren hat die Hochschulart keinen Einfluss.

Zum Wissen über die Therapieverfahren

Das mit Abstand meiste Wissen besitzen die Probandinnen über die Verhaltenstherapie, bei der über Länder und Hochschularten hinweg mit 95% fast alle ein Grund- oder fundiertes Wissen angeben. Dem folgen die psychodynamischen Verfahren mit 80%. Allerdings zeigen die österreichischen Studierenden eine spiegelbildliche Verteilung: Während über die verhaltenstherapeutischen Verfahren im Durchschnitt knapp 82% der Studierenden ein Grund- bzw. fundiertes Wissen angeben, sind es hinsichtlich der psychodynamischen Verfahren knapp 94%. Studierende an privaten Hochschulen zeigen eine ähnliche Verteilung wie die österreichischen (mit 78% verhaltenstherapeutischem und 86% psychodynamischem Wissen). Von den humanistischen und systemischen Verfahren hingegen gibt jeweils die Hälfte aller Probandinnen an, kein oder kaum Wissen zu besitzen. Bezüglich der systemischen Verfahren nennen allerdings erneut die österreichischen Studierenden mit 80% erheblich häufiger ein Grund- oder fundiertes Wissen als die anderen Studierenden.

Während hinsichtlich der Gründe für das fehlende Wissen keine Unterschiede zwischen den Ländern oder Hochschularten bestehen, variieren die Quellen des Wissens vor allem zwischen den Ländern stark. Demnach werden die psychodynamischen und humanistischen Verfahren an öffentlichen Hochschulen in Deutschland und der Schweiz eher in Vorlesungen behandelt, während sie an den privaten und österreichischen Hochschulen eher in Seminaren thematisiert werden. Bei den verhaltenstherapeutischen Verfahren stellte es sich spiegelbildlich dar: Sie werden an den öffentlichen Hochschulen in Deutschland und der Schweiz in Seminaren thematisiert, an privaten Hochschulen in Deutschland und an den österreichischen Hochschulen insgesamt hingegen eher in Vorlesungen. Die deutschen und schweizerischen Studierenden an öffentlichen Hochschulen erlangen ihr Wissen über die psychodynamischen Verfahren (und die deutschen auch über die systemischen) im Vergleich zu den anderen eher außerhalb der Hochschule (wie beispielsweise über Praktika), während die österreichischen Studierenden ihr Wissen über die kognitive Verhaltenstherapie häufiger als die der anderen Länder außerhalb der Hochschule beziehen.

Diskussion der Hypothesen

Aus obigen Betrachtungen ergibt sich, dass Nullhypothese 5), nach der die kognitiv-verhaltenstherapeutische Verfahrensrichtung gleichberechtigt zu den anderen Therapie-verfahren an den Hochschulen vertreten und gelehrt wird, zumindest für die öffentlichen Hochschulen in Deutschland und der Schweiz verworfen werden muss. In diesen Ländern wird die Verhaltenstherapie als vornehmlich durch die Lehrkräfte vertreten wahrgenommen, es werden die meisten Informationen über sie vermittelt, sie wird in der Studierenden-wahrnehmung von den Dozentinnen am besten von den Verfahrensrichtungen bewertet, die Studierenden weisen das meiste Wissen über sie auf und die Vermittlung der Therapie-verfahren wird besonders in Deutschland mehrheitlich als unausgewogen wahrgenommen. Dementsprechend unzufrieden sind viele Studierende mit der Repräsentation der Therapie-verfahren und verdeutlichen ihren Wunsch nach einer intensiveren Behandlung der psycho-dynamischen, humanistischen und systemischen Verfahren. Anders stellt es sich für Öster-reich und die privaten Hochschulen dar, wo eine ausgewogenere Darstellung besteht, die jedoch spiegelbildlich von den psychodynamischen Verfahren dominiert wird. Dennoch sind die Studierenden hier wesentlich zufriedener mit der Verfahrensrepräsentation.

Darüber hinaus wird Nullhypothese 6) verworfen, nach der kein Unterschied zwi-schen der studentischen und der wahrgenommenen Dozentinnenbewertung der Therapie-verfahren besteht. Stattdessen liegt die Diskrepanz über alle Verfahren hinweg bei einem Mittel von 1,2 (0–5). Dabei fällt die Differenz bei den psychodynamischen Verfahren mit ei-nem Mittelwert von 1,5 deutlich größer aus als die der Verhaltenstherapie (M=1,0), der hu-manistischen (M=1,3) und der systemischen Verfahren (M=1,1). Besonders drastisch stellen sich bei den psychodynamischen Verfahren die Unterschiede an öffentlichen Hochschulen in Deutschland dar, deren Mittelwert mit 1,7 etwa doppelt so hoch liegt wie der an privaten deutschen (M=0,9) oder österreichischen Hochschulen (M=0,8).

Zur wahrgenommenen Dozentinnenbewertung der Therapieverfahren und deren Zu-sammenhang mit der studentischen Bewertung

Trotz der beschriebenen Diskrepanz zwischen den wahrgenommenen universitären und stu-dentischen Verfahrensbewertungen besteht jedoch auch ein Zusammenhang zwischen den beiden Einschätzungen. Die Korrelation fällt mit r=0,3 bei den psychodynamischen Verfahren am höchsten aus und liegt bei den verhaltenstherapeutischen, humanistischen und systemi-schen Verfahren bei r=0,2. Dieser korrelative querschnittliche Zusammenhang kann selbst-verständlich nicht kausal interpretiert werden und letztlich lässt sich die Richtung des Zu-sammenhangs nur in längsschnittlichen Analysen untersuchen. Dennoch legen die Ergebnis-

154

se der Studie Eichenbergs et al. (2007) nahe – nach denen im Laufe des Studiums eine Um-orientierung von einer psychodynamischen zu einer verhaltenstherapeutischen Präferenz stattfindet – dass die Hochschulumwelt im Zuge von Wissenschaftssozialisationsprozessen einen maßgeblichen Einfluss auf die studentischen Einstellungen haben könnte.

Daher wird im Folgenden auszugsweise diskutiert, welche Faktoren bei einer derarti-gen Beeinflussung eine Rolle spielen könnten. Zunächst fällt hierbei ins Auge, dass der Zu-sammenhang der studentischen mit der wahrgenommenen universitären Verfahrens-bewertung mit bis zu r=0,3 deutlich höher ausfällt als die Korrelation von r=0,1 zwischen dem studentischen und universitären Wissenschaftsverständnis. Das mag nicht zuletzt daran liegen, dass es schwieriger für die Studierenden sein könnte, sich den Einflüssen des Fachs Klinische Psychologie zu entziehen und damit weniger beeinflussbar zu werden. Denn die meisten Studierenden streben – wie auch die vorliegende Studie aufzeigt – eine klinische Karriere an und möchten bzw. können möglicherweise nicht auf das verhältnismäßig wenige klinische und praxisbezogene Wissen verzichten, das ihnen in diesem Rahmen geboten wird. Durch den vermehrten Kontakt und stärkere Involviertheit könnten sie daher stärker vom universitären Habitus beeinflusst werden.

Diese Beeinflussung könnte nicht zuletzt darauf zurückzuführen sein, dass die Studie-renden – wie Fischer und Möller (2006) feststellen – nicht nur wenig bis keinen Unterricht in den psychodynamischen Therapieverfahren erhalten, sondern „im Gegenteil oft eine Kommentierung, die einer systematischen ‚Desinformation' gleichkommt" (Fischer und Möl-ler, 2006, S. 32). So bemerkt auch Loetz (2008), dass „die Vermittlung des meist rudimentä-ren aktuelleren psychoanalytischen Wissens [...] unter Auslassung wichtiger Erkenntnisse oder mit lückenhaften oder gar falschen Angaben über Autoren und deren wissenschafts-theoretischen Hintergrund" geschehe (S. 43). Nicht zuletzt durch das Deklarieren von wichti-gen Psycho*analytikerinnen* als Psycho*loginnen* werde deren Wissen und Forschungsbefunde dem eigenen Fach zugeschlagen, so dass die Psychoanalyse weiterhin als veraltet und for-schungsfeindlich dargestellt werden könne (ebd.). Auch Rumpeltes (2009) zeigt auf, dass nicht nur der *Inhalt* des vermittelten Stoffes bedeutsam ist, sondern auch die *Art*, in der die-ser Stoff vermittelt wird.

Interessant ist in diesem Kontext, dass die Dozentinnen nach Ottersbach et al. (1990) zwar in der Lehre wie auch Forschung einen (natur-) wissenschaftlichen Stil anstreben, der „nüchtern, vorurteilsfrei und objektiv" sein soll (ebd., S. 106). Praktisch jedoch scheinen im-plizit vermittelte Wertungen der Lehrenden nicht selten, wenn man die kritischen Bemer-kungen einiger Teilnehmerinnen der vorliegenden Untersuchung betrachtet. So stellen diese fest, dass *„in D [sic] nicht zugelassene Therapien [...] erst mal abgewertet" werden"* (TN 654) und *„ein zu enger Blick"* bestehe (ebd.) oder dass in den Vorlesungen *„andere Richtungen kurz erwähnt [werden], aber eher um darüber zu lachen und zu sehen, wie man es nicht ma-chen sollte"* (TN 282). Und TN 403 kritisiert: *„Die VT steht absolut im Vordergrund und wird in der Vermittlung flankiert von biologistischen Doktrinen ohne dass Alternativmodelle gleich-berechtigt behandelt werden (zb [sic] der humanistische Ansatz!)"*. Anstelle dessen wün-schen sich die Studierenden *„Würdigung (nicht Verachtung) der Sichtweisen früher Vertreter (Freud etc.) & lediglich kritische Reflexion (statt Hohn)"* (TN 764).

155

So scheint diese fehlende Offenheit, implizite Bewertung und mangelnde Transparenz einen wichtigen Faktor bei der Vermittlung der Therapieverfahren wie auch der Ausrichtung der gesamten Lehre darzustellen (s.o.). Dies könnte nicht zuletzt zu der aufgezeigten verhältnismäßig niedrigen Zufriedenheit der Probandinnen mit dem Fach Klinische Psychologie im Allgemeinen und mit der Darstellung der Therapieverfahren im Speziellen führen. Denn in der vorliegenden Untersuchung erlangen sowohl das *Diskutieren kontroverser Standpunkte* als auch die *kritische Reflexion der Lehrmeinungen* Höchstwerte bezüglich der Wichtigkeit für die Studierenden. Die Verwirklichung dieser Ansprüche bleibt jedoch deutlich hinter diesen Erwartungen zurück, was in einer großen Kluft zwischen den Ist- und Soll-Werten obiger Items resultiert. „Es findet keine Kommunikation und keine Auseinandersetzung (mehr) statt", stellen auch Ottersbach et al. fest (1990, S. 85). Ebenso zeigt Krüger (1986) in einer fächerübergreifenden Analyse auf, dass Psychologiestudierende am unzufriedensten mit der Beziehung zu ihren Dozentinnen sind und diese Beziehung im Vergleich zu anderen Fachbereichen am distanziertesten wahrgenommen wird. Darüber hinaus weist er nach, dass bei den Psychologinnen auch faktisch weniger Kontakt bezüglich fachlicher und persönlicher Dinge besteht als in anderen Fächern.

Diese fehlende Diskussionskultur scheint insofern bedenklich, da die Bewertungen der Lehrenden trotz ihrer gegensätzlichen wissenschaftlichen Grundhaltung der „Objektivität" *existieren* (s. auch Abschnitt 4.2.3 zur Objektivität der akademischen Psychologie) und sich indirekt und subtil bemerkbar machen (s. die Zitate oben und Ottersbach et al., 1990, S. 106). Dementsprechend haben „die Studenten [...] ein Bedürfnis, diese Bewertungen kennenzulernen - nur dann kann man mit ihnen kritisch-reflexiv umgehen. Da sie selten explizit gemacht werden, üben sie sich im Rätselraten und Interpretieren" (ebd., S. 106). So wünschen sich die Studierenden nach Ottersbach et al. (1990) Dozentinnen, die Position beziehen, sich angreifbar machen, erklären, wie ihre Erkenntnisse entstanden sind und eingestehen, welche Irrtümer sie begangen haben (S. 110). Diese Erwartungen werden auch in den qualitativen Bemerkungen der vorliegenden Studie deutlich, wobei die Studierenden die *„Meinungen von Einzelpersonen (des Professors bzw. der Studenten)"* hören möchten (TN 618) und die Lehrmeinungen *„kritisch Hinterfragen und Diskutieren"* (TN 1079). Sie wünschen sich *„eine kritische Betrachtung der „eigenen Grunde [sic], warum dieser Dozent welche Psychotherapieform gut findet [...] - oder zumindest transparenz [sic]"* (TN 310) und generell *„mehr Offenheit diesbezüglich"* (TN 282).

So könnten sich die Studierenden mit der scheinbar gewünschten Aussage „Ich persönlich halte die Psychoanalyse aus den und den Gründen für kritisch" diskursiv auseinandersetzen und darüber hinaus ein eigenes Bild entwickeln, falls noch ein „Aber in diesen und jenen Werken könnt ihr alternative Standpunkte kennenlernen" hinzugefügt würde. Doch durch die *implizite* Vermittlung (im Sinne des Habituskonzeptes) wird das Dargestellte zunächst als gesetzt angenommen und keiner Reflexion zugänglich. Dementsprechend stellt auch eine Teilnehmerin der vorliegenden Studie fest: *„So ist der Fokus zu einseitig und es dauert zu lange, bis wir dieses Wechselspiel begreifen"* (TN 1625). Dem wäre noch hinzuzufügen: Wenn überhaupt. In dem Sinne bemerkt TN 1452: *„[...] generell war Selbstdenken,*

Kritik, Querdenken und anderer Meinung sein nicht nur unerwünscht, sondern auch untersagt und z.t. durch miese Noten bestraft."

Nun lässt sich jedoch einwenden, dass die kognitiv-verhaltenstherapeutischen Verfahren die empirisch meistuntersuchten und am besten bestätigten darstellen (s. z. B. Grawe, Donati und Bernauer, 1994, die dies konstatieren). Dementsprechend kann argumentiert werden, dass im Laufe des Studiums die Studierenden über dieses „Faktum" aufgeklärt werden und daher konsequenterweise ihre Präferenz ändern. Entlang dieses Argumentationsschemas wäre diese Meinungsbildung jedoch nicht auf eine unbewusste Beeinflussung zurückzuführen, sondern eine logisch nachvollziehbare, bewusste und rationale Wahl. Dieses Argument wäre auch eine Begründung für die verhaltenstherapeutische Dominanz an den öffentlichen Hochschulen in Deutschland und Österreich. Dem wäre allerdings zum einen zu entgegnen, dass die Wirksamkeitsstudien der Therapieverfahren hinsichtlich ihrer wissenschaftstheoretischen Basis bzw. Vorgehensweise hoch umstritten sind (s.u.). Ohne diese Diskussion an dieser Stelle zu vertiefen, sei zudem auf den „Wissenschaftlichen Beirat Psychotherapie" (WBP) verwiesen, dem entscheidenden Gremium für die wissenschaftliche Anerkennung eines Therapieverfahrens (s. Walz-Pawlita, Lackus-Reitter & Loetz, 2009). Diesem Gremium zufolge sind neben den kognitiv-verhaltenstherapeutischen und psychodynamischen Verfahren auch die systemische Therapie und die Gesprächspsychotherapie als wissenschaftlich erwiesen wirksam (s. Kuhr & Vogel, 2009; WBP, 1999; WBP, 2008). Eine Ausgrenzung dieser Verfahren unter dem Argument der fehlenden Wissenschaftlichkeit scheint demnach nicht haltbar. Welche anderen Faktoren bei der vorliegenden Einseitigkeit der universitären Darstellung der Therapieverfahren mitwirken könnten, soll nun im folgenden Abschnitt in Auszügen diskutiert werden.

Zur (fehlenden) Repräsentanz psychodynamischer, humanistischer und systemischer Verfahren an den Hochschulen

Äquivalent zu obigen Ausführungen zu den Veränderungsmöglichkeiten des Wissenschaftsverständnisses scheint auch bei der Dominanz eines therapeutischen Paradigmas neben grundsätzlichen Wirksamkeitsargumenten und ideologischen Überzeugungen ein schwer durchschaubares Zusammenspiel von unterschiedlichen gesellschaftlichen Kräften eine Rolle zu spielen. Welche Dynamiken hierbei bedeutsam sein könnten, soll im Folgenden zunächst aus der machtpolitischen Perspektive erörtert werden.

So stellen Fischer und Möller (2006) fest, dass der in der Einleitung zitierte Satz in der Festschrift zum 100-jährigen Bestehen der DGPs: „Dagegen konnten sich psychodynamische Ansätze nicht durchsetzen" (Schulte & Kröner-Hertwig, 2005, S. 70) einer Sprache ähnelt, die aus Politik oder Wirtschaft bekannt ist, weniger jedoch aus der Wissenschaft. Sie beanstanden, dass wissenschaftliche Konzepte nicht primär nach ihrem „Durchsetzungswert" beurteilt werden sollten, sondern nach ihrem Erkenntnisgewinn (vgl. S. 2) und stellen die Frage: „Welchen vernünftigen Grund aber kann das noch junge Fach Psychologie/ Psychotherapie anführen, elaboriertes und empirisch schon gut gesichertes Wissen um ‚dynamisch unbewusste' Strukturen und Prozesse, wie es die Psychoanalyse zur klinischen Theorie und Praxis beiträgt, mit der schlichten und noch dazu ‚prognostischen' Bemerkung zurückzuweisen, dieses Wissen habe sich nicht ‚durchsetzen' können?" (S. 3)

In diesem Kontext zeigen Fischer und Möller (2006) zudem anhand der gegenwärtigen Besetzungspolitik der klinischen Lehrstühle auf, dass in 41% der Ausschreibungstexte die Berufungschance psychodynamisch gebildeter Bewerberinnen erheblich gemindert sei (durch das Absehen von einer psychotherapeutischen Ausbildung und der damit einhergehenden Bevorteilung von grundlagenforschungsorientierten Kolleginnen) und in weiterer 21% der Fälle durch das Festlegen auf einen verhaltenstherapeutischen Fokus von vornerein ausgeschlossen werde. Hinzu komme, dass häufig kein einziges psychodynamisch qualifiziertes Mitglied in den Berufungskommissionen sitze. Diese „Monopolisierung von Schlüsselpositionen" (s. Bergold, 1994) wurde in Abschnitt 4.1.2 als eine der stärksten Machtquellen herausgearbeitet und scheint auch im Fall der Psychotherapieverfahren eine zentrale Rolle zu spielen.

Darüber hinaus analysiert Bergold (1994) weitere gesellschaftliche Faktoren, welche die schnelle Rezeption der Verhaltenstherapie in der psychologischen Wissenschaft begünstigten. So schien mit der Verhaltenstherapie ein Verfahren zu entstehen, das dem quantitativ-nomothetischen und lerntheoretisch orientieren Wissenschaftsverständnis entsprach, welches in der deutschen Psychologie den „Methodenstreit" für sich entschieden hatte (vgl. Bergold, 1994, S. 24). Zudem korrespondierte der verhaltenstherapeutische Ansatz mit dem naturwissenschaftlichen Weltbild der Schulmedizin. Das führte nicht nur zu einer Öffnung von medizinisch-psychiatrischen Einrichtungen für verhaltenstherapeutische Untersuchungen, sondern auch zur vermehrten Anstellung von Verhaltenstherapeutinnen in den Psychiatrien und der Bereitschaft, Patientinnen an Verhaltenstherapeutinnen zu überweisen. Auch administrative Strukturen und Gremien akzeptierten die Verhaltenstherapie durch ihre Betonung von Rationalität und Wirtschaftlichkeit relativ schnell. Den Psychologinnen wiederum eröffnete sich mit der Verhaltenstherapie eine breite Berufsperspektive im klinischen Bereich, die auf im Studium erlangtem akademischen Wissen und Kenntnissen aufbaute. Nicht zuletzt wurde die Gruppe der Klientinnen durch Presseberichte über die Wirksamkeit und wissenschaftliche Fundierung der Verhaltenstherapie sowie die erhöhte Überweisungsbereitschaft der Ärztinnen angezogen.

Die psychodynamischen Verfahren hatten es hingegen von Beginn an durch ein ähnlich komplexes Beziehungsgefüge schwer, sich an den Hochschulen zu etablieren. So zeigt Bataller Bautista (2009) auf, dass die naturwissenschaftliche Revolution im 18. Jahrhundert eine Weltsicht etablierte, die naturwissenschaftliche Kenntnisse und Erkenntniswege auf Kosten von „Irrationalem, Unlogischem, Triebhaftem, Emotionalem" in den Vordergrund rückte (S. 52). Unter diesen Bedingungen musste die Psychoanalyse „außerhalb der Universitäten ihre Geburt und Entwicklung erfahren" (S. 55) und sich an privaten Ausbildungsinstituten etablieren (was wie Jüttemann 2004 feststellte auch an der Systemimmanenz, also der Geschlossenheit auf Grund fixierter anthropologischer Ausgangspositionen gelegen haben mag). Siegmund Freud selbst konstatierte schon damals: „Die psychoanalytischen Organisationen ihrerseits verdanken ihre Existenz gerade dem Ausschluss aus dem Universitäts-

158

betrieb und werden fortfahren, eine wichtige Ausbildungsfunktion zu erfüllen, solange dieser Ausschluss bestehen bleibt" (Freud, 1918, zit. nach Walz-Pawlita et al., 2008). Dennoch strebte er nach Bruns und Loetz (2005) in einer „trotzig-kämpferischen Selbstbehauptung" (S. 142) weiterhin die Angehörigkeit zur akademischen Welt an, welche durch die Zeit des Nationalsozialismus mit dem Verbot der Psychoanalyse sowie ihrer Deformierung und Medizinalisierung jedoch weiter erschwert wurde (s. Rumpeltes, 2009).

Dieser fortschreitenden Diminution der psychodynamischen Verfahren in der Ausbildungs- und langfristig auch Praxislandschaft ließe sich allerdings nur entgegenwirken, wenn sich auch das wissenschaftliche Selbstverständnis der akademischen Psychologie ändert, wie Bataller Bautista (2009) anmerkt: „Ihr [der psychoanalytische, Anm. d. Verf.] Gegenstand und ihre Methoden können nur einen Platz an der Universität finden, wenn die Fundamente der Universität nicht nur auf einen naturwissenschaftlichen Empirismus gründen, wenn die künstlich geschaffene Trennung zwischen Subjekt und Objekt ebenfalls Teil der Forschung wird und wenn eine Funktionalisierung der Erkenntnisse nicht erwartet wird oder Vorbedingung ist. Denn die Psychoanalyse hat per se zwei Seiten: Die Aufdeckung und die neue Bindung des Unbewussten bringt zwar Heilung, bricht aber gleichzeitig auch gesellschaftliche Tabus." (S. 55). Als Folge dieses derzeit divergenten akademischen Selbstverständnisses kann auch die zögerlich-ambivalente Haltung seitens einiger Analytikerinnen bezüglich der psychoanalytischen Repräsentanz an den Hochschulen verstanden werden. So stellen Bruns und Loetz (2005) diesbezüglich ein „Ja, aber" fest (S. 142). Dabei stelle das „Aber" die Forderung nach Extraterritorialität dar, das heißt danach, in gewissem Rahmen trotz Zugehörigkeit zur Universität von den Anforderungen und Regeln des Wissenschaftsbetriebs befreit zu sein. Auch Rumpeltes (2009) warnt davor, die Psychoanalyse „noch mehr als bisher eine Dienstmagd einer nur naturwissenschaftlich ausgerichteten Psychologie" werden zu lassen (S. 81).

Ebenso zeichnet Kriz (2007b) auf, wie die sinnorientierte, humanistische Psychotherapie in einem „pseudo-naturwissenschaftlichen" Selbstverständnis (vgl. S. 50) keinen Platz findet und marginalisiert wird. Neben gezielten macht- und berufspolitischen Ränkespielen liege dies an dem zunehmenden Unverständnis gegenüber narrativen, interpretativen und qualitativen Zugangsweisen sowie der Schwierigkeit, derartige sinnorientierte Themen auf einfach Ursache-Wirkungsrelationen und kurze, medienwirksame Statements über gesicherte „Wahrheiten" zu reduzieren (vgl. S. 50).

Über die Schwierigkeit auch der systemischen Therapierichtung, sich an den Hochschulen zu etablieren, berichtet bspw. Ludewig (2003), der die Grenzen des tradierten Wissenschaftsverständnisses mit seinem Fokus auf Objektivität für die Erforschung der systemischen Ansätze aufzeigt. Dementsprechend bezeichnet Milowiz (in Schweitzer & Ochs, 2012) als wesentlich für die systemische Forschung die Form der Fragestellung, „in der sich der Wandel von statischen und linearkausalen Überlegungen zu zirkulardynamischen zeigen muss" (S. 22) und Ludewig (in Schweitzer & Ochs, 2012) spricht davon, die Wissenschaft „vom Heiligenschein einer unmöglichen Neutralität" zu befreien (S. 22). Deutlich wird in diesen Auszügen die divergierende wissenschaftstheoretische Herangehensweise der systemischen Ansätze im Vergleich zum derzeitigen universitären Selbstverständnis. Ohne ein Wandel des letzteren wird der systemische Ansatz zumindest in der Forschung ein „außeruniver-sitärer Ansatz" bleiben (Ludewig, 2003, S.5) – oder er wird Gefahr laufen, seine Besonderheit zu verlieren (ebd., S.9).

Nun sollen diese wissenschaftstheoretischen Diskrepanzen nicht als Anlass genom-men werden, die fehlende Repräsentanz obiger Verfahren an den Hochschulen zu zementie-ren oder zu entschuldigen. Vielmehr sollte hervorgehoben werden, wie weitreichend die Auswirkungen eines einseitigen Selbstverständnisses sind. So läuft „die einseitige Prädominanz psychotherapeutischer Schulen" nicht nur „dem Geist und möglicherweise auch den Buchstaben des PThG [Psychotherapeutengesetzes, Anm. d. Verf.] zuwider", wie Fischer und Möller (2006, S. 37) festhielten, sondern auch der pluralistischen praktischen Therapielandschaft, in der sowohl die psychodynamischen als auch die humanistischen und systemischen Ansätze weit verbreitet sind (Kriz, 2007a; Ludewig, 2003). Auch sei nach Kriz (2007b) die „Heterogenität psychotherapeutischer Ansätze [...] eine Widerspiegelung der Heterogenität von Lebens‚weisen', sowohl seitens der Behandler als auch der Behandelten" (S. 46).

Doch ohne das Wissen über diese Pluralität kann seitens der Studierenden keine fun-dierte Entscheidung für oder gegen eine bestimmte Ausbildungsrichtung getroffen werden. Absolventinnen, von denen über die Hälfte kein oder kaum Wissen über die humanistischen oder systemischen Verfahren erlangt hat und die teilweise sogar „kein Wissen über [deren] Existenz" (TN 670, Hervorh. d. Verf.) besitzen, können nicht abwägen und entscheiden, wel-che Richtung am ehesten ihrem eigenen Menschenbild bzw. ihrer individuellen „Lebenswei-se" entspricht. Ebenso wenig diejenigen, denen „suggeriert [wurde], dass es [die psychody-namische Therapie, Anm. d. Verf.] nicht so wichtig ist wie KVT oder Systemische" (TN 299). Ebenfalls in den Worten einer der Teilnehmerinnen der vorliegenden Studie: „es ist generell wünschenswert mehrere therapierichtungen [sic] kennenzulernen, um überhaupt entschei-den zu können welche gut ist, da bei mir nur vt [sic] gelehrt wird, kann ich mich im prinzip [sic] für nichts anderes entscheiden (fehlende wahlmöglichkeiten [sic] und auch fehlende zeit [sic] durch bachelor/master system [sic])" (TN 1270).

Dass diese Aufgabe der Informationsvermittlung der Instanz der Hochschulen zu-kommt, heben nicht zuletzt Fischer und Möller (2006) hervor: „Die Universität vertritt die Freiheit von Forschung und Lehre. Sie ist weder ein Wirtschaftsunternehmen noch eine poli-tische Partei. Auch hat sie nicht den Zweck, privatwirtschaftliche Monopolbildungen zu för-dern" (S. 26). Aus obigen und sicher zahllosen weiteren Gründen scheinen die öffentlichen Hochschulen zumindest in Deutschland dieser Aufgabe jedoch nicht gerecht zu werden.

Nun lässt sich jedoch diskutieren, dass die Ausrichtung dieser Studie „auf Therapie-schulen, als ob es keine Alternative dazu gebe (allgemeine Psychotherapie)", wie TN 311 es formulierte, wenngleich eventuell (noch) nicht überholt, so doch zumindest diskussionswür-dig ist. Dem soll in folgendem Abschnitt nachgegangen werden.

Grawe – einer der bekanntesten Fürstreiter einer *allgemeinen Psychotherapie* – setzte sich maßgeblich dafür ein, die „konfessionell anstatt wissenschaftlich ausgerichtete Psychotherapie" (Grawe et al., 1994, S. VI) mit im Sinne der Verfahrensrichtungen vorherrschenden „Glaubensgemeinschaften" (ebd.) in die Richtung einer empirisch fundierten *allgemeinen Psychotherapie* zu bewegen. Empirisch wenig fundierte „Theorien erster Generation" – wie die psychoanalytischen oder klassisch verhaltenstherapeutischen Ansätze – sollten auf der Grundlage empirisch-wissenschaftlicher Befunde von „Theorien zweiter Generation" abgelöst werden (Grawe, 1995, S. 131 f). Anstelle der Aufrechterhaltung einer „therapieschulbezogenen Wahrheit, Identität und Existenzgrundlage" (Grawe et al., 1994, S. 27 f) sollen diese „Theorien zweiter Generation" die „grenzüberschreitende Berücksichtigung von Fakten" ermöglichen (Grawe, 1995, S. 131 f).

Andere Autorinnen stellen fest, dass eine derartige Überschreitung der „Schulengrenzen" (Kuhr & Vogel, 2009, S. 375) seit Jahren in der Versorgungspraxis stattfindet und sich die Verfahren – trotz der Forderung der Richtlinienpsychotherapie nach einer klaren Trennung – aufeinander zu bewegen und an ihren Rändern zu verschmelzen beginnen (s. Rudolf, 2012, S. 137). Dementsprechend standen im Jahr 1996 93% der Mitglieder des „Berufsverbands Deutscher Psychologinnen und Psychologen" einer übergreifenden Integration verschiedener Therapierichtungen positiv gegenüber, wobei die meisten Befragten Ausbildungen in mehr als einer Richtung aufwiesen (Möller, 2007, nach Walz-Pawlita et al., 2009). Wenngleich in einer neueren Studie von Strauß et al. (2009) die meisten der Teilnehmerinnen, Absolventinnen, Leiterinnen und Lehrkräfte von psychotherapeutischen Ausbildungsinstituten die *verfahrens*orientierte Ausbildung für sinnvoll erachteten (insbesondere die psychodynamisch ausgerichteten Probandinnen), befürwortete dennoch die Mehrheit die *verstärkte Vermittlung* von verfahrensübergreifendem Wissen und Fertigkeiten anderer Vertiefungsverfahren.

Ebenso sei belegt, dass selbst bei sehr wirksamen Verfahren die Erfolgszahlen zwischen 60 – 80% schwanken (s. Strauß et al., 2009) und die Verfahren nicht „gleichermaßen in allen Anwendungsbereichen wirksam sind" (ebd., S. 371 f). Kriz (2007b) zufolge wechseln zwischen 30% und 45% der Patientinnen das Therapieverfahren und/oder die Therapeutin, um zu einer letztlich effektiven Behandlung zu gelangen.

Dementsprechend kritisieren einige Autorinnen das „monolithische[...] Festhalten an allumfassender Zuständigkeit" (Fiedler, 2012, S. 151) bzw. den „Omnipotenzanspruch" der Therapieschulen (ebd., S. V) anstatt einer Orientierung an den psychischen Störungen und deren spezifischen Anforderungen selbst. So wird von dieser Seite anstelle einer *integrativen bzw. allgemeinen* Psychotherapie eine *störungsspezifische bzw. differenzielle* oder auch *kausale* Psychotherapie und -forschung gefordert (s. Fiedler, 2012; Berger, 2009; Fischer et al., 2009) Diese solle genauer untersuchen, was die erfolgreichen von den erfolglosen Patientinnen bei der einen oder anderen Behandlung differenziell unterscheidet und störungsspezifische bzw. ätiologieorientierte Interventionen ableiten. Diese Entwicklungen sollten in „positiver Konkurrenz der Schulen *miteinander* erfolgen und nicht mehr so sehr oder nur mehr nachgeordnet innerhalb des Begründungs- und Forschungskontextes nur eines einzelnen therapeutischen Verfahrens" (Fiedler, 2012, S. 158).

An dem Versuch einer *Integration* wird u.a. kritisiert, dass sich die Begründungszusammenhänge und Herangehensweisen verschiedener Therapieverfahren teilweise nicht vereinen ließen. So würden beispielsweise Störungen und Krisen in der Therapeut-Patient-Beziehung je nach Verfahrensrichtung unterschiedliche Bedeutung beigemessen (s. Fiedler, 2012). Auch die „Betonung der grundsätzlichen Wichtigkeit aller oder einzelner allgemeiner Faktoren für Änderungsprozesse bei den unterschiedlichsten psychischen Störungen" könne auf Grund empirischer Befunde sowie theoretischer Überlegungen in Zweifel gezogen werden (ebd., S. 5). Zudem hebt Linden (2009) in diesem Kontext hervor, dass die den Therapieverfahren zugrundeliegenden Theorien und Menschenbilder wesentlich zu den Veränderungsprozessen des Patienten beitragen, indem dieser „sich, seine Welt und seine Störung neu zu verstehen lernt" (S. 265). Das ginge bei einer lediglich auf empirisch basierten Wirkfaktoren begründeten Therapie verloren. Andere heben die Wichtigkeit des sog. „allegiance effects" für den therapeutischen Erfolg hervor (s. Walz-Pawlita et al., 2009). Dabei kann diese Allegianz als „basale innere Überzeugung von der Wirksamkeit und Plausibilität des eigenen Ansatzes" verstanden werden (ebd., S. 359), die durch ein rein empirisch basiertes Vorgehen ohne zugrundeliegende Theorie nicht äquivalent ausgebildet werden kann. Auch für die therapeutische Vielfalt, welche die Vielfalt menschlicher Lebensentwürfe widerspiegele (s. Kriz, 2007b), sei eine derartige „Einheitstheorie" (Fiedler, 2012, S. 7) nicht wünschenswert.

Doch auch ein *störungsspezifisches* Vorgehen wird von einigen Autorinnen kritisiert, z. B. hinsichtlich der Ausbildungsorganisation (die über das Erlernen *einzelner* Therapiemethoden für *einzelne* Störungsbereiche keine umfassende Kompetenzsicherung mehr garantieren könnte, Linden, 2009), der Notwendigkeit einer zugrundeliegenden Theorie zur Einbettung von Veränderungsprozessen (s.o.) oder bezüglich wissenschaftstheoretischer Überlegungen (da Begriffe wie „Schema" oder Widerstand" hypothetische Konstrukte seien, die aus übergeordneten Theorien abgeleitet würden und nur hinsichtlich dieser sinnvoll interpretiert und angewendet werden könnten, s. Bergen, 2009, S. 264).

Der Konsens über die Wirksamkeit von Therapieverfahren – und darauf aufbauend hinsichtlich möglicher Veränderungen – wird weiter erschwert, da nicht einmal ein minimaler Konsens hinsichtlich der Kriterien und Methodik zur empirischen Beurteilung der Wirksamkeit von Therapieverfahren besteht. So wird die Annahme, dass „evidenzbasierte Einsichten und Erkenntnisse […] der Sache nach ja nicht von Schulen abhängig" sind (Greve & Greve, 2009) von Vertreterinnen anderer Wissenschaftsverständnisse auf Grund der postulierten „Objektivität" empirischer Ergebnisse scharf kritisiert (s. Kriz, 2007b; Ludewig, 2003; Fliegener, 2003). Auch wird bei den vorherrschenden „efficacy"-Studien die „chronische Irrepräsentativität" der meist auf „monosymptomatischem" Klientel basierenden randomisierten Kontrollstudien bemängelt (Reventsdorf, 2003, S. 12, Seligmann, 1995), ebenso wie die Probleme von Kontrollgruppen und der (randomisierten) Zuteilung von Probandinnen (Revenstorf, 2003; Seligmann, 1995; Fliegener, 2003). Auch die Ignoranz gegenüber einer individuellen Interaktion durch die geforderte Manualisierung wird kritisiert (Revenstorf,

2003), das Durchführen der (Vergleichsgruppen-) Therapie von fachfremden (und häufig sehr unerfahrenen) Therapeutinnen (Revenstorf, 2003; Buchholz, 2003) und weitere Aspekte. Ebenso zeigen obige Betrachtungen zur universitären Repräsentanz der psychodynamischen, humanistischen und systemischen Verfahren die grundsätzlichen Divergenzen des Menschen- und Wissenschaftsverständnisses dieser Richtungen im Vergleich zum tradierten akademischen Selbstverständnis auf, was sich folgerecht in einer anderen wissenschaftlichen Herangehensweise niederschlägt. Als Konsequenz entwickelten verschiedene Autorinnen alternative Ansätze zu der „efficacy"-basierten Wirksamkeitsforschung von Psychotherapien (bspw. Seligmann, 1995; Fliegener, 2003; Ochs & Schweitzer, 2012; Revenstorf, 2003).

Nach diesem Überblick zu den vielgestaltigen Positionen in Bezug auf die Verfahrensorientierung kann die Ausgangsfrage, ob die Unterteilung in Psychotherapieverfahren nicht „überholt" sei, nach Ermessen der Autorin verneint werden. Zum einen, da der Diskurs derzeit in vollem Gange ist, ohne dass sich bislang das Durchsetzen einer Position abzeichnet. So resümieren auch Strauß et al. (2009) in ihrem Forschungsgutachten zur Ausbildungssituation, dass „es momentan noch keine echte Alternative zu einer verfahrensorientierten Ausbildung gibt" (S. 374). Zum anderen deuten auch die Ergebnisse der vorliegenden Untersuchung darauf hin, dass die Verfahrensorientierung des derzeitigen Ausbildungsmodells in der Studierendenwahrnehmung (noch) nicht überholt ist – so würden lediglich 15% der Studierenden eine integrative Ausbildung wählen. Diese Befunde decken sich mit den Haltungen der direkt in die Ausbildung involvierten Personen (s. Strauß et al., 2009). Darüber hinaus scheint an den Hochschulen derzeit schlichtweg keine integrative oder störungsspezifische Psychotherapie gelehrt zu werden, sondern vornehmlich (zumindest in Deutschland und der Schweiz) die Verhaltenstherapie – ohne die Verfahrensorientierung der vorliegenden Untersuchung hätte dies nicht aufgezeigt werden können. Auch die Umdeklaration dieser Richtung als „empirisch-psychologische Therapie" (die Grawe et al., vorschlagen, 1994, S. 244) ist insofern missverständlich bzw. irreführend, da auch andere Therapierichtungen empirisch intensiv erforscht werden (s. Kriz, 2007a) und die jeweiligen Forschungsergebnisse selbst wiederum vom zugrundeliegenden Menschen- und Erklärungsmodell beeinflusst werden (s. Carrier, 2006).

Wenngleich die Kategorisierung der Therapieverfahren den bestehenden theoretischen und praktischen Überschneidungen zwischen den Ansätzen sicher nicht gerecht werden kann, konnte über diese Vereinfachung aufgezeigt werden, dass eine verhaltenstherapeutische Dominanz an den Hochschulen besteht – nicht zuletzt, um eine Reflexion und weiterführende Beschäftigung mit dem Thema anzuregen. Denn für eine derartige Diskussion über die Sinnhaftigkeit einer Verfahrensintegration ist sowohl das Wissen um die unterschiedlichen Ansätze notwendig als auch methodologische Kenntnisse zur Beurteilung, wann welche wissenschaftlichen Methoden mit welchem Erkenntnisziel angemessen sind. Offen bleibt, inwiefern die vermutlich einseitig belehrten *heutigen* Studierenden *morgen* diese Diskussion weiterführen (können).

4.1.4 Zur Neugestaltung der psychologischen Ausbildungssituation

Die vorliegende Untersuchung stellt einen ersten Ansatzpunkt zur Erkundung studentischer Einstellungen bezüglich der Einführung eines (Direkt-) Studiengangs Psychotherapiewissenschaft dar. Neben den allgemein gehaltenen quantitativ zu beantwortenden Fragen waren hier insbesondere die qualitativen Kommentare zu möglichen Inhalten und sonstigen Gedanken von Interesse.

Einstellung zu einem (Direkt-) Studiengang Psychotherapiewissenschaft

41% der Studierenden, die prinzipiell Interesse an Klinischer Psychologie haben, bejahen die allgemein gehaltene Frage, ob sie sich als Alternative zur Psychologie für einen Direktstudiengang Psychotherapiewissenschaft entschieden hätten. Die konkretere Frage, ob diejenigen mit dem Ziel einer Therapieausbildung ein Direktstudium mit abschließender Approbation gewählt hätten, wird von 61% dieser Zielgruppe bejaht. Von allen Probandinnen mit Interesse an Klinischer Psychologie halten rund 75% die Einrichtung eines derartigen Studiengangs für eher sinnvoll, während das restliche Viertel dies für eher weniger sinnvoll befindet.

Als Gründe für die Wahl des Fachs Psychotherapiewissenschaft wird am häufigsten (in jeweils über Dreiviertel der Fälle) das Berufsziel Therapeutin genannt, des Weiteren der Wunsch nach einer stärker praxisorientierten Ausbildung sowie das Ziel, Ausbildungszeit zu sparen. In 68% der Fälle wird angekreuzt, dass das Psychologiestudium zu wenig anwendungsorientiert sei, in 65% die Hoffnung, dass die Verfahrensrichtungen in einem Psychotherapiestudium ausgeglichener vermittelt würden und in gut einem Drittel die Unzufriedenheit mit dem derzeitigen Psychologiestudium. Auch finanzielle Aspekte spielen in den selbst benannten sonstigen Gründen eine wichtige Rolle, ebenso die hohe Unzufriedenheit mit der derzeitigen Ausbildungssituation insgesamt und die wahrgenommene naturwissenschaftlich-statistische Einseitigkeit und Forschungsorientheit der akademischen Psychologie.

Die vielzähligen qualitativen Anmerkungen der Studierenden bieten interessante und differenzierte Überlegungen und Anknüpfungspunkte für die Neugestaltung der Ausbildungssituation. Sie teilen sich ungefähr zu gleichen Teilen auf in die expliziten Befürworterinnen eines Direktstudiengangs Psychotherapiewissenschaft anstelle der Psychologie, in „moderate Veränderer", welche die Kombination von einem allgemeinen Psychologiebachelorstudiengang mit einem Masterstudiengang in Psychotherapie und einer dadurch verkürzten Ausbildungszeit anstreben und diejenigen, die aus diversen Gründen das derzeitige postgraduale Ausbildungsmodell erhalten wollen.

Die Probandinnen, die sich explizit für einen Direktstudiengang Psychotherapiewissenschaft aussprechen, nennen häufig die Notwendigkeit der Praxisorientierung mit Selbsterfahrung, Supervision und therapeutischen Erfahrungen als Bedingung, sowie die Voraussetzung, dass weder ein Qualitätsverlust noch der Schwund von Grundlagenwissen entstünde. Ebenfalls stellt für viele ein Erfordernis dar, dass keine reine Umdeklaration vom Psychologie- in ein Psychotherapiestudium stattfindet. So sollte eine Anpassung der naturwissenschaftlichen, theoretischen und forschungsorientierten Inhalte erfolgen, damit die *„wichtige anwendungsorientierte und praktische Erfahrung der Therapieausbildung [nicht] verloren ginge"* (TN 375) und sich die Einseitigkeit der Repräsentation der Therapieverfahren nicht zementiere. Die Teilnehmerinnen, welche das derzeitige Ausbildungsmodell mit der postgradualen Ausbildung befürworten, begründen dies am häufigsten mit der fehlenden Reife für den Beruf nach einem Direktstudiengang sowie dem Verlust von essentiellem inhaltlichen und methodischen Grundlagenwissen, das im Psychologiestudium vermittelt würde.

Insgesamt zeigen die Positionen der Studierenden Ähnlichkeiten zu den inhaltlichen Überlegungen der gegenwärtigen berufs- und hochschulpolitischen Diskussion auf (s. Strauß et al., 2009). Einige Bedenken hingegen (wie die Sorge der „Umdeklaration" des Studiums unter Beibehaltung von als unzureichend erlebten Studienbedingungen) werden in dem Kontext seltener diskutiert (von Fischer und Kolleginnen abgesehen, 2009) und sollten unter Einbezug der studentischen Perspektive stärker in den Fokus gerückt werden.

Auch gilt in der derzeitigen Diskussion zu berücksichtigen, dass trotz bereits genannter und weiterer kritischer Anmerkungen ein beträchtlicher Anteil der Studierenden nach eigener Auskunft und unter entsprechenden Bedingungen ein Psychotherapiestudium anstelle des Psychologiestudiums gewählt hätte. Die damit einhergehenden Konsequenzen für das Fach Psychologie werden unter dem Thema der „Einheit" des Faches diskutiert (s. Allesch, 2001; Baumann, 1999; Mattes, 2008; Jüttemann, 1993). Bestehende Bedenken bezüglich der „Zersplitterung" (Stangl, 1989, S. 27) der Psychologie zeigen sich vor dem Hintergrund dieses zusätzlichen quantitativen Wissens möglicherweise brisanter. Etwaige Forderungen in eine derartige Richtung werden bspw. in folgendem Kommentar der vorliegenden Untersuchung exemplifiziert: *„Wenn in der klinischen Psychologie Sonderregelungen kommen, sollten sie auch in den anderen Bereichen, z.b. AO, sein."* (TN 895). Inwiefern eine derartige Unterteilung zu vermeiden ist (Weber, 2004; Hasselhorn, 2009; Münch, 2002, Jüttemann, 1983) oder ähnlich dem Ingenieurstudium in seiner Ablösung von der Physik (s. Greve & Greve, 2009; Wottawa, 2004) erstrebenswert bzw. unvermeidlich ist im Prozess der zunehmenden Differenzierung der (Natur-) Wissenschaften, gilt es ebenso zu diskutieren. Wie Greve und Greve (2009) feststellen: „Alles fließt, nichts ist für immer. Selbsterhaltung ist kein Argument – allemal nicht für die anderen; erst Nützlichkeit wird eins" (S. 368).

Dass dieser Diskurs über die Neugestaltung der psychologischen Ausbildungssituation trotz Rekurs auf „Nützlichkeitsargumente" (oder gerade deswegen) hohe Wellen wirft, stellt Rief (2012) fest. Ihm zufolge wurde „mit hoher Skepsis, unverhohlener Kritik und zum Teil sogar stark emotional gefärbten und inhaltlich wenig untermauerten Äußerungen" (S. 56) auf die Bekanntgabe des Bundesministeriums für Gesundheit reagiert, dass dort ein Direktausbildungsmodell für Psychotherapeutinnen präferiert und an eine entsprechende Revision des Psychotherapeutengesetzes gedacht werde. Dabei würden von verschiedenen beteiligten Gruppierungen unterschiedliche Ängste und Sorgen in Bezug auf eine derartige Veränderung geäußert: „Die Professoren für Psychologie und Pädagogik befürchten eine zu starke

Verschiebung der Kräfte und Lehrinhalte zu klinischen und psychotherapeutischen Themen, private Psychotherapie-Ausbildungsinstitute befürchten ein ,Austrocknen' ihrer Einrichtungen und damit eine fehlende Finanzierung der involvierten Personen, psychoanalytische Einrichtungen befürchten wegen ihrer stark reduzierten Präsenz an Universitäten, bei einer Direktausbildung zu wenig berücksichtigt zu werden etc." (Rief, 2012, S. 56). Die Befürchtung der letzten Interessengruppe verstärkt sich möglicherweise noch dadurch, dass bislang 32 Ausbildungsinstitute an die Hochschulen annektiert wurden bzw. bereits *universitäre* Ausbildungen darstellen – vornehmlich mit einer kognitiv-verhaltenstherapeutischen Ausrichtung (Loetz, 2008). Demnach scheint es plausibel, dass bei einsetzenden Veränderungen möglicherweise vorrangig auf diese bereits etablierten Institute zurückgegriffen wird und sich der verhaltenstherapeutische Fokus damit auch über die Hochschulen hinaus fortsetzt (s. Loetz, 2008, die dies eingehender diskutiert).

Dass jedoch auch die bestehende Situation Unzufriedenheit erzeugt, zeigen nicht zuletzt einige qualitative Bemerkungen der Teilnehmerinnen dieser Studie. So sprachen sich nicht nur Befragte mit psychotherapeutischem Interesse für einen Psychotherapiestudiengang aus (*„Ich denke eine Trennung von Psychologie als Forschungsfach und der Psychologie als Praxisfach (bzw. Psychotherapiewissenschaft) ist schon längst überfällig. Ich finde es auch nervig, dass ich mich durch einige Fächer (wie bspw. die Allgemeine Psychologie) durchwühlen muss, die für mein späteres Berufsziel kaum Relevanz aufweisen."* TN 560, Hervorh. d. Verf.). Auch ein Teil der Studierenden mit Interesse an der akademischen Psychologie vertraten die Aufspaltung beider Bereiche, da sie sich durch ihre rein klinisch ausgerichteten Kommilitoninnen beeinträchtigt fühlen: *„Ich finde es gut die Psychotherapieausbildung im Studium von den anderen Psychologiestudierenden zu trennen, da Leute die immer meinen sie müssten bestimmte Inhalte nicht wissen, da sie ja eh nur Therapeut werden wollen nerven"* (TN 864, Hervorh. d. Verf.). So scheinen hier zumindest teilweise beide Seiten „genervt". Auch die Lehrenden, welche sich der abweichenden Studienwünsche der Studierenden durchaus bewusst sind (Frank, 1990; Kornadt, 1985; Irle, 1979), beklagen ihrerseits das einseitige Interesse der meisten Studierenden an der Klinischen Psychologie (Frank, 1990; Irle, 1979).

Dementsprechend scheinen verschiedene Seiten mit dem derzeitigen Arrangement unzufrieden, was die Diskussion um eine Veränderung (in welche Richtung auch immer) verstärken sollte. Welche Inhalte den Studierenden in ihrem Studium bzw. dem Fach Klinische Psychologie besonders wichtig sind, wird in folgendem Abschnitt erörtert.

Mögliche Inhalte für die Um- bzw. Neugestaltung des Studiums

Die Studierenden hatten die Möglichkeit, eine Reihe von gelisteten möglichen Inhalten des Studiums bzw. des Fachs Klinische Psychologie nach ihrer Wichtigkeit zu bewerten. Hier sind den Teilnehmerinnen Items, die sich auf den Praxisbezug des Studiums beziehen bzw. auf die Vielfalt der behandelten therapeutischen Verfahrensrichtungen am wichtigsten: die Berufsrelevanz, die Therapieausbildung der Dozentinnen und der therapeutische Pluralismus. Auch das Diskutieren kontroverser Standpunkte und die Kritik vorherrschender Lehrmeinungen erzielen hohe Mittelwerte.

Diese Befunde werden von den Auskünften der Studierenden über wünschenswerte Lehrinhalte gestützt, welche in einem freien Format formulierbar waren. Dabei wird mehrheitlich eine größere Praxisrelevanz der Inhalte und die Repräsentanz und Reflexion unterschiedlicher Psychotherapieverfahren und Menschenbilder gefordert, ebenso wie kritische Diskussionen bzw. in den Worten der Teilnehmerinnen „Muendigkeit [sic], (selbst-) kritisches Denken, Auseinandersetzung mit den schweren Fragen des Lebens" (TN 1469). Auch dass „Auswendiglernen kein Leistungskriterium" sein sollte (TN 1625) wird hierbei genannt. Ebenso wird die stärkere Vernetzung sowohl der Teildisziplinen innerhalb der Psychologie als auch die Vernetzung mit anderen Fachbereichen genannt und prinzipiell der verstärkte Einbezug von gesellschaftlichen, historischen, ethischen und interkulturellen Aspekten und Überlegungen gewünscht. Die Psychologie sollte sowohl geistes-, als auch sozial-, kultur- und naturwissenschaftlich orientiert sein und je nach Gegenstandsbereich auf quantitative oder qualitative Methoden zurückgreifen.

Diese breit fundierte, auf verschiedenen Disziplinen und Zugängen basierende Ausrichtung eines Psychologie- bzw. Psychotherapiestudiums deckt sich zu großen Teilen mit dem Entwurf von Fischer und Kolleginnen (2009). Die in der vorliegenden Untersuchung genannten Wünsche verdeutlichen, dass die Studierenden nicht nur einen verstärkt klinischen Fokus verlangen, sondern auch ein facettenreicheres, differenzierteres und pluralistischeres Selbstverständnis der gesamten akademischen Ausrichtung. Diese anspruchsvollen Vorstellungen der Studierenden nicht in den laufenden Diskurs zur Neugestaltung der Ausbildungssituation einzubeziehen, hieße, Generationen von Psychologie-/Psychotherapiestudierenden weiterhin unzufrieden zurückzulassen, wie Jaeggi bereits 1987 feststellte: „Die alte resignierende Aussage nach Beendigung des Studiums: ... hat mir für meinen Beruf so gut wie nichts gebracht' muss doch um Himmels willen von den ‚Theoretikern' des Fachs ernstgenommen werden. Darüber endlos zu sinnieren, ‚wie Wissenschaft und Praxis zusammengebracht werden können', bringt mit Sicherheit nichts ein, wenn das Wissenschaftsverständnis sich nicht radikal ändert" (S.136).

Darüber hinaus würde damit auch die Chance verspielt, über einen verstärkten Interaktionsprozess mit den Studierenden und ihren Vorstellungen „jene innovativen Anteile" zu nutzen, „auf die eine Berufsgruppe respektive Gesellschaft angewiesen ist und sensibel reagieren sollte, will sie ihre Flexibilität bzw. langfristigen Veränderungsmöglichkeiten nicht einschränken" (Grubitzsch, 1993, S. 25).

4.2 Zu Limitationen und Weiterentwicklungen der Studie

4.2.1 Zur Wahl des Erhebungsformats

Grundsätzlich lässt sich das quantitative Format dieser Erhebung kritisieren. So kann nach Ermessen der Autorin eine quantitative Erhebung nicht der komplexen Vielfalt menschlicher Wahrnehmungs-, Bewertungs- und Interpretationsmuster gerecht werden und ist notgedrungen stark vereinfachend. Zunächst schränken die vorgegebenen Antwortmuster die Vielfalt möglicher Haltungen auf 6 bzw. 7 festgelegte Kategorien ein. Darüber hinaus werden diese Antworten durch das Zusammenfassen auf einen Kennwert wie den Mittelwert weiter reduziert und dadurch ein zusätzlicher Informationsverlust in Kauf genommen. Letztlich ermöglicht erst der Einsatz „sinnverstehender Methoden" (vgl. Kempf, 2003, S. 257) eine Klärung der Bedeutung, welche die Probandinnen den Items geben und inwiefern Unterschiede in den Interpretationen der Fragen und Antwortoptionen bestehen (wovon ausgegangen werden kann). Und wie Witte et al. (2013) konstatieren, liegt beim quantitativen Prüfen von Kausalzusammenhängen keine „wirkliche Theorie" vor. Vielmehr bestehe diese lediglich in der „Zurückweisung des Zufalls" (S. 23). So bietet dieses Forschungsparadigma keine Erklärungen oder Erkenntnisse über zukünftige Entwicklungen (ebd.). Dementsprechend merkt auch TN 391 dieser Studie an: *„die ergebnisse [sic] wären gehaltvoller würde man eine persönliche befragung [sic] vornehmen, denn das thema [sic] an sich ist sehr interessant, aber durch die online-befragung [sic] und durch die vorgegebenen antwortmöglichkeiten [sic] geht meiner meinung nach sehr viel interessanter inhalt [sic] verloren".*

Dennoch wird der Einsatz der quantitativen Methodik an dieser Stelle gerechtfertigt – und das nicht primär aus dem pragmatischen Grund, dass sich die Autorin im Zuge des Psychologiestudiums zu wenig qualitatives Forschungswissen aneignen konnte. Vielmehr war ein Anliegen der Studie (wie in der Einleitung dargelegt und in 4.2.2 kritisch diskutiert), „den disziplinären Habitus- und Reproduktionsformen ihre Selbstverständlichkeit [zu] nehmen und den Schleier der auf Routine gegründeten Illusionen [zu] zerreißen" (Liebau & Huber, 1985, S. 338). Selbstverständlich wäre dies auch in einer qualitativen Studie möglich gewesen (und vielleicht sogar besser), allerdings wäre der Stichprobenumfang notgedrungen weitaus geringer gewesen als die knapp 900 Teilnehmerinnen der vorliegenden Untersuchung, die auf diese Art erreicht werden konnten. Dass ein Anregen zum Nachdenken, Reflektieren und Diskutieren der Inhalte trotz der quantitativen Methodik gelungen ist, zeigen nicht zuletzt folgende (und zahlreiche weitere) Kommentare (s. Tabelle 21).

Darüber hinaus ermöglichte das quantitative Erhebungsdesign nicht nur einzelne Studierende an einer einzelnen Hochschule zu befragen (wie bspw. in der Studie von Ottersbach et al., 1990), sondern einen Überblick der Verteilungen an über 50 Hochschulen in Deutschland, Österreich und der Schweiz zu erlangen. Wie Witte et al. (2013) feststellten, liefert die quantitative Methodologie wenn auch keine Erklärungen, so doch die „Diagnose über einen erkennbaren Zustand" (S. 23), welche quantitativ verarbeitet und dargestellt sowie zufallskritisch bewertet werden kann. Diese Vorzüge stellen sicher nur einen Aspekt von

Forschung dar, sollten bei der Bewertung der verschiedenen Herangehensweisen nach Ermessen der Autorin jedoch berücksichtigt werden und stellen auch bei der vorliegenden Studie eine Stärke dar.

Tabelle 21: Einige Bemerkungen der Teilnehmerinnen hinsichtlich der Anregung zur eigenen Reflexion durch die vorliegende Untersuchung

„Ich bin froh, zum ersten Mal, seit dem Beginn meines Studiums nach solchen Aspekten befragt zu werden. Schon die Frage danach impliziert deren Diskussionswürdigkeit, was so an meiner Uni/meinem Institut nie kommuniziert wird. Im Gegenteil wurde mir eher das Gefühl vermittelt, die Technik wissenschaftlichen Arbeitens, wie wir sie im 1. Semester gelernt haben und damit das so vermittelte wissenschaftliche Selbstverständnis sei indiskutabel." (TN 893)
„Interessante Studie, habe vertiefter über meine eigene Einstellung zu der Thematik nachgedacht." (TN 1020)
„Besonders gut gefallen haben mir die unterschiedlichen Pole bezüglich des Lehrangebots Psychologie in Bezug auf meinen [sic] persönliche Uni - das war nicht nur interessant, sondern hat mich auch selbst zur Reflexion über eben diese Themen angeregt. Danke dafür!" (TN 1185)
„Ich finde, dass diese Studie eine außerordentlich wichtige ist und [...] uns PsychologiestudenInnen [sic] zum Reflektieren des eigenen Studienganges, der eigenen Ziele und Wünsche anregt." (TN 1028)
„Es ist eine super Studie, die endlich mal reflektiert, dass in dem Studiengang Psychologie (eventuell) eine ungleichverteilte Lehre stattfindet!" (TN 1571)
„Ich finde es sehr wichtig, und leider passiert das zu selten, die Ansichten & Vorgehensweisen der Psychologie, wie sie heute an den Universitäten in Deutschland gelehrt wird, zu umdenken, überdenken, hinterfragen und ggf. zu reformieren." (TN 330)

Um die Nachteile des quantitativen Formats – in dem Kontext primär dessen Informationsreduktion und die Einschränkung auf vorgefertigte Antwortschemata – ein wenig abzuschwächen, wurden zudem regelmäßig offene Kommentar- bzw. „Sonstige"- Felder dargeboten. Diese wurden bei den Inhalten des Studiums bzw. des Fachs Klinische Psychologie von jeder fünften Teilnehmerin und bei den allgemeinen Anmerkungen von mehr als jeder vierten genutzt. Das stellt nicht nur einen Hinweis auf die Sinnhaftigkeit von offenen Kommentarfeldern dar, sondern auch einen wichtigen Anhaltspunkt für die Relevanz des Studienthemas für die Studierenden. Wie TN 1452 bemerkte: *„Die Möglichkeit der Studie Qualitatives beizusteuern war wirklich vom Feinsten und genau an den richtigen Stellen."* Dies deutet auf eine Richtung hin, welche zukünftige Forschungsarbeiten in diesem Bereich verstärkt anvisieren könnten: Die Verbindung von quantitativen und qualitativen Erhebungs- und Durchführungsformaten, um die Vorteile beider Ansätze weitestgehend zu kombinieren (die Studie von Augenstein et al., 1987, bietet hier eine beispielhafte Symbiose von quantitativem Erhebungsdesign mit qualitativ evaluierten Gruppendiskussionen). Letztlich stellt keine der Herangehensweisen den Königsweg dar. Erst der Untersuchungsgegenstand sowie die jeweiligen Forschungziele ermöglichen die Auswahl und Bewertung einer Zugangsweise. Vor dem Hintergrund der oben genannten Ziele der vorliegenden Untersuchung stellt das quantitative Erhebungsformat ein sinnvolles Explorationsinstrument dar, dessen Ergebnisse idealerweise in zukünftigen Studien unter Zugrundelegung eines qualitativen Designs in einen tieferen Sinn- und Veständniszusammenhang gebettet werden sollten.

4.2.2 Zur Repräsentativität der Stichprobe

Bei der vorliegenden Stichprobe kann im strengen Sinn nicht von einer repräsentativen Stichprobe ausgegangen werden. Einschränkungen ergeben sich v.a. aus der Tatsache, dass die Auswahl der Probandinnen nicht zufallsbasiert stattfand. Bedingt durch die Rekrutierungswege und die mögliche Selbstselektion der Teilnehmerinnen besteht demnach eine anfallende Stichprobe. Es lässt sich folglich nicht ausschließen, dass die Stichprobenkennwerte nicht nur *un*systematisch vom Populationskennwert abweichen, sondern auch systematisch, da die Stichprobe eine andere Grundgesamtheit als die intendierte zugrunde gelegen haben mag. So wäre beispielsweise denkbar, dass sich gerade die unzufriedenen oder kritischeren Studierenden angesprochen fühlten und teilnahmen oder etwa die aktiveren (evtl. da unzufriedeneren) Fachschaften eine maßgebliche Rolle spielten, welche die Anfrage möglicherweise selektiv weiterleiteten.

Wenngleich die Repräsentativität einer Stichprobe nie endgültig sicher gestellt werden kann, wie u.a. Eid et al., (2013) festhalten, gibt es dennoch einige Anhaltspunkte, dass die vorliegende Stichprobe nicht stark von der Grundgesamtheit der Psychologiestudierenden in Präsenzstudiengängen abweicht. So entsprechen die Alters- und Geschlechterverteilungen den Befunden anderer Studien ähnlicher Jahre (Mutz & Daniel, 2008; Hertwig & Stoltzke, 2001; Handerer 2011; Schart, 2011). Auch fiel die Studienzufriedenheit verglichen mit ähnlichen Untersuchungen nicht unterdurchschnittlich aus, wie es bei einer oben beschriebenen Selektivität zu erwarten gewesen wäre. So mag es auf die neutrale und inhaltlich wertfreie Formulierung des Studienaufrufs (s. Anhang A) zurückzuführen sein, dass die Studienzufriedenheit sogar leicht über der anderer Untersuchungen lag (Handerer, 2011; Mallek, 2009; Schiefele & Jacob-Ebbinghaus, 2006). Darüber hinaus besteht die Möglichkeit, dass der Einbezug einer potentiellen Umstrukturierung der psychologischen Ausbildungssituation in die Untersuchung ein breites Spektrum an Studierenden angezogen hat, die primär aus Neugierde teilnahmen, weniger jedoch aus einer inhaltlichen Unzufriedenheit mit dem Psychologiestudium.

Die Aussagekraft der österreichischen Stichprobe kann im Gegensatz zur deutschen und schweizerischen Stichprobe jedoch nur sehr eingeschränkt gelten, da sie maßgeblich aus Studierenden der Universität Klagenfurt (als Repräsentantin der öffentlichen Hochschulen) und der privaten Siegmund-Freud-Universität Wien bestand. Hier sollten die Ergebnisse nicht über diese Hochschulen hinaus generalisiert werden, da gut möglich ist, dass besonders die Hochschule in Klagenfurt Unterschiede zu den anderen öffentlichen Hochschulen in Österreich aufweist. Einen Hinweis darauf gibt die Untersuchung Handerers (2011), der auch Studierende der Universität Wien einbezog. Diese unterschieden sich, anders als die Studierenden der Universität Klagenfurt, *nicht* maßgeblich von den Studierenden an deutschen Hochschulen. Zukünftige Studien sollten daher ein besonderes Augenmerk darauf legen, weitere öffentliche Hochschulen aus Österreich einzubeziehen, um die vorliegenden Befunde zu überprüfen und ggf. zu revidieren. Bezüglich der Schweiz gilt des Weiteren zu beachten, dass lediglich deutschsprachige Hochschulen in die Studie einbezogen wurden. Inwiefern sich diese von den restlichen Hochschulen der Schweiz unterscheiden, gilt es ebenfalls in zukünftigen Untersuchungen zu eruieren.

Ein weiteres wichtiges Kriterium für die kritische Bewertung der vorliegenden Studienergebnisse betrifft die Festlegung der Zielgruppe auf Hochschulen, die das Fach Klinische Psychologie im Curriculum aufwiesen. Damit fielen einige Fachhochschulen mit primär arbeits- und organisationspsychologischen Schwerpunkten heraus. Ebenso wurden Fernstudiengänge nicht berücksichtigt, die sich stark in den Lehrinhalten und der Zusammensetzung der Studierenden von den Präsenzstudiengängen unterscheiden (Frensch, 2013). Daraus folgt, dass sich die Ergebnisse der vorliegenden Untersuchung lediglich auf Studierende in Präsenzstudiengängen an Hochschulen mit dem Fach Klinische Psychologie im Curriculum übertragen lassen. Inwiefern sich diese von den wirtschaftspsychologischen Hochschulen, Fachhochschulen im Allgemeinen (die einzige deutsche Fachhochschule mit klinischem Profil reagierte nicht auf die mehrmalige Studieneinladung) und Fernstudiengängen unterscheiden, stellt eine weiterführende Fragestellung für zukünftige Studien dar.

Zusammenfassend gilt also festzuhalten, dass die vorliegenden Ergebnisse für eine Stichprobe von Psychologiestudierenden gelten, die sich nur mit einer gewissen Vorsicht auf die Grundgesamtheit der Psychologiestudierenden in Präsenzstudiengängen übertragen lässt. Nichtsdestotrotz sollten sie Anlass und Anreiz zur weiteren Hypothesengenerierung und einer Ausweitung der Stichprobe geben.

4.2.3 Zur Objektivität der Studie

Das Gütekriterium der Objektivität – definiert als die Unabhängigkeit der Testergebnisse und Schlussfolgerungen von den jeweiligen Bedingungen der Testdurchführung und -auswertung, insbesondere von den Studienleiterinnen (vgl. Krohne & Hock, 2007, S. 24 f) – gilt gemeinhin als eines der zentralen Kriterien psychologischer Forschung (Krohne & Hock, 2007). Da dieses Ideal sowohl den *Inhalt* dieser Untersuchung (im Sinne des akademischen Selbstverständnisses) als auch möglicherweise deren *Ausführung* tangiert, soll im Folgenden ausführlicher darauf eingegangen werden – zunächst auf die Durchführungsobjektivität und im Anschluss auf die Objektivität der Auswertung und Interpretation.

Wenngleich die Durchführungssituation selbst (die standardisiert und unbeeinflusst von der Studienleitung war) von einer hohen Durchführungsobjektivität gekennzeichnet war, deuten einige der qualitativen Bemerkungen der Teilnehmerinnen auf eine mögliche Beeinflussung der Antwortmuster hin, wie *„das Design ist meiner Ansicht nach insgesamt zu einseitig"* (TN 1260), *„Diese Studie und die einzelnen Fragen sind sehr voreingenommen gestellt"* (TN 1008), oder *„Manche Fragen sind suggestiv"* (TN 311). Tatsächlich soll (und muss) an dieser Stelle offengelegt werden, dass die vorliegende Arbeit aus einer kritischen Position gegenüber Einseitigkeiten in der psychologischen Forschung und Lehre heraus verfasst wurde. Unter Berücksichtung dessen und der unten diskutierten Unmöglichkeit der Werturteilsfreiheit in der Forschung wurden verschiedene Vorkehrungen getroffen, um die potentiell daraus resultierende Verzerrung der Teilnehmerinnenhaltungen weitestgehend zu reduzieren.

Zum einen kann die benannte Einseitigkeit als Einschränkung auf gewisse Aspekte verstanden werden, im vorliegenden Fall u.a. auf die Ein- bzw. Vielseitigkeit der Lehre im Fach Psychologie. Diese tatsächlich bestehende Einschränkung war auf die Unmöglichkeit zurückzuführen, „alle" relevanten Aspekte des Gegenstandsbereiches einzubeziehen. Umso wichtiger scheint es daher, die Befunde nicht über den Erhebungsrahmen hinaus zu interpretieren bzw. zu generalisieren. So gab bspw. TN 500 zwar einen Schwerpunkt der KVT an ihrer Hochschule an, bemerkte jedoch, dass sie dies für gut befinde, da ein Abdecken aller Therapierichtungen zu einer größeren Oberflächlichkeit des Wissens führen würde. Dementsprechend wäre die Folgerung *„dass alle Studierenden sich wünschen, die anderen verfahren [sic] würden intensiver behandelt"* ein *„unzulässiger Fehlschluss"* (TN 500). Damit benennt sie einen wichtigen Punkt und selbstverständlich wurde dieser Schluss aus der Frage nach dem Hochschulschwerpunkt nicht gezogen. Andere Fragen – wie die nach Veränderungswünschen oder der Zufriedenheit mit der Darstellung der Verfahren – hatten die Bewertung bzw. Wünsche der Studierenden explizit zum Thema und nur diese Fragen wurden dementsprechend interpretiert.

Zudem wurde der Fragebogen in einem Pretest von verschiedenen Kommilitoninnen bzw. Kolleginnen vor der Erhebung überprüft und die Items entfernt, die als potentiell suggestiv wahrgenommen wurden. Des Weiteren wurden vielzählige offene Kommentarfelder eingefügt (s.o.), um den Probandinnen die Möglichkeit zu geben, in den Fragestellungen implizit enthaltene Annahmen zu korrigieren. Dies schien bspw. beim Fragenblock zu den Wissensquellen der Therapieverfahren eine Rolle zu spielen. Hier wurden u.a. die Antwortanker „eher kurze Behandlung [...] im Rahmen einer Vorlesung" und „intensivere Auseinandersetzung [...] im Rahmen eines Seminars o. Ä. an der Uni" dargeboten. Wie einzelne Probandinnen anmerkten, erlangten sie ihr Wissen jedoch auch in *vertiefenden* Vorlesungen. Auf Grund dieser Klarstellungen wurde in der Interpretation die Behandlung eines Therapieverfahrens im Rahmen einer Vorlesung nicht mit einer „knappen" Thematisierung gleichgesetzt.

Darüber hinaus ist zu diskutieren, inwiefern eine offenkundige Stellungnahme der Autorin bzw. Entwicklerin der Untersuchung – welche sich in den Fragestellungen ausdrückt – eine entsprechende Verzerrung oder eine gegenteilige Haltung bzw. Reaktanzphänomene hervorruft. Der Argumentationslinie Handerers (2011) zufolge bietet eine offene Stellungnahme den Probandinnen die Möglichkeit, sich „rational und selbstbestimmt" (S. 127) zu dem dargestellten Sachverhalt zu äußern, im Gegensatz zu *scheinbar* wertneutralen Items, die häufig dennoch eine implizite Werthaltung beinhalten (s. Handerer, 2011, S. 125 für Beispiele). So sei „suggestiv [...] nur das vermeintlich ‚Gegebene', dem man naturgemäß nur zustimmen kann." (S. 129). Nach Ermessen der Autorin stellt die Frage nach dem differentiellen Einfluss von offenkundigen vs. (versucht) verdeckten Haltungen der Studienentwicklerinnen – sei es in den Fragestellungen oder durch eine vorangestellte Kenntlichmachung – ein interessantes Thema zukünftiger Untersuchungen dar.

Trotz dieser Vorkehrungen und wie auch obige Kommentare nahelegen ist die Gefahr der Voreingenommenheit und deren Auswirkungen in der vorliegenden Untersuchung wie auch in jeglichem Erhebungsrahmen nicht auszuschließen. Das bezieht sich nicht nur auf die Art der Fragestellungen, sondern auch auf die Objektivität der Auswertung. So kann zwar angenommen werden, dass die computerisierte und quantitative Auswertung der Daten an sich hinreichende Bedingung für eine hohe Auswertungsobjektivität darstellt (im Gegensatz zu qualitativen Verfahren, denen durch die „Notwendigkeit einer flexiblen [...] Handhabung methodischer Ansätze" (Kempf, 2006, S. 338) teilweise eine gewisse „Subjektivität" vorgeworfen wird, s. bspw. Roth, 1981).

Tatsächlich zeigt jedoch die Praxis, wie auch bei der quantitativen Auswertung interessengeleitete Entscheidungen getroffen werden können, welche die Ergebnisse maßgeblich beeinflussen. Ein Beispiel hierfür stellt die Metaanalyse von Dush, Hirt und Schroeder (1983) zur Wirksamkeit der sog. „self-statement modification therapy" nach Meichenbaum (1977) dar. Diese Autorengruppe nahm in ihrer Metaanalyse nicht nur eine Gruppierung nach einzelnen Verfahren vor, sondern auch danach, ob Meichenbaum als (Co-) Autor in der jeweiligen Untersuchung erschien oder nicht. Es zeigte sich, dass die Studien, an denen Meichenbaum beteiligt war, hohe Effektstärken für diese verhaltenstherapeutische Intervention im Gegensatz zu anderen Verfahren erzielten, nicht jedoch die Studien ohne Meichenbaum als Autor. Eine mögliche Erklärung hierfür (neben bspw. mangelnder Verfahrenstreue) stellt die Einstellung Meichenbaums selbst zur Verhaltenstherapie dar. So zeigt auch eine Studie von Mahoney (1977, zitiert nach Stangl, 1989), welche lediglich die *Richtung* von fingierten signifikanten Studienergebnissen variierte, dass beim „peer review" die Bewertungen maßgeblich von der Einstellung der Beurteilerinnen zur jeweiligen Theorie abhingen: Bestätigten die Ergebnisse die Haltung der Beurteilerinnen, wurden positive Urteile abgegeben, widersprachen sie hingegen „ihrer" Theorie, wurde die Arbeit abgelehnt (s. Stangl, 1989, S. 137). Diese Beispiele der psychologischen Forschungspraxis zeigen auf, dass entgegen der vehement eingeforderten Objektivität sowohl bei der Studienauswertung als auch bei der Publikation persönliche Werthaltungen eine maßgebliche Rolle spielen können.

In diese Richtung zielen auch wissenschaftstheoretische Überlegungen, denen zufolge nicht nur die Auswahl der Hypothesen und des zu untersuchenden Gegenstandsbereiches von Vorurteilen, Werthaltungen und subjektiven Interessen geprägt ist (s. Carrier, 2006), sondern darüber hinaus auch bei der Überprüfung der Hypothesen ein beträchtlicher Interpretationsspielraum besteht. So ist der sog. „Duhem-Quine-These" zufolge letztlich jede beliebige Hypothese angesichts beliebiger Daten aufrecht zu erhalten, wenn hinreichend drastische Anpassungen anderer Teile des zugehörigen theoretischen Systems vorgenommen werden (vgl. Carrier, 2006, S. 95). Dementsprechend sei der prägende Einfluss von epistemischen Werten auf das Wissen „nicht streitig" (ebd., S. 162) und „weitgehend einhellig akzeptiert, dass Logik und Erfahrung allein für die Auszeichnung von wissenschaftlichen Lehransätzen nicht hinreichen" (ebd.). Ebenso können soziale Werte Erwartungen hervorrufen, „die einem unklaren Datenmaterial gleichsam aufgeprägt werden und am Ende die Interpretation der Erfahrungsbefunde dominieren können" (ebd., S. 166).

Im Bereich der Sozialwissenschaften kommt noch verkomplizierend hinzu, dass der Mensch gleichsam „Subjekt und Objekt der Wissenschaft" ist (s. Habermas, 1982, S. 546), die Forscherin und die Erforschte also prinzipiell austauschbar sind (s. Stangl, 1989, S. XVII). Über diese bestehenden „menschlichen" Werthaltungen der Forscherinnen hinaus verhalten sich auch die beforschten Subjekte als Reaktion auf diese Werthaltungen (und deren Interpretationen) variabel (s. auch Stangls Diskussion der „doppelten sozialen Bindung" psychologischer Forschung, 1989, S. 31). Zudem wird seit der Antike kontrovers diskutiert, inwiefern es eine vom erkennenden Subjekt unabhängige ontologische Wirklichkeit gibt[17] und inwieweit diese, falls es sie geben sollte, dem Menschen als solche überhaupt anders als durch das „Erlebtwerden" zugänglich ist (Glasersfeld, 1985 S. 24; s. auch Glasersfeld, 1997 für eine umfassende Erörterung dieses Themas). Entsprechend dieser Ausführungen bezog bspw. Kuhn (1962) die „Rolle der sozialen Bedingungen der scientific community" (Stangl, 1989, S. 1) und damit den Einfluss gesellschaftlicher, wissenschaftshistorischer und politischer Konventionen sowie Werthaltungen auf die Wissenschaft explizit in seine Theorie des wissenschaftlichen Wandels ein.

Für die vorliegende Untersuchung bedeuten diese Überlegungen Folgendes: Wenn es sich nicht vermeiden lässt, dass die eigenen Werthaltungen einen Einfluss auf das Forschungsgeschehen ausüben, müssen diese zumindest konstant vergegenwärtigt, bewusst gemacht und reflektiert werden. So wurden bei jedem Entscheidungsschritt die eigenen Interessen reflektiert, um etwaige Auswirkungen auf das Auswertungs- und Interpretationsgeschehen zu entdecken und dem entgegenzuwirken. Dementsprechend wurden auch Entscheidungen getroffen und berichtet, die entgegen der ursprünglichen Hypothesen standen. Das transparente Berichten auch hypotheseninkonformer Befunde sowie die explizite Entscheidung gegen eine bestimmte Form der Datenfilterung (bspw. ein Datenmanagement, das letztlich die jeweilige Arbeitshypothese stützt), stellt *theoretisch* eine Selbstverständlichkeit dar. Die Analysen Stangls (1989) zur „Integrität" von Wissenschaftlerinnen legen jedoch nahe, dass dies in der gelebten praktischen Forschung keineswegs durchgängig umgesetzt wird (vgl. seine Ausführungen auf S. 139 f)[18].

---

[17] Watzlawick (1985) konstatierte in diesem Kontext, dass „sich die Annahme einer ‚wirklichen' Wirklichkeit nur in der Psychiatrie erhalten" habe (S. 71). Zu diskutieren wäre, inwiefern sich dieses Postulat auf das gesamte Gebiet der akademischen Psychologie ausweiten ließe.

[18] Folgendes Beispiel aus der vorliegenden Studie verdeutlicht die Notwendigkeit der Integrität von Wissenschaftlerinnen: In der Regressionsanalyse zeigten sich durchweg signifikante Effekte der Interaktion des Fachinteresses mit dem Wissenschaftsverständnis, wenn zusätzlich zu den Ist- und Diskrepanz-Werten die Soll-Werte eingingen. Diese Interaktionsbefunde entsprechen der Arbeitshypothese der Autorin. Da mit diesem Design jedoch geringfügige Multikollinearitätsprobleme entstanden wären, wurden die Soll-Werte (entgegen der inhaltlichen Intention der Autorin) aus der Analyse ausgeschlossen – auch wenn diese Multikollinearität von einer außenstehenden Leserin der Studie je nach Transparenz der Berichterstattung eventuell nicht nachvollziehbar gewesen wäre. Diese fehlende Überprüfbarkeit wissenschaftlicher Methoden und Ergebnisse verstärkt die Forderung nach einem transparenten und reflexiven wissenschaftlichen Dokumentations- und Publikationsprozess.

Nicht zuletzt wurde in der vorliegenden Untersuchung die oben erwähnte Motivation, die Studierenden zu einer Reflexion anzuregen, kritisch in Bezug auf mögliche Auswirkungen auf die Fragestellungen beurteilt. So kann die Reflexionsanregung als Folge der Thematisierung und Verbalisierung der Datenerhebung verstanden werden, wurde dem Erkenntnisinteresse aber bewusst untergeordnet.

Aus obigen Betrachtungen ergibt sich die Überlegung, auch in der akademischen Psychologie vermehrt zu diskutieren, welche Alternativen bestehen, wenn das Ideal der „klassischen" Objektivität und Wertneutralität nicht möglich oder wünschenswert ist – sei es aus den erwähnten *epistemologischen Gründen* (Gibt es eine von der Beobachterin unabhängige Wirklichkeit?, s. Glasersfeld, 2006; Reicht Empirie und Logik zur Bewertung wissenschaftlicher Theorien aus? s. Kuhn, 1962; Carrier, 2006), *ethischen Überlegungen* (Inwiefern wird eine sich nicht positionierende Wissenschaft zur Aufrechterhaltung bestehender Machtverhältnisse instrumentalisiert?, s. bspw. Stangl, 1989; Holzkamp, 1983; Brückner & Korzova, 1991) oder *praktischen Gründen* (wie der „publish or perish"-Mentalität der Forschung, s. Stangl, 1989, S. 136 oder der emotionalen und identitätskonstituierenden Involviertheit der Wissenschaftlerin in ihre Forschungsfragen, ebd., S. 133).

Alternative Ansatzpunkte können u.a. im Konzept der „reflexiven Psychologie" (Stangl, 1989, S. 350) gefunden werden, die ihre Interessen und „Intersubjektivitätsbeziehung zwischen Forscher und Erforschtem" (Holzkamp, 1983, S. 143) nicht leugnet, sondern transparent macht, reflektiert, offenlegt und zur Diskussion stellt (s. auch Habermas, 1982, Stangl, 1989). Wie Stangl (1989) konstatiert, erlangen „wir umso mehr objektives Wissen […], je mehr wir die subjektiven Komponenten bloßlegen (S. XVIII). Diese Transparenz würde auch durch die dadurch vereinfachte „wechselseitige Kontrolle und Kritik" die Absicherung gegen Verzerrungen verstärken (Carrier, 2006, S. 170). Ebenso stellen die Denk- und Forschungsansätze aus der Systemtheorie (s. Ochs & Schweitzer, 2012), der neueren Evaluationsforschung (s. Stockmann, 2000), dem (sozialen) Konstuktivismus (bspw. Stangl, 1989; Gergen, 1985) oder der Kritischen Psychologie (s. Holzkamp, 1985) wichtige Alternativen dar, welche versuchen, die Besonderheiten des psychologischen Forschungs-„Gegenstandes" einzubeziehen und epistemologische wie ethische Kritikpunkte aufzugreifen.

4.2.4 Zu sonstigen Limitationen

Einige weitere Diskussionspunkte wurden insbesondere durch die qualitativen Bemerkungen der Teilnehmerinnen deutlich. So wurde in der vorliegenden Untersuchung nicht hinreichend zwischen den Fächern Klinische Psychologie und beispielsweise Intervention, Krankheitslehre oder Beratungspsychologie differenziert – ein Spektrum, das sich insbesondere an den privaten Hochschulen im Curriculum finden lässt. Zukünftige Studien sollten hier eine Differenzierung vornehmen bzw. kenntlich machen, worauf genau sich die Fragestellungen beziehen, um eine hinreichend einheitliche Interpretation zu gewährleisten.

Ebenso bemängelten einige Teilnehmerinnen den Fokus der Studie auf die Klinische Psychologie. Obwohl die Fragenblöcke zu Lehrevaluation und Wissenschaftsverständnis fächerübergreifend ausgerichtet waren, lag der Schwerpunkt der restlichen Fragestellungen auf der derzeitigen klinischen Lehre, um daraus Schlussfolgerungen für mögliche Weiterentwicklungen ableiten zu können (wie bspw. hinsichtlich der Abspaltung eines separaten Studiengangs Psychotherapie). Wenngleich der Einbezug von wirtschaftspsychologischen Aspekten, neuropsychologischen Themen oder generell der Grundlagenfächer wünschenswert und sicher ergiebig gewesen wäre, hätte dies den Rahmen der sowieso schon sehr umfangreichen Studie gesprengt. So gilt auch hier, diese anderen Fachbereiche in zukünftigen Studien – sofern möglich – stärker einzubeziehen und Unterschiede wie Gemeinsamkeiten zu den vorliegenden Befunden herauszuarbeiten.

Ein letzter und äußerst relevanter Kritikpunkt, der sich mit den Nachteilen der quantitativen Forschung verschränkt (s.o.), zielt auf die Diversität der Lehre ab. So war nicht möglich, zwischen unterschiedlichen Lehrveranstaltungen, Fachbereichen, Dozentinnen und auch Hochschulen zu differenzieren und Unterschiede in den Erfahrungen mit verschiedenen Lehrveranstaltungen kenntlich zu machen, wie TN 1430 kritisch anmerkt: *„Psychologie als Studienfach ist sehr facettenreich und diese Fülle zu reduzieren halte ich für sehr schwierig bzw. teilweise unmöglich".* Dem ist sicher zuzustimmen. Auch wurde ein Studienortswechsel nicht berücksichtigt, womit teilweise Unklarheiten bestanden, auf welche Hochschule sich die Probandinnen beziehen sollten bzw. bezogen.

So ist bei der Bewertung der Ergebnisse und Schlussfolgerungen stets im Hinterkopf zu behalten, dass diese generalisierend an der Oberfläche bleiben, es immer Ausnahmen gibt und sich verschiedene Probandinnen in ihren Antworten auf unterschiedliche Aspekte der Psychologie bezogen haben können. Wegen der spezifischen Zielsetzungen der vorliegenden Arbeit (s.o.) wurde die mit der Quantifizierung und Ökonomie verbundene Generalisierung und dadurch mangelnde Spezifikationsmöglichkeit in Kauf genommen. Umso mehr besteht die Notwendigkeit, in der Zukunft diese quantitativen Befunde mit qualitativen zu unterfüttern und zu diversifizieren.

4.3 Fazit und Ausblick

Die vorliegende Untersuchung legt nahe, dass im gegenwärtigen Psychologiestudium an deutschen und schweizerischen öffentlichen Hochschulen eine als naturwissenschaftlich wahrgenommene Einseitigkeit der *methodologischen* Ausrichtung und des akademischen Selbstverständnisses besteht. Darüber hinaus und damit verbunden zeigt sich eine wahrgenommene *inhaltliche* Einseitigkeit im klinischen Bereich, die sich in einer kognitiv-verhaltenstherapeutischen Prädominanz äußert.

Dieser Befund ist hochrelevant für die psychologische Forschung und Ausbildungssituation, da die wahrgenommene methodologische und inhaltliche Enge im Kontrast zu den pluralistischeren Einstellungen der Studierenden steht und maßgeblich deren Zufriedenheit mit dem Studium zu beeinflussen scheint. Dieser Einfluss erweist sich als bedeutsamer als die in klassischen Studien untersuchten Prädiktoren der Lehrkompetenz, des Fachinteresses, der Autonomie, Praxisrelevanz und Studiendauer. Darüber hinaus gilt es, den tendenziell beobachteten Moderatoreffekt von der Diskrepanz des Wissenschaftsverständnisses auf den Zusammenhang von Fachinteresse und Studienzufriedenheit weiter zu untersuchen und zu diskutieren. So ist bei Studierenden mit einer großen Dissonanz zwischen dem eigenen und universitären Wissenschaftsverständnis der vielfach aufgezeigte positive Einfluss vom Fachinteresse auf die Studienzufriedenheit nur noch gering ausgeprägt. Dieser Befund legt nicht nur eine Revision und Erweiterung bisheriger Konzepte der Studienzufriedenheitsforschung nahe, sondern auch des Rahmens, in dem die Debatte um eine Umgestaltung der Ausbildungssituation geführt wird. Zu bedenken ist hierbei, dass Psychologiestudierende trotz ihres hohen psychologischen Fachinteresses durch ihr divergierendes Wissenschaftsverständnis desillusioniert, frustriert und potentiell von einem Beitrag zur psychologischen Forschung abgebracht werden könnten. Bereits 1987 gingen die Beobachtungen von Augenstein et al. (1987) in diese Richtung: „Eine hohe intrinsische Motivation für das Psychologie-Studium und eine hohe demokratische, sozial-politische Motivation werden im Verlauf des Studiums transformiert in Abwehr von Wissenschaft und Entpolitisierung" (S. 16). Inwiefern sich eine Wissenschaft dies leisten kann und möchte, sollte Gegenstand zukünftiger berufs- und hochschulpolitischer Diskussionen sein.

Über die (Un-) Zufriedenheit der Psychologiestudierenden hinaus muss sich die akademische Psychologie fragen, wie sie die Zukunft ihres Fachs und nicht zuletzt dessen Beitrag zur Gesellschaft gestalten möchte. Wie Jaeggi (1987) konstatiert, ist die Universität „ihrer Bestimmung nach einer der zentralen Orte der Kulturproduktion und -vermittlung." (S. 100). Dies mag insbesondere für das Fach der Psychologie gelten, die sich nach der Duden-Definition (2013) als „Wissenschaft von den bewussten und unbewussten psychischen Vorgängen, vom Erleben und Verhalten des Menschen" verstehen lässt und damit noch augenscheinlicher als andere Disziplinen mit der menschlichen Gesellschaft und Kultur verknüpft ist.

Letztlich geht es um die Frage, ob die akademische Psychologie zukünftige Psychologinnen ausbilden möchte,

... die methodisch primär hinsichtlich naturwissenschaftlich-experimenteller Forschungszugänge versiert sind oder auch sozial-, kultur- und geisteswissenschaftliche Wege beschreiten können.

... die „Native Speakers" in einzelnen therapeutischen Disziplinen sind oder mehrere psychotherapeutische Sprachen und Dialekte beherrschen (Fischer et al., 2009, S. 15).

... denen ein „einheitliches Kerncurriculum" vermittelt wird, „das in erster Linie aus methodischen Fächern besteht" (DGPs, 2005, S. 8) oder die eine breite Ausbildung hinsichtlich des „Wissens um die Wirklichkeit des Lebens der Menschen" erfahren (Grubitzsch, 1993, S. 25).

... deren Bild von Psychologie „sogleich zu Beginn des Studiums [...] in Richtung auf die akademische Psychologie [...] korrigier[t]" wird (Witte & Brasch, 1991, S. 207) oder deren vielfältige Bilder respektiert, diskutiert, reflektiert und bunt weiterentwickelt werden können.

...die „monokulturell" sozialisiert oder in den psychotherapeutischen Traditionen „multikulturell bewandert" sind (Fischer et al., 2009, S. 15).

... welche die Psychologie als aus einem Tuch gewebt wahrnehmen oder ihr eine „Patchwork-Identität" (Bergold, 2008, S. 14) bescheinigen, die es zu reflektieren und gestalten gilt.

Die Neukonzeption des Studiengangs Psychotherapie (-wissenschaft) – so sie Wirklichkeit werden sollte – wird zumindest für den klinischen Bereich eine Antwort geben. Und damit maßgeblich die Zukunft des Faches gestalten.

Literaturverzeichnis

AG Ausbildung in der DGPT (Hrsg.). (2009). *Psychoanalytische Ausbildung und Forschungsgutachten – Langfassung – Überlegungen und Standortbestimmung im Umfeld des Forschungsgutachtens*. Abgerufen am 08.02.2014 von http://dgpt.de/fileadmin/download/Aus-_Weiterbildung/DGPT_zu_Psych_Ausb_und_Forschungsgutachten.pdf#page=43

Arbeitsgemeinschaft Online Forschung e. V. (2013). *Internet facts 2013 – 12*. Abgerufen am 14.02.2014 von www.agof.de/download/Downloads_Internet_Facts/Downloads_Internet_Facts_2013/Downloads_Internet_Facts_2013-12/12-2013%20AGOF%20internet%20facts%202013-12.pdf

Aldridge, S., & Rowley, J. (1998). Measuring customer satisfaction in higher education. *Quality Assurance in Education, 6*(4), 197–204.

Allesch, C. G. (2001). Interdisziplinarität und „Einheit der Psychologie" - ein Widerspruch? *Psychologie und Geschichte, 9*(3/4), 85–104.

Allesch, C. G. (2004). Erfahren - Erspüren -Ersinnen: Über das Ästhetische als zentrales Thema einer humanwissenschaftlich orientierten Psychologie. In G. Jüttemann (Hrsg.), *Psychologie als Humanwissenschaft. Ein Handbuch* (S. 318–329). Göttingen: Vandenhoeck & Ruprecht.

Andreß, H.-J., Hagenaars, J. A., & Kühnel, S. (1997). *Analyse von Tabellen und kategorialen Daten*. Berlin: Springer.

Apenburg, E. (1980). *Untersuchungen zur Studienzufriedenheit in der heutigen Massenuniversität*. Frankfurt/Main: P.Lang

Appleton-Knapp, S. L., & Krentler, K. A. (2006). Measuring Student Expectations and Their Effects on Satisfaction: The Importance of Managing Student Expectations. *Journal of Marketing Education, 28*(3), 254–264. doi:10.1177/0273475306293359

Aschenbach, G., Billmann-Mahecha, E., Straub, J., & Werbik, H. (1983). Das Problem der Konsensbildung und die Krise der „nomothetischen Psychologie". In G. Jüttemann (Hrsg.), *Psychologie in der Veränderung. Perspektiven für eine gegenstandsangemessene Forschungspraxis* (S. 103–144). Weinheim: Beltz.

Augenstein, J., Beller J., & Vogel S. (1987). *Das Wissenschaftsverständnis von Studierenden: eine explorative Studie zur Quantifizierung des Wissenschaftsbegriffes und zu den Verarbeitungsmechanismen im Verlauf des Studiums. Unveröffentlichte Diplomarbeit*. Universität Konstanz, Konstanz.

Backhaus, K., Erichson, B., Plinke, W., & Weiber, R. (2000). *Multivariate Analysemethoden: Eine anwendungsorientierte Einführung* (9. Aufl.). Berlin, Heidelberg: Springer.

Bagozzi, R. P. (1980). *Causal Models in Marketing*. New York: John Wiley & Sons Inc.

Barthel, Y., Lebiger-Vogel, J., Zwerenz, R., Beutel, M. E., Leuzinger-Bohleber, M., Rudolf, G., … (2010). Kandidaten in psychotherapeutischer Ausbildung: Zugang und Zufriedenheit. *Forum der Psychoanalyse, 26*(1), 87–100. doi:10.1007/s00451-010-0031-y

Barthel, Y., Lebiger-Vogel, J., Zwerenz, R., Beutel, M. E., Leuzinger-Bohleber, M., Rudolf, G., … (2011). Motive zur Berufswahl Psychotherapeut. *Psychotherapeutenjournal, 4*.

Bataller Bautista, I. (2009). Experimentelle Psychologie und Psychoanalyse in ihrer Beziehung zur Universität: Ein geschichtlicher Exkurs über Grenzen und Chancen. In AG Ausbildung in der DGPT (Hrsg.), *Psychoanalytische Ausbildung und Forschungsgutachten – Langfassung –. Überlegungen und Standortbestimmung im Umfeld des Forschungsgutachtens* (S. 51–56).

Baumann, U. (1995). Bericht zur Lage der deutschsprachigen Psychologie 1994 - Fakten und Perspektiven. *Psychologische Rundschau*, (46), 3–17.

Baumann, U. (1999). Wie einheitlich ist die Psychologie? *Psychotherapeut, 44*, 360–366.

Bergold, J. B. (1994). Des Kaisers neue Kleider oder der neue Methodenstreit in der Psychologie. In A. Schorr (Hrsg.), *Die Psychologie und die Methodenfrage: Reflexionen zu einem zeitlosen Thema* (S. 22–35). Göttingen: Hogrefe.

Bergold, J. B. (2008). Zurück in den Elfenbeinturm! Psychologiestudium ohne Praxis? *Journal für Psychologie, 16*(1).

Billmann-Mahecha, E. (2001). Kann über die Methodenfrage die „Einheit" der Psychologie gerettet werden? Zur Geschichte der Methodendiskussion im 20. Jahrhundert. *Psychologie und Geschichte, 9*(3), 117–127.

Birnbaum, M. H. (2004). Human Research and Data Collection via the Internet. *Annual Review of Psychology, 55*(1), 803–832. doi:10.1146/annurev.psych.55.090902.141601

Bissegger, M., Ehrhardt-Rößler, H., Florschütz-Mengedoth, T., Gevecke, J., Haus, R., Hütter, G., & ... Wolfram, I. (1998). Kasseler Thesen zur Musiktherapie der Bundesarbeitsgemeinschaft für Musiktherapie. *Musiktherapeutische Umschau, 3.*

Blüthmann, I. (2012). Individuelle und studienbezogene Einflussfaktoren auf die Studienzufriedenheit von Bachelorstudierenden. *Zeitschrift für Erziehungswissenschaft, 15*(2), 273–303.

Bortz, J. (1993). *Statistik für Sozialwissenschaftler* (4. Aufl.). Berlin: Springer.

Brosius, F. (1998). *SPSS 8 Professionelle Statistik unter Windows* (1. Aufl.). Bonn: MITP-Verlag

Brückner, P., & Korzova, A. (1972). *Was heißt Politisierung der Wissenschaft und was kann sie für die Sozialwissenschaften heißen?* Frankfurt am Main: Europäische Verlagsanstalt.

Bruggemann, A., Groskurth, P., & Ulich, E. (1975). *Arbeitszufriedenheit.* Bern: Huber.

Bruns, G., & Loetz, S. (2005). Die Repräsentanz der Psychoanalyse an der Universität – eine Unentschiedenheit der Psychoanalytiker. *Psychoanalyse - Texte zur Sozialforschung, 17*(2), 142–164.

Buchholz, M. B. (2003). Empirische Forschung und professionelle Psychotherapie – ein nicht-hierarchisches Verhältnis. In M. Thielen (Hrsg.), *Praxis und Wissenschaft. Podiumsdiskussion zur wissenschaftlichen Anerkennung von Psychotherapieverfahren der Psychotherapeutenkammer Berlin* (S. 6–10).

Bühl, A. (2012). *SPSS 20 - Einführung in die moderne Datenanalyse* (13. Aufl.). München: Pearson.

Bühner, M. (2010). *Einführung in die Test- und Fragebogenkonstruktion* (3. Aufl.). München: Pearson.

Coan, R. W. (1968). Dimensions of psychological theory. *American Psychologist, 23*(10), 715–722.

Conway, J. B. (1992). A world of differences among psychologists. *Canadian Psychology, 33*(1), 1–24.

Damrath, C. (2006). Studienzufriedenheit — Modelle und empirische Befunde. In U. Schmidt (Hrsg.), *Übergänge im Bildungssystem* (S. 227-293). Wiesbaden: VS Verlag für Sozialwissenschaften.

DeCarlo, L. (1997). On the Meaning and Use of Kurtosis. *Psychological Methods, 2*(3), 292–307.

Deutsche Gesellschaft für Psychologie e. V. (2005). *Empfehlungen der Deutschen Gesellschaft für Psychologie e.V. (DGPs) zur Einrichtung von Bachelor- und Masterstudiengängen in Psychologie an den Universitäten (Revision)* Abgerufen am 08.02.2014 von http://www.dgps.de/_download/2005/BMEmpfehlung DGPs-rev.pdf

Dörner, D. (1983). Empirische Psychologie und Alltagsrelevanz. In G. Jüttemann (Hrsg.), *Psychologie in der Veränderung. Perspektiven für eine gegenstandsangemessene Forschungspraxis* (S. 13–29). Weinheim: Beltz.

Dörner, D., & Lantermann, E. (1991). Experiment und Empirie in der Psychologie. In K. Grawe, R. Hänni, N. Semmer, & F. Tschan (Hrsg.), *Über die richtige Art, Psychologie zu betreiben* (S. 37–57). Göttingen: Hogrefe.

Dush, D. M., Hirt, M. L., & Schroeder, H. (1983). Self-Statement Modification With Adults: A Meta-Analysis. *Psychological Bulletin, 94*(3), 408–422.

Edwards, J. R. (1993a). Problems with the use of profile similarity indices in the study of congruence in organizational research. *Personnel Psychology, 46.*

Edwards, J. R., & Parry, M. (1993b). On the use of polynomial regression as an alternative to difference scores in organizational research. *Academy of Management Journal, 36*(6), 1577–1613.

Edwards, J. R., Caplan, R. D., & Harrison, R. V. (1998). Person-Environment Fit Theory: Conceptual Foundations, Empirical Evidence, and Directions for Future Research. In C. L. Cooper (Ed.), *Theories of organizational stress* (pp. 28–67). Oxford: Oxford University Press.

Edwards, J. R. (2001). Ten Difference Score Myths. *Organizational Research Methods, 4*(3), 265–287. doi:10.1177/109442810143005

Eichenberg, C., Müller, K., & Fischer, G. (2007). Die Motivation zur Berufswahl Psychotherapeut/in: Ein Vergleich zwischen Schülern, Studierenden und (angehenden) Psychotherapeuten. *Zeitschrift für Psychotraumatologie, Psychotherapiewissenschaft und Psychologische Medizin, 5*(2).

Eid, M., Gollwitzer, M., & Schmitt, M. (2013). *Statistik und Forschungsmethoden* (3. Aufl.). Weinheim: Beltz.

Elias, N., & Scotson, J. (1990). *Etablierte und Außenseiter.* Frankfurt/Main: Suhrkamp.

Evers, A. (2001). The Revised Dutch Rating System for Test Quality. *International Journal of Testing, 1*(2), 155–182.

Faas, T. (2006). Online-Umfragen: Potenziale und Probleme. In K.-S. Rehberg (Hrsg.), *Soziale Ungleichheit, kulturelle Unterschiede: Verhandlungen des 32. Kongresses der Deutschen Gesellschaft für Soziologie in München 2004* (S. 4815–4825). Frankfurt: Campus.

Fahrenberg, J.(2006). *Annahmen über den Menschen. Eine Fragebogenstudie mit 800 Studierenden der Psychologie, Philosophie, Theologie und Naturwissenschaften.* Abgerufen am 14.02.2014 von http://psydok. sulb.uni-saarland.de/volltexte/2007/984/

Fahrenberg, J. (2007). *Menschenbilder. Psychologische, biologische, interkulturelle und religiöse Ansichten. Psychologische und Interdisziplinäre Anthropologie.* e-book. Abgerufen am 14.02.2014 von http://psydok.sulb.uni- saarland.de/volltexte/2007/981

Fahrenberg, J. (2012). Die Funktion von Menschenbildern – Forschungsaufaben der empirischen Psychologie. In H. G. Petzold (Hrsg.), *Die Menschenbilder in der Psychotherapie. Interdisziplinäre Perspektiven und die Modelle der Therapieschulen* (S. 107–148). Wien: Krammer.

Festinger, L. (1957). *A theory of cognitive dissonance.* Evanston Ill.: Row Peterson.

Fiedler, P. (Hrsg.). (2012). *Die Zukunft der Psychotherapie: Wann ist endlich Schluss mit der Konkurrenz?* Berlin, Heidelberg: Springer-Verlag.

Fischer, G., & Eichenberg, C. (2006). Zukunftschancen der psychodynamischen Therapie an der Universität. *Zeitschrift für Psychotraumatologie, Psychotherapiewissenschaft und Psychologische Medizin, 4*(1).

Fischer, G., Eichenberg, C., & van Gisteren, L. (2009). *Warum eine eigenständige Psychotherapiewissenschaft dringend gebraucht wird: Gegen Trivialisierung und Bildungsverlust der Psychotherapie.* Kröning: Asanger, Sonderdruck ZPPM.

Fischer, G., & Möller, H. (2006). *Psychodynamische Psychologie und Psychotherapie im Studiengang Psychologie. Vergangenheit - Gegenwart – Zukunft: Kritischer Kommentar zur Festschrift anlässlich des 100jährigen Jubiläums der Deutschen Gesellschaft für Psychologie DGPs.* Kröning: Asanger.

Fischer, L. (Hrsg.). (1991). *Arbeitszufriedenheit - Forschungsziele und -perspektiven.* Stuttgart: Verlag für Angewandte Psychologie.

Fisch, R., Orlik, P., & Saterdag, H. (1970). Warum studiert man Psychologie? *Psychologische Rundschau, 21,* 239–256.

Fishbein, M., & Ajzen, I. (1975). *Belief, attitude, intention, and behavior.* Reading, MA: Addison-Wesley.

Fisher, R. A. (1912). An absolute criterion for fitting frequency curves. *Messenger of Math, 41,* 155–160.

Fliegener, B. (2003). Zur Debatte um die wissenschaftliche Anerkennung von Psychotherapieverfahren. In M. Thielen (Hrsg.), *Praxis und Wissenschaft. Podiumsdiskussion zur wissenschaftlichen Anerkennung von Psychotherapieverfahren der Psychotherapeutenkammer Berlin* (S. 17–21).

Frank, A. (1987). Wissenschaftsbilder von Studienanfängerinnen. In W. Habel, R. v. Lüde, S. Metz-Göckel, & E. Steuer (Hrsg.), *Blockierte Zukunft. Reaktionen von Studierenden und Lehrenden. Beiträge zur AHD-Jahrestagung 1986: Hochschulausbildung und Arbeitsmarkt* (S. 50–59). Weinheim: Deutscher Studien Verlag.

Frank, A. (1990). *Hochschulsozialisation und akademischer Habitus: Eine Untersuchung am Beispiel der Disziplinen Biologie und Psychologie.* Weinheim: Deutscher Studien Verlag.

Frensch, P. A. (2013). Zur Lage der Psychologie als Fach, Wissenschaft und Beruf: Erste Entwicklungstendenzen nach Einführung der Bologna-Reform. *Psychologische Rundschau, 64*(1), 1–15.

Frick, A., Bächtiger M.T., & Reips. U.-D-. (1999). Financial incentives, personal information and dropout rate in online studies. *Dimensions of Internet science,* 209–219.

George, D., & Mallery, P. (2003). *SPSS for Windows Step by Step: A Simple Guide and Reference 11.0 Update* (4. Aufl.). Boston, Ma: Allyn & Bacon.

Gergen, K. J. (1985). The social constructionist movement in modern psychologie. *American Psychologist, 40*(3), 266–275.

Glasersfeld, E. v. (1985). Konstruktion der Wirklichkeit und des Begriffs der Objektivität. In H. Gumin & A. Mohler (Hrsg.), *Einführung in den Konstruktivismus* (S. 1–26). München: Oldenbourg.

Glasersfeld, E. v. (1997). *Radikaler Konstruktivismus: Ideen, Ergebnisse, Probleme* (1. Aufl.). Frankfurt am Main: Suhrkamp.

Graumann, C. F. (1991). Wiederannäherung der Psychologie. In K. Grawe, R. Hänni, N. Semmer, & F. Tschan (Hrsg.), *Über die richtige Art, Psychologie zu betreiben* (S. 3–12). Göttingen: Hogrefe.

Grawe, K. (1995). Grundriss einer allgemeinen Psychotherapie. *Psychotherapeut, 40,* 130–145.

Grawe, K., Donati, R., & Bernauer, F. (1994). *Psychotherapie im Wandel: Von der Konfession zur Profession* (3. Aufl.). Göttingen, Bern, Toronto, Seattle: Hogrefe.

Greve, W., & Greve G. (2009). Psychotherapie in Zeiten des Wandels: Einheit in Vielfalt. *Psychotherapeutenjournal, 8*(4), 366–372.

Groeben, N. (2006). Gibt es Wege aus der selbstverschuldeten Irrelevanz des qualitativen Offstreams? *Forum: Qualitative Sozialforschung, 7*(4).

Groeger, W. M. (2006). Psychotherapie-Ausbildung im Rahmen der Bachelor-/Masterstudienreform. Was sich alles ändert, wenn sich nichts ändert – und wie sich das ändern lässt. *Psychotherapeutenjournal, 5*(4), 340–352.

Groeger, W. M. (2008). *Approbation und Fachkunde – welches Ziel braucht welche Struktur?* Symposium „Zukunft der Psychotherapieausbildung", Berlin.

Gruber, T., & Voss, R. (2006). Grundlagen und Erfassung des Konzeptes der Studienzufriedenheit unter Einbezug eines Best Practice Beispiels. In R. Voss & T. Gruber (Hrsg.), *Wissenschafts- und Hochschulmanagement: Vol. 5. Hochschulmarketing* (S. 75–100). Lohmar-Köln: Josel Eul Verlag.

Grubitzsch, S. (1993). Das wirkliche Leben pulsiert woanders. Gedanken zum Theorie-Praxis-Problem in der PsychologInnen-Ausbildung. *Journal für Psychologie, 1*(2), 15–26.

Günther, U. (2002). Psychologie an Fachhochschulen und ihr Ort im Hochschulsystem. In H. Bock (Hrsg.), *„Kommunikationspsychologie – Berichte über die 3. Internationale Tagung für Psychologie an Fachhochschulen (12.-14.7.2001)".* Görlitz: edition-kib.

Habermas, J. (1982). *Zur Logik der Sozialwissenschaften* (5. Aufl.). Frankfurt am Main: Suhrkamp.

Handerer, J. (2011). *Die Psychologie als Wissenschaft und Studienfach. Eine (Selbst)-Befragung zum Fachverständnis und zur Studienzufriedenheit. Unveröffentlichte Diplomarbeit.* Bayerische Julius-Maximilians-Universität Würzburg, Würzburg.

Hasenberg, S., & Schmidt-Atzert, L. (2013). Die Rolle von Erwartungen zu Studienbeginn: Wie bedeutsam sind realistische Erwartungen über Studieninhalte und Studienaufbau für die Studienzufriedenheit? *Zeitschrift für Pädagogische Psychologie, 27*(1), 87–93. doi:10.1024/1010-0652/a000091

Hasselhorn, M. (2009). Zur Lage der Psychologie als Fach, Beruf und Wissenschaft. *Psychologische Rundschau, 60*(1), 1–7. doi:10.1026/0033-3042.60.1.1

Heckhausen, H. (1983). Zur Lage der Psychologie. *Psychologische Rundschau, 34*(1), 1–20.

Heidelberger Arbeitsgruppe zur Erneuerung der Psychologie. (1994). Das Psychologiestudium der Zukunft oder: Was wir noch immer zu träumen wagen. *Journal für Psychologie, 2*, 71–79.

Heise, E., Westermann, R., Spies, K., & Schiffler, A. (1997). Studieninteresse und berufliche Orientierungen als Determinanten der Studienzufriedenheit. *Zeitschrift für Pädagogische Psychologie, 11*(2), 123–132.

Heise, E., Westermann, R., Spies, K., & Rickert M. (1999). Zum Einfluss von Studienzielen und Wertorientierungen auf die allgemeine Studienzufriedenheit. *Empirische Pädagogik, 13*, 231–251.

Herrmann, T. (1991). Über die Verabsolutierung des Selbstgemachten. Polemisches zur „richtigen Psychologie". In K. Grawe, R. Hänni, N. Semmer, & F. Tschan (Hrsg.), *Über die richtige Art, Psychologie zu betreiben* (S. 25–36). Göttingen: Hogrefe.

Hertwig, R. & Stoltzke, A. (2001). *Beweggründe Psychologie zu studieren. Unterliegen sie einem zeitlichen Wandel oder sind sie fachspezifisch.* Unveröffentliches Manuskript. Abgerufen am 08.02.2014 von https://www.mpib-berlin.mpg.de/volltexte/institut/dok/full/hertwig/hrbew__01/hrbew__01.html

Hiemisch, A., Westermann, R., & Michael, A. (2005). Die Abhängigkeit der Zufriedenheit mit dem Medizinstudium von Studienzielen und ihrer Realisierbarkeit. *Zeitschrift für Psychologie, 213*(2), 97–108. doi:10.1026/0044-3409.213.2.97

Hoffmann, S. O., & Schüßler, G. (1999). Wie einheitlich ist die psychodynamisch/psychoanalytisch orientierte Psychotherapie? *Psychotherapeut, 44*, 367–373.

Hofmann, H., Schmatz, S., & Stiksrud, A. (1992). Defizite erfolgreicher Studenten? Studienorientierungen erfolgloser und erfolgreicher Psychologiestudenten. *Psychologie in Erziehung und Unterricht, 39*, 214–220.

Hofmann, H., & Stiksrud, A. (1993). Wege und Umwege zum Studium der Psychologie III. *Psychologische Rundschau,* (44), 250–256.

Holland, J. L. (1997). *Making vocational choices: A theory of vocational personalities and work environments* (3. Aufl.). Odessa, FL, US: Psychological Assessment Resources.

Holzkamp, K. (1972). *Kritische Psychologie: Vorbereitende Arbeiten.* Frankfurt am Main: Fischer.

Holzkamp, K. (1983). Der Mensch als Subjekt wissenschaftlicher Methodik. In K. Braun, Hollitscher W., K. Holzkamp, & K. Wetzel (Hrsg.), *Karl Marx und die Wissenschaft vom Individuum. Bericht von der 1. internationalen Ferienuniversität Kritische Psychologie vom 7.12. März 1983 in Graz.* (S. 120–166). Marburg: Verlag Arbeiterbewegung und Gesellschaftswissenschaften.

Holzkamp, K. (1985a). Grundkonzepte der Kritischen Psychologie. In K. Meissner (Hrsg.), *Gestaltpädagogik - Fortschritt oder Sackgasse?* (S. 31–38). Berlin: Edition Diesterweg Hochschule.

Holzkamp, K. (1985b). *Grundlegung der Psychologie.* Frankfurt am Main: Campus Verlag.

Hosmer, D. W., Lemeshow, S., & Sturdivant, R. (2013). *Applied Logistic Regression* (3rd ed.). New Jersey: Wiley.

Huber, L. (1991). Sozialisation in der Hochschule. In K. Hurrelmann & D. Ulich (Hrsg.), *Neues Handbuch der Sozialisationsforschung* (4. Aufl., S. 417–441). Weinheim: Beltz.

Irle, M. (1979). Zur Lage der Psychologie. In L. H. Eckensberger (Hrsg.), *Bericht über den 31. Kongreß der Deutschen Gesellschaft für Psychologie in Mannheim 1978* (S. 1-23). Göttingen: Hogrefe.

Jaeggi, E. (1987). *Psychologie und Alltag*. München: Piper.

Janssen, J., & Laatz, W. (2013). *Statistische Datenanalyse mit SPSS - eine anwendungsorientierte Einführung in das Basissystem und das Modul Exakte Tests* (8. Aufl.). Berlin, Heidelberg: Springer.

Jöreskog, K. G., & Moustaki, I. (2001). Factor Analysis of Ordinal Variables: A Comparison of Three Approaches. *Multivariate Behavioral Research, 36*(3), 347–387.

Jüttemann, G. (Hrsg.). (1983). *Psychologie in der Veränderung: Perspektiven für eine gegenstandsangemessene Forschungspraxis*. Weinheim: Beltz.

Jüttemann, G. (1994). Die Entstehung einer neuen Identität grundlagenwissenschaftlicher Psychologie. In A. Schorr (Hrsg.), *Die Psychologie und die Methodenfrage: Reflexionen zu einem zeitlosen Thema* (S. 89–103). Göttingen: Hogrefe.

Jüttemann, G. (Hrsg.). (2004). *Psychologie als Humanwissenschaft: Ein Handbuch*. Göttingen: Vandenhoeck & Ruprecht.

Kaiser, H. F. (1974). An index of factorial simplicity. *Psychometrika, 39*(1).

Kaplan, S. (1983). A model of person-environment compatability. *Environment and Behavior, 15*(3), 311–332.

Kempf, W. (2006). *Forschungsmethoden der Psychologie: Zwischen naturwissenschaftlichem Experiment und sozialwissenschaftlicher Hermeneutik*. Band I: Theorie und Empirie (2. Aufl.). Berlin: Regener.

Kimble, G. A. (1984). Psychology's two cultures. *American Psychologist, 39*(8), 833–839.

Kintzel, R. (1992). Das Studium der Psychologie - eine Anleitung zum Unglücklichsein? Erfahrungen aus einem teilautonomem Studienprojekt. *Journal für Psychologie, 1*, 69–70.

Klages, H. (1984). *Wertorientierung im Wandel: Rückblick, Gegenwartsanalyse, Prognosen*. Frankfurt/Main: Campus

Klix, F. (1991). Gedanken über die „richtige Art Psychologie zu betreiben". In K. Grawe, R. Hänni, N. Semmer, & F. Tschan (Hrsg.), *Über die richtige Art, Psychologie zu betreiben* (S. 13–23). Göttingen: Hogrefe.

Kornadt, H.-J. (1985). Zur Lage der Psychologie. *Psychologische Rundschau, 18*(1), 1–15.

Kristof, A. L. (1996). Person-organization fit: an integrative review if its conceptualizations, measurement, and implications. *Personnel Psychology, 49*, 1–49.

Kristof-Brown, A., Zimmerman, R., & Johnson, E. (2005). Consequences of individuals' fit at work: A meta-analysis of person–job, person–organization, person–group, and person–supervisor fit. *Personnel Psychology, 58*, 281–342.

Kriz, J. (2007a). *Grundkonzepte der Psychotherapie* (6. Aufl.). Weinheim: Beltz.

Kriz, J. (2007b). Die Notwendigkeit einer sinnorientierten humanistischen Perspektive im Spektrum heutiger Psychotherapie-Diskurse. *Existenz und Logos, 15*(15), 42–48.

Krohne, H. W., & Hock, M. (2007). *Psychologische Diagnostik: Grundlagen und Anwendungsfelder*. Stuttgart: Kohlhammer.

Krüger, H.-J. (1986). *Studium und Krise: Eine empirische Untersuchung über studentische Belastungen und Probleme*. Frankfurt/Main: Campus-Verlag.

Kuhn, T. S. (1962). *Die Struktur wissenschaftliche Revolutionen* (1. Aufl.). Frankfurt am Main: Suhrkamp.

Kuhr, A., & Vogel, H. (2009). Verfahrensorientierung im Psychotherapeutengesetz - ist die Zeit reif für eine integrative psychotherapeutische Ausbildung? *Psychotherapeutenjournal*, (4), 373–376.

Lakotta, B. (2002). Psychologie-Studium - Harte Fakten statt Seelenkunde. *UniSPIEGEL*, (6).

Laucken, U. (1994). Über die diagnostische Tauglichkeit der Prinzschen Differenzen zur Unterscheidung zweier Kulturen der Psychologie. Kommentar zu: Wolfgang Prinz, „Fünf Thesen zur sogenannten Erneuerung der sogenannten Psychologie". In A. Schorr (Hrsg.), *Die Psychologie und die Methodenfrage: Reflexionen zu einem zeitlosen Thema* (S. 12–17). Göttingen: Hogrefe.

Laucken, U. (2003). Über die semantische Blindheit einer neurowissenschaftlichen Psychologie. Oder: Was hätte uns eine so gewendete Psychologie zum „Dialog der Kulturen" zu sagen? *Journal für Psychologie, 11*(2), 149–175.

Lebiger-Vogel, J., Barthel, Y., Beutel, M. E., Rudolf, G., Schwarz, R., Zwerenz, R., & Leuzinger-Bohleber, M. (2009). „Da wirst du ja auch bekloppt bei" Zum psychotherapeutischen Weiterbildungsinteresse Studierender. *Forum Psychoanalyse, 25*, 283–297.

Legewie, H. (1991). Krise der Psychologie oder Psychologie der Krise? *Psychologie und Gesellschaftskritik, 15*(1), 13–29.

Liebau, E., & Huber, L. (1985). Die Kulturen der Fächer. *Neue Sammlung, 25*(3), 314–339.

Linting, M., Meulman, J. J., Groenen, P. J. F., & van der Koojj, A. J. (2007). Nonlinear principal components analysis: Introduction and application. *Psychological Methods, 12*(3), 336–358. doi:10.1037/1082-989X.12.3.336

Lipsey, M. (1974). Research and Relevance: A Survey of Graduate Students and Faculty in Psychology. *American Psychologist, 29*, 541–553.

Loetz, S. (2009). Zur gegenwärtigen Lage an den Universitäten. In AG Ausbildung in der DGPT (Hrsg.), *Psychoanalytische Ausbildung und Forschungsgutachten – Langfassung –. Überlegungen und Standortbestimmung im Umfeld des Forschungsgutachtens* (S. 43–50). Abgerufen am 08.02.2014 von http://dgpt.de/fileadmin/download/Aus-_Weiterbildung/DGPT_zu_Psych_Ausb_und_Forschungsgutachten.pdf#page=43

Lück, C. (2012). *Religion studieren. Eine bundesweite empirische Untersuchung zu der Studienzufriedenheit und den Studienmotiven und- belastungen angehender Religionslehrer/innen. Forum Theologie und Pädagogik.* Berlin: Lit Verlag.

Ludewig, K. (2003). *Systemische Therapie in Deutschland.* Unveröffentlichter Aufsatz. Abgerufen am 08.02.2014 unter http://kurtludewig.de/Downloads/11%20SystTh%20BRD%202003.pdf

Lüer, G. (1991). Psychologie im Spiegel ihrer wissenschaftlichen Gesellschaft: Historische Fakten, Entwicklungen und ihre Konsequenzen. *Psychologische Rundschau, 42*, 1–11.

Mack, W. (2002). Kommentar zu „Die Einheit der Psychologie und ihre anthropologischen Grundlagen" von Dieter Mönch. *Journal für Psychologie, 10*(1), 88–95.

Malleck, K. (2009). *Studienzufriedenheit der Psychologiestudierenden an der Universität Wien 2008. Unveröffentlichte Diplomarbeit.* Universität Wien, Wien. Abgerufen am 08.02.2014 von http://othes.univie.ac.at/4114/1/2009-02-17_0204190.pdf

Manisera, M., Dusseldorp, E., & van der Koojj, A. J. (2010). Identifying the component structure of job satisfaction by categorical principal components analysis. *Quality Technology and Quantitative Management, 7*(2), 97–115.

Marcus, B., & Bühner, M. (2009). *Grundlagen der Testkonstruktion (Studienbrief).* Hagen: Fernuniversität in Hagen.

Maslow, A. H. (1943). A theory of human motivation. *Psychological Review, 50*(4).

Matteson, H. R., & Hamann, J. R. (1975). Satisfaction and dissonance between professors' and students' value orientations. *College Student Journal, 9*(3), 258–268.

Mattes, P. (2008). Psychologie als Kulturwissenschaft? Zur Positionierung der Wissenschaft Psychologie in den akademischen Disziplinen. *Journal für Psychologie, 16*(1), 1–10.

Mattes, P., & Schraube, E. (2004). „Die ‚Oldstream'-Psychologie wird verschwinden wie die Dinosaurier!" Kenneth Gergen im Gespräch mit Peter Mattes und Ernst Schraube [38 Absätze]. *Forum Qualitative Sozialforschung, 5*(3), Art. 27.

Mayring, P. (1994). Zwei Welten? Kommentar zu: Wolfgang Prinz, „Fünf Thesen zur sogenannten Erneuerung der sogannten Psychologie". In A. Schorr (Hrsg.), *Die Psychologie und die Methodenfrage: Reflexionen zu einem zeitlosen Thema* (S. 20–21). Göttingen: Hogrefe.

Meichenbaum, D. (1977). *Cognitive-behavior modification*. New York, London: Plenum Press.

Meulman, J. J., & Heiser, W. J. (2011). *IBM SPSS Categories 20*. Abgerufen am 14.2.2014 unter http://www.google.de/url?sa=t&rct=j&q=&esrc=s&source=web&cd=1&cad=rja&ved=0CC4QFjAA&url=ftp%3 A%2F%2Fpublic.dhe.ibm.com%2Fsoftware%2Fanalytics%2Fspss%2Fdocumentation%2Fstatistics%2F20 .0%2Fde%2Fclient%2FManuals%2FIBM_SPSS_Categories.pdf&ei=j1n-Uuyul8HHtQaL6oG4Cw&usg=AFQjCNHNY9hr0wrrNXK5O6KrXLolrN7nTQ&bvm=bv.61535280,d.Yms

Mey, G. (2007). Stand und Perspektiven einer „Qualitativen Psychologie" (in Deutschland). Zur Einführung in den Themenschwerpunkt. *Journal für Psychologie, 15*(2).

Michaelis, W. (1986). *Psychologieausbildung im Wandel : Beschwichtigende Kompromisse - neue Horizonte*. München: Profil.

Miller, D. (1991). Stable in the saddle: CEO tenure and the match between organization and environment. *Management Science, 37*(1), 34–52.

Montada, L. (1983). Verantwortlichkeit und das Menschenbild in der Psychologie. In G. Jüttemann (Hrsg.), *Psychologie in der Veränderung. Perspektiven für eine gegenstandsangemessene Forschungspraxis* (S. 162–188). Weinheim: Beltz.

Multrus, F. (2005). Identifizierung von Fachkulturen über Studierende deutscher Hochschulen: Ergebnisse auf der Basis des Studierendensurveys vom WS 2000/01. *Hefte zur Bildungs- und Hochschulforschung, 45*.

Münch, D. (2002). Die Einheit der Psychologie und ihre anthropologischen Grundlagen. *Journal für Psychologie, 10*(1), 40–62.

Mutz, R., & Daniel, H.-D. (2008). Warum studiert man Psychologie? Ergebnisse einer bundesweiten Befragung erstimmatrikulierter Studienanfängerinnen und -anfänger des Wintersemesters 1999/2000 im Diplomstudiengang. *Psychologische Rundschau, 59*(1), 45–47. doi:10.1026/0033-3042.59.1.45

Myers, D. G. (2005). *Psychologie*. Heidelberg: Springer.

Ochs, M., & Schweitzer, J. (Hrsg.). (2012). *Handbuch: Forschung für Systemiker*. Göttingen: Vandenhoeck & Ruprecht.

Orth, B., & Wegener, B. (1983). Scaling occupational prestige by magnitude estimation and category rating methods: A comparison with the sensory domain. *European Journal of Social Psychology, 13*, 417–431.

Ottersbach, H.-G., Grabska, K., & Schwarze, E. (1990). *Psychologie: Das verfehlte Studium? Wie Psychologiestudenten ihr Studium sehen, beurteilen und bewältigen*. Alsbach/Bergstr: Leuchtturm-Verlag.

Pawlik, K. (1975). Zur Lage der Psychologie. *Psychologische Rundschau, 26*, 81–111.

Petzold, H. G. (Hrgs.). (2012). *Die Menschenbilder in der Psychotherapie: Interdisziplinäre Perspektiven und die Modelle der Therapieschulen*. Wien: Krammer.

Plaum, E. (2004). Zur Rahmenkonzeption einer humanen Einzelfalldiagnostik. In G. Jüttemann (Hrsg.), *Psychologie als Humanwissenschaft. Ein Handbuch* (S. 213–227). Göttingen: Vandenhoeck & Ruprecht.

Prinz, W. (1994). Fünf Thesen zur sogenannten Erneuerung der sogenannten Psychologie. In A. Schorr (Hrsg.), *Die Psychologie und die Methodenfrage: Reflexionen zu einem zeitlosen Thema* (S. 3–9). Göttingen: Hogrefe.

Rammsayer, T., & Troche, S. (Hrsg.). (2005). *Reflexionen der Psychologie - 100 Jahre Deutsche Gesellschaft für Psychologie: Bericht über den 44. Kongress der Deutschen Gesellschaft für Psychologie in Göttingen 2004*. Göttingen: Hogrefe.

Reckenfelderbäumer, M., & Kim, S. (2006). Strategisches Hochschulmarketing - Einflussfaktoren und Entscheidungsbereiche. In Voss, R., & T. Gruber (Hrsg.), *Hochschulmarketing* (S. 1–23). Lohmar: Josef Eul Verlag Gmbh.

Revenstorf, D. (2003). Das Kuckucksei – Zur Unangemessenheit der Kriterien der Wissenschaftlichkeit in der gegenwärtigen Therapieforschung. In M. Thielen (Hrsg.), *Praxis und Wissenschaft. Podiumsdiskussion zur wissenschaftlichen Anerkennung von Psychotherapieverfahren der Psychotherapeutenkammer Berlin* (S. 10–14).

Rieck, S. & Märker, O. (2012). *Ergebnisbericht www.besser-studieren.NRW.de: Erstellt im Auftrag des Ministeriums für Innovation, Wissenschaft und Forschung des Landes Nordrhein-Westfalen.* Abgerufen am 08.02.2014 unter www.wissenschaft.nrw.de/fileadmin/Medien/Dokumente/Hochschule/ Ergebnisbericht_besser-studieren_nrw.pdf

Rief, W., Schulte, D., Vogel, H., & Kuhr, A. (2012). Pro und Contra „Direktausbildung Psychotherapie". *Verhaltenstherapie, 22,* 56–63.

Rösler, F. (2004). Was man mit einem psychologischen Experiment untersucht? - Schwierig zu verstehen! In A. Kämmerer & J. Funke (Hrsg.), *Seelenlandschaften. Streifzüge durch die Psychologie. 98 persönliche Positionen* (S. 72–73). Göttingen: Vandenhoeck & Ruprecht.

Roth, E. (1981). Zur Lage der Psychologie. *Psychologische Rundschau, 32,* 1–15.

Rounds, J. B., Davis, R. V., & Lofquist, L. H. (1987). Measurement of Person-Environment Fit and Prediction of Satisfaction in the Theory of Work Adjustment. *Journal of Vocational Behavior, 31,* 297–318.

Rudolf, G. (2012). Psychotherapeutische Entwicklungen: Das Beispiel der Strukturbezogenen Psychotherapie. In P. Fiedler (Hrsg.), *Die Zukunft der Psychotherapie. Wann ist endlich Schluss mit der Konkurrenz?* (S. 135–147). Berlin, Heidelberg: Springer-Verlag.

Rüger, U. (2007). Vierzig Jahre Richtlinien-Psychotherapie in Deutschland. *Psychotherapeut, 52*(2), 102–112. doi:10.1007/s00278-007-0534-1

Rumpeltes, R. (2009). Welche Psychoanalyse an der Universität? In AG Ausbildung in der DGPT (Hrsg.), *Psychoanalytische Ausbildung und Forschungsgutachten – Langfassung –. Überlegungen und Standortbestimmung im Umfeld des Forschungsgutachtens* (S. 71-89).

Saterdag, H., Apenburg, E., Fisch, R., & Orlik, P. (1971). Die Selbstcharakterisierung des Faches Psychologie auf dem Hintergrund der klassischen fünf Wissenschaftsdisziplinen) *Psychologische Rundschau,* 103–113.

Schäfer, S. (2010). Aktuelle Statistiken der KBV aus dem Blickwinkel der Psychotherapeuten. *Psychotherapie Aktuell, 2*(1).

Schart, C. (2011). *Erwartungen von Student_innen und Dozent_innen an das Psychologiestudium. Unveröffentlichte Bachelorarbeit.* Universität Konstanz, Konstanz. Abgerufen am 08.02.2014 von http://kops.ub.uni-konstanz.de/handle/urn:nbn:de:bsz:352-166755

Schiefele, U., & Jacob-Ebbinghaus, L. (2006). Lernermerkmale und Lehrqualität als Bedingungen der Studienzufriedenheit. *Zeitschrift für Pädagogische Psychologie, 20*(3), 199–212. doi:10.1024/1010-0652.20.3.199

Schlippe, A. von, & Schweitzer, J. (2012). *Lehrbuch der systemischen Therapie und Beratung: Das Grundlagenwissen.* Göttingen: Vandenhoeck & Ruprecht.

Schmidt, C. (2010). *Versorgungssituation und Untersuchungen zur Effektivität der ambulanten Psychotherapie in Deutschland. Unveröffentliche Dissertation.* Abgerufen am 08.02.2014 von http://vts.uni-ulm.de/docs/2011/7511/vts_7511_10713.pdf

Schoen, H. (2004). Online-Umfragen – schnell, billig, aber auch valide? Ein Vergleich zweier Internetbefragungen mit persönlichen Interviews zur Bundestagswahl 2002. *Zentralarchiv für Empirische Sozialforschung,* (54), 27–52.

Schönpflug, W. (2004). *Geschichte und Systematik der Psychologie* (2. Aufl.). Weinheim: Beltz.

Schorr, A. (Hrsg.). (1994). *Die Psychologie und die Methodenfrage: Reflexionen zu einem zeitlosen Thema.* Göttingen: Hogrefe.

Schulte, D., & Kröner-Herwig, B. (2005). 100 Jahre Psychologie: Klinische Psychologie. In T. Rammsayer & S. Troche (Hrsg.), *Reflexionen der Psychologie - 100 Jahre Deutsche Gesellschaft für Psychologie. Bericht über den 44. Kongress der Deutschen Gesellschaft für Psychologie in Göttingen 2004* (S. 66 – 74). Göttingen: Hogrefe.

Schwaiger, M. (2003). Der Student als Kunde - eine empirische Analyse der Zufriedenheit Münchner BWL-Studenten mit ihrem Studium. *Beiträge zur Hochschulforschung, 25*(1).

Schwaiger, M., & Schloderer, M. (2006). Studienzufriedenheit – auch Universitäten brauchen Consumer Insights. In Voss, R., & T. Gruber (Hrsg.), *Hochschulmarketing* (S. 49-73). Lohmar: Josef Eul Verlag Gmbh.

Seidel, R. (2004). Quellen und Perspektiven humanwissenschaftlichen Denkens in der Psychologie. In G. Jüttemann (Hrsg.), *Psychologie als Humanwissenschaft. Ein Handbuch* (S. 81 – 101). Göttingen: Vandenhoeck & Ruprecht.

Seligman, M. E. P. (1995). The effectiveness of psychotherapy: The Consumer Reports study. *The American psychologist, 50*(12), 965–974. doi:10.1037/0003-066X.50.12.965

Semmer, N., & Udris, I. (2004). Bedeutung und Wirkung von Arbeit. In H. Schuler (Hrsg.), *Lehrbuch Organisationspsychologie* (3. Aufl., S. 133–165). Bern: Huber.

Sieverding, M., Schmidt, L. I., Obergfell, J., & Scheiter, F. (2013). Stress und Studienzufriedenheit bei Bachelor- und Diplom-Psychologiestudierenden im Vergleich. *Psychologische Rundschau, 64*(2), 94–100. doi:10.1026/0033-3042/a000152

Simonton, D. K. (2000). Methodological and theoretical orientation and the long-term disciplinary impact of 54 eminent psychologists. *Review of General Psychology, 4*(1), 13–24. doi:10.1037//1089-2680.4.1.13

Smith, C. S., & Tisak, J. (1993). Discrepancy Measures of Role Stress Revisited: New Perspectives on Old Issues. *Organizational behavior and human decision processes, 56*(2), 285–307. doi:10.1006/obhd.1993.1056

Snow, C. P. (1965). *The two cultures, and a second look: An expanded version of the two cultures and the scientific revolution* (Reprint). Cambridge: University Press

Spies, K., Westermann R., Heise E., & Schiffler A. (1996). Diskrepanzen zwischen Bedürfnissen und Angeboten im Studium und ihre Beziehungen zur Studienzufriedenheit. *Empirische Pädagogik, 10*, 377–409.

Spies, K., Westermann R., Heise, E., & Hagen M. (1998). Zur Abhängigkeit der Studienzufriedenheit von Diskrepanzen zwischen Fähigkeiten und Anforderungen. *Psychologie, Erziehung, Unterricht, 45*, 36–52.

Spreti, F. G. v., & Martius, P. (2013). Kunsttherapie: Geschichte, Ansätze, Wirkweisen. In W. Rössler & B. Matter (Hrsg.), *Kunst- und Ausdruckstherapien. Ein Handbuch für die psychiatrische und psychosoziale Praxis* (S. 231–243). Stuttgart: Kohlhammer.

Sprung, L., & Sprung, H. (1994). Psychologische Methodenlehre heute - Reflexionen, Erinnerungen, Selbstverständnisse. In A. Schorr (Hrsg.), *Die Psychologie und die Methodenfrage: Reflexionen zu einem zeitlosen Thema* (S. 229–241). Göttingen: Hogrefe.

Stangl, W. (1989). *Das neue Paradigma der Psychologie: Die Psychologie im Diskurs des Radikalen Konstruktivismus*. Braunschweig; Wiesbaden: Vieweg.

Stockmann, R. (Hrsg.). (2000). *Sozialwissenschaftliche Evaluationsforschung: Vol. 1. Evaluationsforschung: Grundlagen und ausgewählte Forschungsfelder*. Opladen: Leske und Budrich.

Strauß, B., Barnow, S., Brähler, E., Fegert, J., Fliegel, S., Freyberger, H., … (2009). *Forschungsgutachten zur Ausbildung von Psychologischen PsychotherapeutInnen und Kinder- und JugendpsychotherapeutInnen: Bundesministerium für Gesundheit*. Abgerufen am 08.02.2014 https://www. bundesgesundheitsministerium.de/service/publikationen/einzelansicht.html?tx_rsmpublications_pi1[publication]=56&tx_rsmp ublications_pi1[action]=show&tx_rsmpublications_pi1[controller]=Publication&cHash=caf2f16f1a9077 f350286fccda820eac

Surber, C. F. (1984). Issues in Using Quantitative Rating Scales in Developmental Research. *Psychological Bulletin, 95*(2), 226–246.

Thielen, M. (Hrsg.) 2003. *Praxis und Wissenschaft: Podiumsdiskussion zur wissenschaftlichen Anerkennung von Psychotherapieverfahren der Psychotherapeutenkammer Berlin.* Abgerufen am 08.02.2014 von http://www2.psychotherapeutenkammer-berlin.de/uploads/gesamt_wissenschaftlichkeit_von_ psychotherapieverfahren.pdf

Thielsch, M. T., & Weltzin, S. (2009). Online-Befragungen in der Praxis. In T. Brandenburg & M. T. Thielsch (Hrsg.), *Praxis der Wirtschaftspsychologie* (S. 69–85). Münster: MV Wissenschaft.

Thorndike, R. L. (1954). The psychological values of psychologists. *American Psychologist, 9,* 787–789.

Tschuschke, V. (2005). Die Psychotherapie in Zeiten evidenzbasierter Medizin: Fehlentwicklungen und Korrekturvorschläge. *Psychotherapeutenjournal, 2,* 106–115.

Urban, D., & Mayerl, J. (2008). *Regressionsanalyse: Theorie, Technik und Anwendung, 3. Auflage* (3. Aufl.). Wiesbaden: VS Verlag für Sozialwissenschaften.

Veenhoven, R. (2012). Cross-national differences in happiness: Cultural measurement bias or effect of culture? *International Journal of Wellbeing, 2*(4), 333–353. doi:10.5502/ijw.v2.i4.4

Volmerg, B. (1992). Zur Gründung der Neuen Gesellschaft für Psychologie (NGfP). *Journal für Psychologie, 1*(36-42).

Voss, R. (2012). Qualitative empirische Befunde zu Erwartungen von Studierenden an ihre Dozenten. *Bildungsforschung, 9*(1), 163–183.

Walz-Pawlita, S., Bataller, I., Boxberg, F. v., Corman-Bergau, G., Loetz, S., Münch, K., … (2008). Psychoanalytische Ausbildung und Forschungsgutachten - Eine Standortbestimmung. *Forum der Psychoanalyse, 24,* 1–15.

Walz-Pawlita, S., Lackus-Reitter, B., & Loetz, S. (2009). Plädoyer für eine verfahrensbezogene Ausbildung und Praxis: Zur „methodenspezifischen Eigengesetzlichkeit therapeutischer Prozesse". *Psychotherapeutenjournal,* (4), 352–365.

Watzlawick, P. (1985). Wirklichkeitsanpassung oder angepasste „Wirklichkeit"? Konstruktivismus und Psychotherapie. In H. Gumin & A. Mohler (Hrsg.), *Einführung in den Konstruktivismus* (S. 69–83). München: Oldenbourg.

Weber, H. (2005). Einheit und Vielfalt: Zur Zukunft der Psychologie. In T. Rammsayer & S. Troche (Hrsg.), *Reflexionen der Psychologie - 100 Jahre Deutsche Gesellschaft für Psychologie. Bericht über den 44. Kongress der Deutschen Gesellschaft für Psychologie in Göttingen 2004* (S. 203–213). Göttingen: Hogrefe.

Weber, H. (2007). Bericht zur Lage der Psychologie. *Psychologische Rundschau, 58*(1), 3–11. doi:10.1026/0033-3042.58.1.3

Weinert, F. (1987). Zur Lage der Psychologie. *Psychologische Rundschau, 38*(1), 1–13.

Wentura, D., Ziegler, M., Scheuer, A., Bölte, J., Rammsayer, T., & Salewski, C. (2013). Bundesweite Befragung der Absolventinnen und Absolventen des Jahres 2011 im Studiengang BSc. Psychologie. *Psychologische Rundschau, 64*(2), 103–112.

Westermann, R. (1985). Empirical Tests of Scale Type for Individual Ratings. *Applied Psychological Measurement, 9*(3), 265–274. doi:10.1177/014662168500900304

Westermann, R. (2001). Studienzufriedenheit. In D. H. Rost (Hrsg.), *Handwörterbuch Pädagogische Psychologie* (2. Aufl., S. 693–698). Weinheim: Beltz.

Westermann, R. (2004). Verknüpfung natur- und geisteswissenschaftlicher Theorien als Aufgabe einer humanwissenschaftlichen Methodenlehre. In G. Jüttemann (Hrsg.), *Psychologie als Humanwissenschaft. Ein Handbuch* (S. 61–80). Göttingen: Vandenhoeck & Ruprecht.

Westermann, R., Heise, E., Spies, K., & Trautwein, U. (1996). Identifikation und Erfassung von Komponenten der Studienzufriedenheit. *Psychologie in Erziehung und Unterricht,* (43), 1–22.

Westmeyer, H. (1994). Psychologie - eine Wissenschaft in der Krise? In A. Schorr (Hrsg.), *Die Psychologie und die Methodenfrage: Reflexionen zu einem zeitlosen Thema* (S. 37–53). Göttingen: Hogrefe.

West, S., Finch, J. F., & Curran, P. J. (1995). Structural equation models with non-normal variables: Problems and Remedies. In R. H. Hoyle (Hrsg.), *Structural equation modeling: Concepts, issues and applications* (S. 56–75). Thousand Oaks, CA: Sage.

Wiese, T. (2002). Von Beruf Psychologie: Mehr als nur Seelenklempner. *SpiegelOnline*. Abgerufen am 08.02.2014 von http://www.spiegel.de/unispiegel/jobundberuf/von-beruf-psychologe-mehr-als-nur-seelenklempner-a-212186.html

Wissenschaftlicher Beirat Psychotherapie (1999). *Gutachten zur Gesprächspsychotherapie als wissenschaftliches Psychotherapieverfahren*. Abgerufen am 08.02.2014 von http://www.wbpsychotherapie.de/page.asp?his=0.113.116.117

Wissenschaftlicher Beirat Psychotherapie (2003). *Stellungnahme des Wissenschaftlichen Beirats Psychotherapie nach § 11PsychThG zur Verhaltenstherapie*. Abgerufen am 08.02.2014 von http://www.wbpsychotherapie. de/page.asp?his=0.113.136.137

Wissenschaftlicher Beirat Psychotherapie (2004). *Stellungnahme zur Psychodynamischen Psychotherapie bei Erwachsenen*. Abgerufen am 08.02.2014 von http://www.wbpsychotherapie.de/page.asp?his= 0.113.131.132

Wissenschaftlicher Beirat Psychotherapie (2008). *Gutachten zur wissenschaftlichen Anerkennung der Systemischen Therapie*. Abgerufen am 08.02.2014 von http://www.wbpsychotherapie.de/downloads/ GutachtenSystemischeTherapie20081214-1.pdf

Witte, E. H., & Brasch, D. (1991). Wege und Umwege zum Studium der Psychologie II. *Psychologische Rundschau, 42*, 206–210.

Witte, E. H., & Strohmeier, C. E. (2013). Forschung in der Psychologie: Ihre disziplinäre Matrix im Vergleich zu Physik, Biologie und Sozialwissenschaft. *Psychologische Rundschau, 64*(1), 16–24. doi:10.1026/0033-3042/a0000145

Wottawa, H. (2004). Das hat meine Großmutter auch schon immer gesagt. In A. Kämmerer & J. Funke (Hrsg), *Seelenlandschaften. Streifzüge durch die Psychologie. 98 persönliche Positionen* (S. 36–37). Göttingen: Vandenhoeck & Ruprecht.

Ziegler, M., & Bühner, M. (2009). *Statistik für Psychologen und Sozialwissenschaftler* (1. Aufl.). München: Pearson Studium.

Zurhorst, G. (2004). Eine Gesundheitspsychologie für Leib und Seele. In G. Jüttemann (Hrsg.), *Psychologie als Humanwissenschaft. Ein Handbuch* (S. 254–271). Göttingen: Vandenhoeck & Ruprecht.

The manufacturer's authorised representative in the EU is Springer
Nature Customer Service Centre GmbH, Europaplatz 3, 69115 Heidelberg,
Germany. If you have any concerns regarding our products, please
contact ProductSafety@springernature.com

Printed and bound by CPI Group (UK) Ltd, Croydon, CR0 4YY
27/04/2026
02097652-0003